JN260800

LEARNING ORGANIZATION
# 学習する企業の経営実践

## ネットワーク時代の知的経営

文教大学国際学部教授　三木　佳光

清文社

ま え が き


　日本経済社会は伝統的企業経営論からはとても想像できなかったデジタル・デバイド（従来世界とデジタル世界の格差の２極化）を伴いながら、これまで萌芽があって浸透してきたグローバル情報ネットワーク時代に急転回しつつある。企業経営は生きものであり、この環境変化に臨機応変に対処しなければ生き残れないが、そのためには企業組織とメンバーそのものをモジュール型知識主導のビジネスモデルに創造する革新型リーダーシップが必要である。

　これまで、ポスト工業経済としてのデジタルコンテクスト時代から、サービス化やソフト化が進展した情報経済社会を経て、現在、知識（ネットワーク）経済社会の時代への転換点にある。こうした時代潮流を受けて、これまでの重厚長大の装置産業からコンピュータや通信を基盤とする情報経済社会へと産業構造も就業人口構造も急速に大きく変化してきた。工業時代の古い経営スタイルを踏襲し続けるレガシー企業（歴史の古い伝統的大企業）は大規模であるがゆえに変化に対応するスピードが遅い。これらレガシー企業はどうすれば変革型企業となって成長企業に変身することができるのか、また、中小・中堅・ベンチャー・新興企業はどうすれば前時代のビジネスモデルでない知識を基軸とした事業スタイルを確立できるのか、ということが本書の内容を貫く問題意識とテーマ設定である。

　今日、企業が必死で取り組んでいる環境適応行動は、いわば企業自身のこれまでの成功体験の影と格闘しているところがあって、やや滑稽な感じがしないでもない。しかし、企業の実践的側面の諸事例を精査してみると、単なる環境への対応（適応）では企業は生き残れないことが実証できるとともに、時代潮流を見極めて、それに乗ることよりも、それらを自らの生存と発展のビジネス・チャンスとして捉える"学習する企業"の実態が浮き彫りになってくる。

　Peter M.Senge〔2003〕は"学習する組織の考え方"を、従来の人間観・組織

観と異なった"経営におけるパラダイムの転換"として提唱する。それは、①複雑系システムとしての世界観、②学習・成長という組織のダイナミズム、③「労働力としての人間観」から、「主体性と成長意欲をもった人間観」へ、④成長意思、イメージ、ビジョンなど個人の内面まで踏み込んだ組織成長の源泉の探求、⑤学習の基礎単位として「個人」から「チーム」へ、といった新しい視点である。本書を読むにあたって、こうした人間観と組織観の深い洞察をよく念頭に置くことが大切である。今後、本格的な"学習する企業（知識創造）の研究"を進めるにあたって、本書の第1部「革新企業の革新理念」、それを具現化する第2部「革新企業の戦略人事」と、知識経営の基盤である第3部「革新企業の知識の共有・活用」は、新しい系統的アプローチの筆者の問題提起である。

　本書は、1999年度から2003年度にかけて、文教大学国際学部紀要に掲載した原文の一部に加筆・補正したものである。執筆の時期には斬新な論述やデータ・事例が今日では常識や記録として人口に膾炙されるようになっているものもあるが、現代企業の環境対応へのスピードの加速化を読み取ってもらうとともに、ここでの論述と事例を時代潮流の一コマと捉えると、まさにこれからどのようにそれらが進展していくかの方向を的確に読み取れる可能性を秘めた素材になるものと自負している。特に、変化を迫る企業環境からの圧力で企業が変革（やむを得ず押し付けられた外部からの変革）する以外に、自己変革する企業とはどのような企業であるかを検証し、それは「学習する知識創造組織なくしては、自己変革はありえない」ことを論証したものである。

　なお、本書の刊行に当たり、編集面で労を厭わずにいろいろとお世話になった清文社の橋詰守氏に心から謝意を申し上げたい。
　　（注）　ピーター・センゲ他著（牧野元三訳）、2003『学習する組織「5つの能力」』
　　　　　日本経済新聞社：pp14

2004年4月

　　　　　　　　　　　　　　　　　　　　　　　　　　　　三木　佳光

# 目　次

## 第1部　革新企業の革新理念

### 第1章　エクセレント・カンパニーの革新志向―革新型企業文化のDNA ……………………………………………………… 2

はじめに　2
Ⅰ　ベストプラクティス的になりがちなナレッジ・マネジメント　2
Ⅱ　米国企業再生の教訓：経営者のビジョン　5
Ⅲ　企業価値の具現化への経営者の熱意　7
Ⅳ　「京セラ」の成長ベースは"敬天愛人"　9
Ⅴ　ディズニーランドは"現世での心の癒しの教会"　10
Ⅵ　企業DNAとしての経営理念　13
Ⅶ　一種の望ましいマインドコントロール　18
おわりに―企業としての決意（Will）を企業戦略に組み込んだ革新型企業文化　22

### 第2章　企業倫理で問われる経営責任―コンプライアンスを越えて ……26

はじめに　26
Ⅰ　繰り返される企業の不祥事　27
　1　失敗から学ぶ姿勢の欠如　27
　2　スノーブランドを崩壊させた内部指向の企業体質　29
Ⅱ　内部告発不可避の時代　34
Ⅲ　コンプライアンス、クライシス、リスクへの企業の対応の仕方　37
Ⅳ　企業倫理のコンセプト　38
　1　企業倫理の空洞化　38
　2　個人倫理・職業倫理・組織倫理・社会倫理の4層構造　43
Ⅴ　国際ビジネスにおける倫理性　44
Ⅵ　企業倫理に基づく経営　49

Ⅶ　企業倫理綱領と研修の意義　　53
　　おわりに――企業倫理意識が生み出す価値　　58

# 第2部　革新企業の戦略人事

## 第1章　人材経営の戦略的視点――雇用ミックス（コア人材）マネジメント ……………………………………………………62
　　はじめに　62
　　Ⅰ　人事システムの変革を迫る環境変化　　63
　　Ⅱ　人材育成のあり方の役割変化　　70
　　Ⅲ　21世紀企業に求められるコア人材　　76
　　Ⅳ　日本型経営システム改革と能力開発　　91
　　　1　日本型経営システム改革の方向　　91
　　　2　日常業務の管理能力と能力開発　　94
　　　3　環境変容（異質）に適応するリーダーシップと能力開発　　98
　　おわりに――組織変革の方向　　102

## 第2章　成果主義の本来のあり方――今、何故、成果主義か …………105
　　はじめに――日本企業を取り巻く現状認識　　105
　　Ⅰ　日本における人事制度の変遷　　107
　　Ⅱ　現状における人事制度改革の意義　　111
　　Ⅲ　間違った成果主義人事制度　　120
　　　1　識者の指摘する問題点　　120
　　　2　現状の問題点とその分析　　121
　　Ⅳ　成果主義の本来のあり方　　127
　　Ⅴ　成果主義実現への具体的試み　　129
　　おわりに――学習プロセスを重視する Diversity Competency　　135

## 第3章　個人が活きる企業人事の当来――主体的行為による「仕事の人格化」……………………………………………………139
　　はじめに　139
　　Ⅰ　イメージストーリー：A氏の姿　　140
　　Ⅱ　ストーリーを促進させる時代潮流　　146

1　これまでの人事制度：年功序列を価値基準とする役
　　　　　割行動（役職）の重視　146
　　　2　ブームとしての成果主義の導入　149
　　　3　今後の人事制度：自由と自己責任原則　150
　Ⅲ　仕事を通しての充実した生涯　154
　Ⅳ　自律的キャリア形成のキーワード──主体的行為による
　　　「仕事の人格化」　158
　おわりに──人事諸制度のリセット　164

第4章　企業内大学が主流の時代の到来──長期刷込み方式の選抜
　　　型研修の導入・定着　………………………………………168
　はじめに　168
　Ⅰ　1980年代後半～1990年代初期：社外で通用する支援型リ
　　　ーダーシップ研修　169
　Ⅱ　1990～1998年：「変革型リーダーシップ研修（選抜・長期
　　　刷込み）」の導入・定着　172
　Ⅲ　1999年：人のリストラ元年──日本的終身雇用経営モデル
　　　の終焉　177
　Ⅳ　現在：企業内大学の創設の時代　183
　Ⅴ　人材育成の今日的フォーカス　185
　Ⅵ　社内教育体系再構築のモデル　187
　Ⅶ　変革へのコミットメント研修　192
　おわりに──経営実戦経験重視のプロフェッショナル人材育成　193

## 第3部　革新企業の知識の共有・活用

第1章　日本企業の知識創造経営──グローバル資本主義時代の企
　　　業経営　………………………………………………………198
　はじめに　198
　Ⅰ　多元的資本主義からグローバル資本主義の時代へ　198
　Ⅱ　日米欧型比較では、経営管理面でマーケットに一番遠い
　　　日本型資本主義　200
　Ⅲ　グローバル化の発展段階と現地経営の視点　203

Ⅳ　創造化時代（21世紀）のエクセレント・カンパニー　　210
　　Ⅴ　コラボレーション（協働）による革新性　213
　　Ⅵ　知識・情報の共有化仕組みの構築　220
　おわりに―組織のパラダイム転換　224
第2章　ネットワーク型組織の試み―プロジェクト・メイキング
　　　　を目指した総合力の発揮と付加価値創造のための仕組み………227
　はじめに―プロジェクト対応の管理部門組織の必要性　227
　　Ⅰ　限界に来た建設業のローカル・スタンダード　229
　　Ⅱ　エンタープライズ・プロジェクト・マネジメントの時代　232
　　Ⅲ　総合力発揮と付加価値創造のための仕組み　233
　　　1　VSOPの仕組みの狙いと概要　233
　　　2　VSOP仕組み活用のフィールド　235
　　　3　ターミナルとオフィスの役割　241
　　　4　プロジェクト・プランニングとプロジェクトマネージャー　243
　　　5　既存の仕組みとの違い　244
　　　6　運用と評価　245
　　　7　仕組み導入による波及効果　246

# 第1部

## 革新企業の革新理念

# 第1章

# エクセレント・カンパニーの革新志向

―革新型企業文化のDNA―

## ◎はじめに

　データベース化されたナレッジの1人歩きで組織が無機質のただの模倣組織になってしまったとしたら、その企業は21世紀におけるエクセレント・カンパニーにはなれず、メガコンペディションに勝ち続けていくことはできない。ナレッジ・マネジメントにおいても、企業という組織を考えるとき、ヒト・カネ・モノ・情報といった経営資源の中で、とりわけ重要なのは情報・知識を扱う人であり、ナレッジを実際知識に昇華させる企業トップの「志（リーダーのIntentのIはInformationでなくImagination）」が革新型企業文化には不可欠であることを本稿で強調したい。優れた企業文化は、①企業の存在意義（コーポレート・アイデンティティ）を証明するリーダーの明確なるミッションとビジョン、②それを受けた企業のコア・コンピタンスを明確にする経営戦略と経営計画、③その実施である日常ビジネス活動の有効性・効率性を追求する経営管理と業務管理、といった企業固有のビジネスシステム一貫性として現出する。

## I　ベストプラクティス的になりがちなナレッジ・マネジメント

　ナレッジ・マネジメントは企業構成員が保有・管理・活用していた組織内部

---

　本稿は「文教大学国際学部紀要（第12巻第1号：2001年7月）」に掲載したものに一部加筆・補正。

の無形の資源や能力である情報・ノウハウを組織共有化することで新たな知識やアイディアの創出を可能にして、企業発展に寄与するとの考え方である。

ナレッジ・マネジメントは米国企業が1990年代初頭の経済低迷期に"リエンジニアリング""ダウンサイジング"等、新たな経営手法を模索している時期に生まれたものである。この時期に、米国が日本企業の成功要因を分析したレポートに基づいた提言から導き出されてきた概念であるとも言われている。リエンジニアリングで不採算部門の分離・アウトソーシングが盛んになり、知識を持った人材の流出によって従来企業を支えていた情報・ノウハウ・知識が社外流失し、様々な弊害が噴出していたことも、内部資源である知識に経営革新の焦点を置いた要因の1つであった。知識に注目し、それをどのように収集・蓄積・活用すべきかを明確にして実践してきた企業のみが、現在、画期的な成果を収め、21世紀に生き残るエクセレント・カンパニーの切符を獲得しているのである。

ところで、最近の日本企業が取り組んでいるナレッジ・マネジメントは、「知識・ノウハウ共有化のデータベースを構築する」ことのみのレベルに留まっていることが多い。この段階はベストプラクティス的知識共有化手法にすぎず、ナレッジ・マネジメントの1段階にしか過ぎない。企業にとって意味のあるナレッジ・マネジメントは、ただ単に情報を蓄積してデータベース化するだけのものとは大きく異なり、次なる新たな経営革新につなげるために情報を蓄積し、それらを活用していくことにある。「知識創造のスパイラル」を繰り返して付加価値を生み出しつづけることができなければならないのである。ベストプラクティスは基本的には当然ながら模倣であるので、この第1段階で成果を上げることに慣れ切ってしまうと、「常に危機意識をもって時代のニーズにチャレンジする精神が会社を活き活きとさせる」という革新・積極性の企業風土がなくなってしまうことになる。

加ト吉・加藤社長の「小は家庭から大は国家まで、各組織が充実するのもまた崩壊するのも、それを構成する人間の心と行動しだい。人間の能力、意欲は環境、風土で決まる。環境、風土をつくるのは組織のリーダー。だからこそ、リーダーの果すべき役割は大きい」という発言〔矢野経済研究所、1998：pp144〕は、ナレッジを経営の中核に意識しない企業（組織が無機質になっていくこと）への警鐘である。

パソナグループ・南部靖之代表は「パソナというのは人材派遣会社と思っていたら、海外ブランド品の販売もやるし、神戸復興もリードしている実に不思議な会社とよくいわれますが、私や社員にとって少しも不思議ではありません。それはすべての事業の根っこに、いつも共通の志や使命感があるからです。どれほど奇異に聞こえようと、これまで私は儲かるといった気持ちからビジネスをはじめたことは一度もありません」〔三笠書房編集部、1999：pp208〕と述べている。ある状況または職務で高い業績をもたらす行動特性（コンピテンシー）の氷山モデル（**図表1-1**）の見える部分は「態度（Attitude）⇒技能（Skill）⇒知識（Knowledge）」で、それら行動特性の類似しているものをグループ（Cluster）に纏めると、「達成行動能力」「対人関係能力」「管理能力」「認知能力」となるが、これら行動特性を特徴あらしめるものが、見えない部分の個人的成熟性で、低層から「動機（Motive）・使命感（Mission）⇒性格（Personality）・特性（Trait）⇒自己概念（Self-concept＝価値観・信念等)」となる。

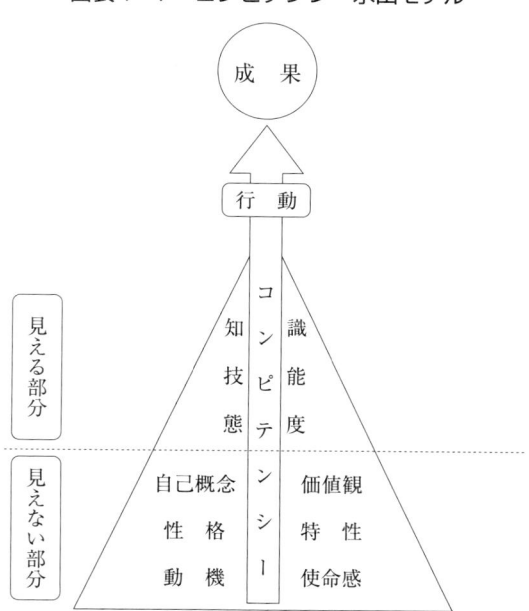

図表1-1　コンピテンシー氷山モデル

出所：太田、1999：pp29

## Ⅱ　米国企業再生の教訓：経営者のビジョン

　米国企業が元気いっぱいなのに、日本の企業はいつの間にか活力がなくなってしまった原因を、MIT大学院・司馬正次教授は、それは米国企業がそこで働く人にやる気を起こさせる仕掛けを作っているからだと次にように分析している。

　　「米国の強い企業はことごとくミッション（使命）に重点を置いている。ミッションは企業が存続する目的と言い換えられるが、社訓のような抽象的なものとも違うし、売上高や利益といった短期的なものでもない。ちょうどその中間にある。インテルの経営者は、社員に『私たちは社員に世界で最も働きやすい環境を提供する』『結果を最も大切にし、そのためにリスクを犯すのを潔しとする』『常に顧客の立場に立ち、教育され躾けの行き届いた社員を養成する』といった、極めて具体性に富み、誰でもわかる内容で、企業が社会や株主、社員に夢や期待を与える。ただし、こうした使命を掲げても、言葉だけが上滑りしていては意味がない。社員が本当にその使命に則って働ける具体的なプランは必要である」〔『日経ビジネス』1998年3月2日号：pp 3〕。

　これまでの経営のあり方を日本企業が続けることだけではグローバル経済のメガコンペディション時代を乗り切ることは誰の目にも無理になってきたことが明らかな今日、"無我の境地" "ポジティブシンキング"等、個人の生活信条に属する考え方が普遍的な経営哲学として扱われるといった、**カルト資本主義的な経営進化の一形態としてのエクセレント・カンパニー**が注目されている。その代表的事例が米国ではディズニーで、日本では京セラであろう。もちろん、"稲盛和夫の京セラフィロソフィー"のような経営者の経営姿勢に対して"生産性向上の方便"にすぎないとの批判的な見方がないわけではないが、1990年代の米国経済の再生に経営者のビジョンの果たした役割は無視することができない。

　　『カルト資本主義』〔齊藤、1997〕という著書がある。その第1章が"ソニーと超能力"、第3章が"京セラ「稲盛和夫」という呪術師"で、「個人の価値観は会社のそれと寸分の違いもなく、人々は会社の細胞としてしか生きることができなくなって会社の価値観と自分のそれを、時には自分なりに都合よく解釈しなおしてまでも一致させ

ようとする。従業員が無我執、かつポジティブ・シンキングで働いてくれれば生産性が上がるから、管理する側はオカルトを説く。従業員たちは言えば、無理を重ねたり、酷い目に遭った時の精神的な痛みを和らげるため、無意識のうちに、これを受け入れる。本人にとっては現実逃避のつもりでも、とどのつまりは現実を生きるための処世術なのである」〔同書：pp377〕とそのカルト的性格を批判する。

　日本経済構造そのものの右肩上がりの成長神話が崩れたといわれて久しい。市場シェア（売上）と収益が密接に関連していた時代は、企業経営のあり方としては市場規模の拡大にあわせたヒト・カネ・モノ・情報といった経営資源の拡大獲得戦略のみが重要であった。しかし、今日では、企業のリーダーが自ら困難な課題を設定し、その達成を自らの使命として引き受け、それに対して常に最適の経営意思決定を下すことが大切であり、そのための意思決定の明確な志の座標軸を保持し、それを従業員・顧客・株主の隅々にまで共感させ、志を共有させるリーダーの存在が21世紀に勝ち残るための決定的要因として大きく浮上してきている。それは、米国企業が1970年代後半から1980年代の不況のなかで企業改革を行ったのと同じことをバブル崩壊後の日本企業が現在行っているからであり、"先が見えない将来への不安な暗闇"の中で、水先案内役としてのリーダーの存在が企業業務改革や事業転換には必要であるからである。

　1980年代の日本経済の繁栄が実体のないバブルでしかない現実が明らかになり、これまでの高度成長を支えてきた日本的経営は早急の見直しを迫られているのは周知のことである。従業員全員に全人格的な企業ロイヤリティを要求する見返りに企業は年功序列・終身雇用をはじめとする生活の持続的安定を保証するこれまでの日本的経営は既に崩れつつあるのが今日である。これまでの労働意欲を高める様々な経営管理手法はどれも表面的な技法であり、せいぜい一時的にだけ社員を仕事に献身的にならせるだけだったとの反省である。従業員の価値観を根底から問い直し表面的な働き甲斐でなく、企業の「志（社会的使命）」を達成することに共感を抱くような価値観への転換による企業革新を達成できた企業だけが21世紀のメガコンペディション時代の勝利者になる時代が到来していると言いたい。

　米国経済が1990年代に再生できたのはベンチャー企業の台頭とリエンジニアリングの徹底、ITを軸とするニュービジネスに成功したからである。日本においても、インターネットの爆発的普及とIT革命の急進展で、サプライチェーンやバリューチェーンが抜本的な改革を迫られ、従来型企業においてはE

コマースという前例のない時代に直面して対応に戸惑っている。このような前例のない状況での企業経営においては、"これをやり遂げたい"というトップリーダーの信念から発祥する「志」のみが当該企業の果すべき**社会的使命**であり、その社会的使命の達成意志を社員や株主に対して明示し、そのエネルギーが燃え続けている事業領域がその企業のドメインを形成することになる。

> 社会的貢献活動を社会的使命として掲げる企業は多い。しかし、その内容を具体的・明示的に提示せずに漠然と言葉だけを示すことでは従業員の総力の求心力にはなり得ない場合が多いことに留意する必要がある。日本では法人税を納めることや企業活動そのものが社会貢献活動ととらえる傾向が強いし、米国ではボランティア活動あるいは企業メセナや高額のドネイションがこれに該当するともいえなくもない。地球環境問題への貢献の分野では生産方式の改革といった技術革新が社会的使命そのものであるとの解釈もありうる。このように様々な解釈が成り立つものは企業ビジョンとしては適格なものではない。

エクセレント・カンパニーが今日のあるべき姿にまで発展・成長し続けているのは自社の企業コンセプトをこの志（信念）の中に位置づけ、それに携わる企業構成員の様々な活動を、このコンセプトを達成するための強力な求心力であるリーダーシップのもとに有機的に結合して育て上げているからである。当該企業の社会的使命の達成に、顧客・従業員・株主といったステーク・ホルダー全員がエキサイトし続け、感動と刺激に溢れるエキサイトな社風（企業風土）が企業全体に根づいているのがエクセレント・カンパニーである。

## Ⅲ　企業価値の具現化への経営者の熱意

企業トップの志と情熱が企業発展の原動力そのものになっている日本の事例として、今日の深刻な不況にあっても高い業績を上げている企業の社長の発言に経営に関する確固たる同質のビジョンを読み取ることができるであろう。その事例は新聞・雑誌などを捲るとスクラップするのに事欠かない。曰く、「私たちは"ウェルネス"を社員全員が会社と自分自身をステップアップさせていくための拠り所にする」（アデランス・岡本孝義社長）、「世界に通用するリーディング（グローバル）・スタンダードをもつ世界一のビール会社にする」（アサヒビール・福地茂雄社長）、「知識産業のパイロット役であり続ける」（ウィルソン・ラーニング・ワールド・森堤三社長兼CEO）、「Closer to Nature, Closer to People」（シマノ・島野善三社長）、「クリスタルクリア（オープン・フィッ

ト・スマート）カンパニー宣言」（シャープ・町田勝彦社長）、「社会システム産業としての使命を全うする」（セコム・杉町壽孝社長）、「当社の合言葉は"Think Why（何故かを考えろ）"」（大正製薬・上原明社長）、「当社のスローガンは"Start Something New（新しいことを始めよう）"」（TDK・澤部肇社長）、「原理原則の経営・自然体経営・当り前の経営・率直経営・等身大の部品メーカー・分限を知る」（ローム・佐藤社長）、「常に冒険に挑戦する。それを失えば"ただの会社"になる。"だれも考えてないことをやる"」（任天堂・山内社長）等、枚挙にいとまがない。

このような経営者の経営ビジョンは当り前のことを言っているに過ぎないと感じられるが、頭でわかっていても会社内で当り前のこととして、定着・浸透させていくことがなかなかできないのが現実である。これらはスローガン倒れになってしまう蓋然性はかなり高いともいえなくもない。しかし、これら経営者は従業員の価値観を自らの志に合うように変えなくてはならないという固い決意を持ち、それが可能と信じて並々ならぬ努力を継続していくのが性格的な特徴でもある。企業組織は人で構成されており、そこで働く従業員の価値観・信念・経験や知識が企業文化を形成し、新たにエントリーした構成員に脈々と受け継がれていく。

企業としてのものの考え方は企業文化に大きく依存する。これら経営者は自らの経営ビジョンは単なるお題目でなく、企業としての価値観に組み込まれていなくてはならないし、企業文化の中に根付いていなくてはならないと心底から信じて疑わない。これは人間変革への継続的・長期的な地道な努力による企業文化の再形成を意味している。これはリーダーがリーダーシップを発揮して企業文化の変革を推進していくことにほかならない。

どのドメインでどのようなビジネスを展開するかは企業の戦略によるもので、その戦略を遂行していく仕組みがビジネスモデルである。ビジネスモデルは戦略目標を達成していくための施策を体系化したものとして表現できるが、戦略達成手段の重要性・優先順位を決めていく判断基準のベースとなるものが企業の価値観・企業理念といえる。ということは、ビジネスモデルには企業価値を具現化する仕組みが組み込まれていなくてはならないのである。

第 1 章　エクセレント・カンパニーの革新志向

## Ⅳ　「京セラ」の成長ベースは"敬天愛人"

**敬天愛人**とは「常に公明正大謙虚な心で仕事に励み、天を敬い、人を愛し、仕事を生きがいにし、会社・国を尊ぶ」こと

　京セラの最近の業績は売上のほぼ半分を占める電子部品事業で、ファインセラミックス部品約 6 割のシェア、IC パッケージが 4 〜 5 割、太陽電池が 4 割以上と、基幹分野で No.1 のマーケットシェアを維持するとともに15％超の成長、機器分野でも携帯端末を中心に事業を拡大させている。一時鈍化した業績は、売上高 8,000 億円超の事業規模にもなり、2000 年 3 月期で12％の成長である。ただし事業領域拡大にともない収益性では、引き続き高水準にはあるがやや低下傾向にある。

　会社の沿革であるが、1959 年に京都の碍子メーカー技術者であった稲盛和夫が 7 人の仲間とともに創業、ファインセラミックス電子部品の開発製造を開始した。創業当初の京セラは家電メーカー向けにセラミックス絶縁部品を製造していたが日本の大手電気機器メーカーからは相手にされず、やむなく創立間もない 1962 年にはその市場を求めて米国に進出した。創業者であった稲盛は創業当初の厳しい経営環境において、強固な企業理念を示すことで社員全員のベクトルをそろえ集団として機能させることの重要性を理解したという。1965 年にはテキサスインスツルメンツからアポロ計画に使用する部品の成約を得たことを契機に日本企業との取引が増大し、事業の基盤が確立する。1969 年に積層 IC パッケージを開発して業績躍進の契機とする。積層 IC パッケージは米国シリコンバレー企業の開発依頼によるもので、1970 年に米国子会社でのセラミックス部品製造を開始、1982 年には通信機のサイバネット工業を吸収合併して電子機器分野へ進出する。1983 年にヤシカを吸収合併して光学機器分野へ進出、1984 年に DDI 設立に参画して、現在筆頭株主で、DDI とともにイリジウム事業の推進母体となる。1989 年に米エルゴ（コネクタ）と米 AW（コンデンサ）を買収して電子部品事業での水平展開を図る。1996 年京セラソーラーエネルギーを設立して太陽電池市場へ進出、2000 年に三田工業を買収してプリンティング事業を拡充、そして米クアルコム通信端末部門を買収して CDMA 端末技術を取得する。このようなエレクトロニクス、通信、自動車、光学、医療、エネルギー等、幅広い分野を事業領域とすることができるのは「京セラフィロソフィー

第 1 部　革新企業の革新理念

の戦略性・継続性」に照らしあわせた経営哲学が全ての事業展開や事業戦略のベースとなっているからであるといえる。

　"京セラフィロソフィー"としてまとめられた稲盛の経営哲学は、企業理念のみならずあるべき人間像といった情緒的側面にもおよび、稲盛自身のカリスマ的リーダーシップとともに京セラの組織行動に対し強い規範となり社員に高いモラルを求めるものである。京セラ・西口康夫社長は「創業者である稲盛の経営哲学は"経営者だけのための哲学"ではありません。いうなれば"人間の普遍的哲学"なのです。その要点をひと言でいえば、"人間として何が正しいか"という原理原則に従ってものごとを判断し、それを仕事の場で、あるいは日常のさまざまな場面で実行する、ということになるでしょう。もちろん、創業者ならずとも、経営者であればみな、経営のポリシーのほかに、自分の人生哲学、人間哲学といったものはもっています。ただ、京セラが他と違う点は、このフィロソフィーを業績などの数字と全く同じ重みで重視している、というところにあります。そしてまた、グループ企業も含めて、すべての従業員がその考え方を共有し、日々それを実践しているという点です。たとえば、新規事業を起こす場合でも、このフィロソフィーがベースになります。つまり、"それをはじめるのは人間として正しいことか""本当に世の中のためになるのか"ということを"会社のためになるのか""利益は出るのか"という経営的観点と同じレベル、同じ比重で徹底的に議論するわけです。このような考え方に立つと私利私欲が介入する余地は全くありません。まさに、社是でいう"敬天愛人"の境地なのです」〔三笠書房編集部、1999：pp73〕と語っている。

## V　ディズニーランドは"現世での心の癒しの教会"

　筆者が企画・主催した「異業種交流研修（1997年10月17～18日）」に参加したオリエンタルランド社の管理者（リーダー）がディズニーの価値観の維持に懸命になっていたのに感心した。そうせざるを得ない熱意は創業者のウォルト・ディズニーにそのパワーの源泉があり、創業者が亡くなって何十年も経っているのにその価値観・理念がほとんど変わっていないことは驚異である。

　ディズニーランドに雇用された新しい従業員（多くは学生のアルバイト）は徹底した研修を受ける。ディズニーランドでは、きめ細かいところまで指示したマニュアルがあり、そのためのトレーニングも行っている。

従業員は「キャスト（出演者）」、入場者は単なるお客さん（カスタマー）として扱うのではなく、親しみのある礼儀正しさで歓待する「ゲストまたはVIP（Very Important Person）」、制服は「コスチューム」、ゲストに接触するいかなる場面の勤務時間は「オンステージ」、ゲストには目にふれなく接触もしない場内裏方の勤務時間は「バックステージ」と呼ぶ独特な言葉や用語を使い、価値判断の基準をはっきりさせるとともに、特別なエリート集団に属しているという感覚を抱かせるのである。「健全さ、魔法、妖精の星屑」といった話に夢中になれないならば、ディズニーランドでは働けない。キャストの役割は、ディズニーランドという園内の大舞台でゲストに喜んでいただける演技をする、要するに、ゲストを"Happinessへの道へ案内する"ことにあり、"SCSE（安全性＝Safety、礼儀正しさ＝Courtesy、見せ物＝Show、効率・工夫＝Efficiency）を達成する"ことにある。キャストのアピアランスおよびディズニールックに関する規律は厳格なものであった。ディズニールックは園内の職種だけで200種類以上もあるという。要するに、園内のあらゆるものがショーであり、毎回がゲストとの心の通い合う初演といった感覚を大切にすることが「ディズニーの掟」である。

　東京ディズニーランドは夢と魔法の王国であるので、挨拶は形式的な「いらっしゃいませ」でなく、ゲストからの返答があることを期待してゲストの目を直視して昼間は「こんにちは」、夜は「こんばんは」が基本マナーとされている。目を見て挨拶すれば、ゲストの反応を確かめることができるからである。「こんにちは」「こんばんは」と挨拶を返してくれるゲストは夢と魔法の王国に直ちに溶け込んでもらえる機嫌のいい人に違いないと判断しての対応である。

　　効果的なサービスを覚えさせるためにはできるだけ簡素なマニュアルを利用するのがいいということで、接客サービス技術のマニュアル化については、マクドナルドのマニュアル「シックス・ステップ」が人口に膾炙されている。それは、第1に、挨拶："いらっしゃいませ"、第2に、注文を受ける："何にいたしましょうか"、第3に、注文をとりそろえる、第4に、注文品を差し出す、第5に、現金を受け取る、第6に、感謝と再来のあいさつ："ありがとうございます、またどうぞご利用下さい"であり、全世界共通である。マニュアル依存の人間はロボットと同じで、生き生きとした人間関係を疎外することにつながると強調する論者も多い。例えば「マニュアル式サービスが不特定多数による不特定多数へのサービスとすれば、旧来型商店は、特定の人が特定の人に売るサービス、ということになる。そう考えると、マニュアル式サービスの広がりは、さらに進むが、最後の狭い地域社会といったところは、旧来型サービス

が頑として譲らないということになる。マニュアル式サービスの普及は、一面ではマニュアル式ではできない"身内的サービス"の価値を高め、若い後継者が定着できるようになる側面もある」〔栗田・高成、1989：pp96〕という指摘もある。マニュアルの弊害を克服するのに、ディズニーランドは、やる気があって、エネルギッシュで、愛想がよくて、向上心のある従業員がうまく運営することを原則としているので、ビジターを繰り返しのビジターにするには、マニュアルの慣れを取り除き、新しいイベントやアトラクションを絶えず創造することに努力しているのである。

ディズニーランドは現実を見せない工夫として、バックステージを設けることで日常性をステージから完全に隔離し、チケットの前売り制で、お金のことをゲストに忘れさせ、子供に乗り物をせがまれるたびに味わう親の恐怖心をなくした。

驚くべきことに、園内どこでも赤ん坊が地面をハイハイしたり、幼い子が家の中のように地面に直に座って遊ぶことができるくらいの清潔な園内環境であった。夢と魔法の王国だからゴミが散らかっていないのである。キャストが自分の持ち分を決めて絶えず掃除をする。おどけながら掃除をするキャストがまたゲストを喜ばせる。いきとどいた清掃で、いつもきれいにしておけば、客は汚さないが、汚いまま放置しておけばゲストはゴミを捨ててもよいという考え方になってしまうとキャストは教え込まれる。さらに、園内に食べ物を持ち込ませないし、硬貨自動販売機は心が通わないということから1台もない。もちろん、アルコール類はどこにも販売しておらず、持ち込みも許されていない。ましてや弁当をディズニーランドで広げるのは夢の世界の雰囲気を壊すので禁じられた行為である。ゲストの夢を壊さない心配りが随所に徹底しているのである。ゲストの夢ごこちのハッピネスを壊さない心配りができない従業員はキャストにはなれない。

アメリカの忠実なコピー、これがゲストをして、ここはアメリカという錯覚を起させる。子供騙しではなく、大人までうまく騙してしまう。ディズニーは世界を席巻するアメリカ文化の代表であると言われる。しかしながら、ディズニー社CEOマイケル・アイズナーが「私たちが輸出しているのはディズニーでアメリカ文化ではない。ソニーは日本生れであるが、いまや"日本"ではない。ソニーはプレステを売ることで世界に日本を輸出しているわけではない。私たちは京都に代表されるノスタルジックな寺院のようにはならない。現実に生き続ける夢を作り、それを売る総合娯楽会社であり続ける」〔朝日新聞、2000・

4・27〕と語るところに、ディズニー社の企業発展力の源泉があるのである。ディズニーランドは大人が子どもへ回帰できる場を提供し、子供を通して自分自身が子供の世界に郷愁を感じさせる。大人をやめて子どもになるディズニーランドに人気が集まるのは、ディズニーランドががむしゃらに働き続けて疲れきった現代人の"現世での心の癒しの教会"になっているからである。

## Ⅵ 企業 DNA としての経営理念

　成功したグローバル企業の特徴は、本社と海外子会社に共通する根源的な部分としてそのほとんどが"☆☆イズム""☆☆ウェイ"といった独自の文化である企業理念（企業の DNA）を持っていることにある〔三和総合研究所国際本部企業戦略室、2000：pp58－62〕。ドラッカーは NHK "21世紀の証言"番組〔2001・4・13　再放送〕で、企業の使命（Mission）の働きについて「今日、企業の構成員の大半はホワイトカラー労働者（知識労働者）であり、単純労働から開放され、知的業務に従事しているので、担当業務が所属企業にとってどのような意義をもっているのかを知ることが極めて大きな動機付けとなる。さらに、経営資源は有限であるので、配分に優先順位をつけることになるので、何をやるべきでないかを自覚することが殊の外重要で、その拠り所となるのが企業ミッションである」との論旨を述べている。

　ヒューレット・パッカード（HP）の元社長<u>ルー・ブラット</u>は企業としての価値観は企業活動の根源であり、太陽系の太陽に相当する極めて重要な位置にあると強調する。

　　ルー・ブラットは中央の太陽に位置する不変・不動の核は"価値観（WHY：何故企業が活動するかの理由）"、そのすぐ外側の軌道は"企業が掲げるビジョン（WHAT：何を行うかの項目）"、さらにその外側の軌道は"手続き・プロセス・業務（HOW：いかに行うかの業務のやり方）"であり、価値観から生ずる引力がその他全ての事柄を秩序の中につなぎ留める、と書いている〔デビット・S・ポトラック、テリー・ピアース、1995〕。

　ロバート・シモン〔Robert Simon、1955：翻訳書 pp82－99〕はマネージャーが自由自在に操作できる4つのコントールレバーの1つに「信条システム（中核的価値）」をあげる。HP の "The HP Way：Core Value（**図表1-2**）"の価値観に共鳴し、これを熱心に学び奉仕する気持ちになれない社員は HP の一員になれない。ジョンソン＆ジョンソンは1943年にロバート・W. ジョンソン・ジ

第1部　革新企業の革新理念

図表1-2　The HP Way : Core Value

| | | |
|---|---|---|
| 適切な評価とフィードバック | 従業員への信頼と尊敬 | 最高の企業倫理の遵守 |
| 有能な人材の確保 | 顧客の期待への達成と貢献 | オープンで実直な姿勢 |
| 会社の成功は従業員の度量と貢献 | | あらゆる関係者の期待の充足 |
| 事業の成功の分かち合い | | 利益と責任の共有 |
| 貢献の為の適切な手段と支援 | 事業と仕事への誠実さ | 世界的規模での協力 |
| バランスした生活の維持 | | 不断の能力向上の努力 |
| 顧客に提供する価値の持続 | 組織のチームワーク | 従業員の多様性を尊重 |
| 自己の分野のリーダーシップ | | 変化と進歩へのチャレンジ |
| 最高水準の貢献をする努力 | 環境への柔軟性と革新性 | |
| | 仕事を通じて満足感と達成感 | |
| | 成績に基づく雇用の安定 | |
| | 合意された共通の目的の達成 | |
| | 最大限の自由と裁量 | |
| | 従業員1人1人の協力 | |

出所：HP Personnel Planning S. Shimada presen. pre

ュニアが文書にした"我が信条（図表1-3）"は現在でも一貫して変わっていない。

　GEには各事業が市場シェアで<u>"Being NO.1 or NO.2（業界第1位か第2位）の事業戦略"</u>がある。

　　業界第1位か第2位の事業戦略はジャック・ウェルチの経営戦略の一環でしかなく短期的な目標で、ビジョンではないともいえなくもないが、GEを驚異的な企業変革に導いた非常に明確かつ具体的な経営戦略でビジョンといってもよいであろう。

　　1993年にエッカード・ファイファーがコンパックのCEOに就任し"New for the Information Age"を提唱し、情報産業のリーディングプラットフォームプロバイダーを目指している。ソニー社長就任時の出井の"デジタル・ドリーム・キッズ"のメッセージの事例も同様である。これらは新しい成長ドメイン（事業領域）を企業のステークホルダーに示しているという意味で、まさに経営トップのビジョンそのものである。

　ホンダには何事にもチャレンジし、リスクがあっても恐れない"ホンダスピリッツ"が創業以来、脈々と流れている。トヨタには"人間性尊重"という経営理念があって、その根源的な部分がグローバルに世界各国で受け入れられて

### 図表1-3　我が信条（R.W.ジョンソン・ジュニアが1943年につくった信条の全文）

われわれは、第一に、医師、看護婦、病院、母親、そのほかわれわれの製品を使うすべての人々に対して責任を負う。われわれの製品は、常に最高の品質でなければならない。製品のコストを引き下げるため、不断の努力をしなければならない。注文には迅速かつ正確に応えなければならない。われわれの取引先の利益は適切でなければならない。

第二に、ともに働く人々、工場や事務所で働く男性と女性に対して責任を負う。従業員が雇用に対して安心感を持てるようにしなければならない、管理は正しく行われ、労働時間は妥当であり、労働環境は清潔で整頓されていなければならない。賃金は適切かつ十分でなければならない。従業員が提案をしたり苦情を申し立てる制度が整っていなければならない。監督者と部門責任者は、適任で、公平な人物でなければならない。能力のある者には昇進の機会が開かれていなければならず、個人は、それぞれの尊厳と長所によって、立場を考慮されなければならない。

第三に、われわれの経営陣に対して責任を負う。経営幹部は、有能で、教養があり、経験が豊富で、能力の高い人物でなければならない。経営幹部は、常識があり、十分な理解力のある人物でなければならない。

第四に、われわれが生きる地域社会に対して責任を負う。よき市民でなければならない、善行や慈善事業を支援し、税金を公平に負担しなければならない。その使用を特別に許可されている財産を、よい状態に維持しなければならない、適切な税金を支払い、新しい機材を購入し、新しい工場を建設し、新しい販売計画を策定しなければならない。市民の生活の向上、健康、教育、充実した行政を奨励する活動に参加し、地域社会にわれわれの活動を広めなければならない。

第五に、われわれの株主に対して責任を負う。事業は健全な利益を生まなければならない。留保を蓄えなければならず、研究を続けなければならない。逆境のときに備えなければならず、野心的な計画を進め、失敗は償わなければならない。新しいアイデアを実験しなければならない。これらのことが行われていれば、株主は適切な利益を得るはずである。神の御加護のもと、われわれの力の及ぶかぎり、これらの責務を果たすことを、ここに決意する。

出所：三木、1998：pp85

第 1 部　革新企業の革新理念

いる。

　1980年代半ばにはフォーチュン誌の"最も賞賛に値する企業"のトップにIBMは 4 年連続して選ばれたが、1990年代の状況は一変した。ルイス・ガースナーが CEO に就任して 1 年経った1994年末に過去 3 カ年の累積赤字は150億ドルに達したうえ、時価総額も1,050億ドルから320億ドルまで下落した。巨大かつ複雑な企業システムは危機的な状況に直面しない限り、トップがイノベーションを主導することができない。ルイス・ガースナーは 7 年の歳月を経て、メインフレーム・コンピュータを販売する企業から、サービスや情報技術に係るソリューションを提供する、多くの企業が憧れの的である"ネット活用企業"に IBM を変身させた。

　IBM は長い歴史からみると、1980年から1995年初めが例外であり、1993年にルイス・ガースナーがトップに着任し、社長さえ忘れかけていた遺伝子（創業者トーマス・ワトソン時代の**"ワンページ・コントラクト"**）を発見して、IBM という会社を再定義、当時分社化の方向に向かっていた経営を180度転換、顧客が求めているソリューション提供企業になると宣言したことが今日の高業績を産み出だしている。

> 「ワンページ・コントラクト」とは契約書一枚で、ある顧客の事務所の生産管理の仕組みを" 1 カ月いくらで IBM はお引き受けします"と顧客に提案して受注するビジネスのやり方である〔大歳、2001：pp83〕

　この事例から読み取れることは、新しいビジョンが戦略的決定に不可欠の要因となり、その後の企業の盛衰の原動力になる場合としては、 3 つである。まず、創業者が成功を勝ち取ったことの確固たる経営哲学を自らの信奉するビジョンとして語る場合である。第 2 が新しいリーダーがトップの地位に就任し前任者から引継ぎが完了した後で、最初に取り組む仕事の 1 つとしての戦略的ビジョンの策定である。第 3 が、当該企業が大規模の抜本的変革を余儀なくされた場合である。第 2 と第 3 は同時発生的に生起することが多い。HP、ジョンソン＆ジョンソン並びにホンダ、トヨタのそれらは第 1 の場合である。ホンダは"本田宗一郎と藤沢武夫"に経営の原点を求めることができる。GE、IBMのそれらは第 2 と第 3 が同時発生したケースである。GE は新たに開発したPPM 分析やベストプラクティス、ベンチマーク、ワークアウト、シックスシグマ等、企業職場の管理と活性化のツールで企業の抜本的変革を可能にしたの

## 図表1-4　ビジョナリー・カンパニーの基本理念

**フォード**
- 社員はわれわれの強さの源である。
- 製品は「われわれの努力の最終結果」である（われわれは自動車メーカーである）。
- 利益はわれわれが成功するために必要な手段である。
- 誠実さを基本とする。
  （注―この順序は1980年代のフォードの「使命・価値観・指導原理」による。順序は時代によって異なる）

**GE**
- 技術と革新によって生活の質を向上させる。
- 顧客、従業員、社会、株主に対する責任を、相互に依存させながらバランスを保つ（はっきりとした序列はつけない）。
- 個人に責任と機会を与える。
- 誠実で正直であれ。

**ヒューレット・パッカード**
- われわれが携わる分野の技術の進歩に貢献する（「われわれは貢献する企業として存在している」）。
- 会社の成功を共有する機会をつくるなど、HPの社員を大切にし、機会を与える。
- 活動する地域社会に貢献し、責任を果たす。
- HPの顧客に手頃な価格で質の高い製品を提供する。
- 利益と成長は、それ以外のすべての価値や目標を可能にする手段である。

**IBM**
- 従業員に十分に配慮する。
- 顧客を満足させるためには時を惜しまない。
- 最善を尽くす。

**ジョンソン&ジョンソン**
- 当社は「痛みと病気を軽くするために」存在している。
- 「われわれの責任には序列がある。一番目が顧客、二番目が従業員、三番目は経営陣、四番目は社会、そして株主は五番目である」（前掲の信条の全文を参照）
- 能力に応じて機会と報酬を与える。
- 権限の分散＝創造力＝生産性。

**ソニー**
- 技術を進歩させ、応用し、革新を起こして、国民の生活に活かすことに真の喜びを感じる。
- 日本の文化と地位を高める。
- 開拓者である。他に追随せず、人のやらない仕事に取り組む。
- 個人の能力と創造力を尊重し奨励する。

**ウォルト・ディズニー**
- 皮肉な考え方は許されない。
- 一貫性と細部にあくまでもこだわる。
- 創造力、夢、想像力を活かして絶えず進歩する。
- ディズニーの「魔法」のイメージを徹底的に管理し、守る。
- 「何百万という人々を幸せにし」、「健全なアメリカの価値観」を讃え、はぐくみ、広める。

**3M**
- 革新―「新商品のアイデアを殺すなかれ」
- 誠実に徹する。
- 個人の自主性と成長を尊重する。
- 誠実に努力した結果の過ちに寛容になる。
- 質と信頼性の高い製品を提供する。
- 「われわれの本当の事業は、問題を解決することである」。

**メルク**
- 「われわれは人びとの生命を維持し、生活を改善する仕事をしている。すべての行動は、この目標を達成できかたどうかを基準に、評価されなければならない」。
- 誠実で正直であれ。
- 企業として社会に責任を果す。
- 科学による革新を起こし、模倣はしない。
- すべての点で超一流になる。
- 利益を追求するが、人類に貢献する仕事から利益をあげる。

出所：ジェームズ・C.コリンズ&ジェリー・I.ポラス、1995

第1部　革新企業の革新理念

みならず、新しいリーダーとしてジャック・ウェルチをCEOにいだき、20数年間で、概略売上を5倍、利益を7倍に、企業価値を37倍に引き上げた。

　これら企業に共通して見られる特徴は、自社の存在意義や達成すべき目標である基本理念にみられる（図表1-4）。この基本理念に従業員が同意するかどうかが重要であり、従業員の行動指針になっているかどうかである。基本理念を社内に徹底して教化し、外部に明確に明言することで、当該企業は一貫した行動を貫くことが可能になり、経営目標、経営戦略・戦術などの一貫性をもたせることができることになる。従業員に自由奔放な考え方や行動を許すことなく、自社のイデオロギーの信奉に対して厳しい基準を要求する。自社の厳しい基準に合わない、あるいは合わせようとしない従業員は、その企業では働ける余地はあまりなく、リーダーには絶対になれないという"綻"である。グローバル・エクセレント企業で働くことはきわめて同質的なグループや組織のメンバーの一員になることと同じで、仲間になるのかならないのかの選択を絶えず突きつけられており、いわゆる中途半端という状態は許されないのが、こうした企業の行動規範である。

## Ⅶ　一種の望ましいマインドコントロール

　上述したことは、**解凍・移動・再凍結の心理メカニズム**そのものである。

　　グループダイナミックスの心理学者が解明したものに、人間の意識変革は「解凍―移動―再凍結」のプロセスを踏むというものがある。解凍とは、自分の従来の意識を変えなければならないという切迫した緊張感のある自覚から生じるもので、従来の認識が崩壊するステップである。移動とは、自分の持つべき新しい認識の枠組みを新たに作りだすステップである。再凍結とは、移動で得られた新しい認識の枠組みを自分のものとして固定するステップである。

　「極めて先見的な企業では、基本理念を中心に、カルトに近いとすら言える環境をつくりあげており、入社後の早い時期に、基本理念に合わない社員を厳しく選別する**"理念への熱狂"**という傾向がある。残った者には強烈な忠誠心を吹き込み、行動に影響を与えて、社員が基本理念にしたがい、熱意をもって一貫した行動をとるように**"教化への努力"**をする、設立以来一貫して、**"同質性の追求に熱心""何か特別で優れたグループに属しているというエリート主義"**が強い。この4つの側面をまとめると**"カルト主義が鮮明になっている"**」〔ジェームズ・C.コリンズ＆ジェリー・I.ポラス、1995：pp204-206〕。**このよ**

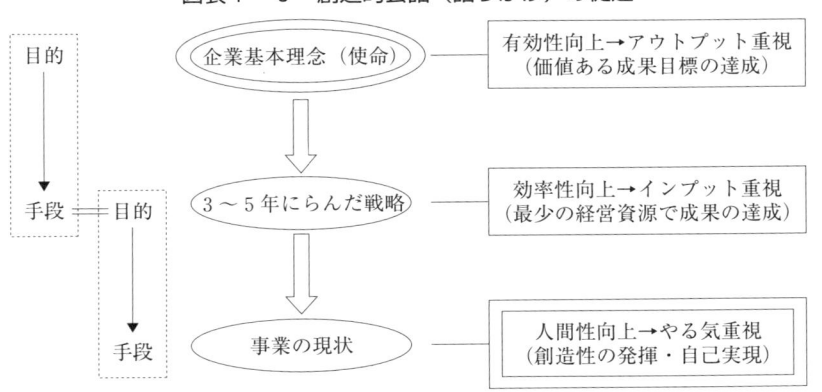

章1章　エクセレント・カンパニーの革新志向

図表1－5　創造的会話（語りかけ）の促進

```
目的 ┐
     │  ┌─ 企業基本理念（使命）─── 有効性向上→アウトプット重視
     │  │                           （価値ある成果目標の達成）
     ↓  │        ↓
手段─┤目的
     │  │  3～5年にらんだ戦略 ─── 効率性向上→インプット重視
     │  │                         （最少の経営資源で成果の達成）
     ↓  │        ↓
手段─┘  事業の現状 ─── 人間性向上→やる気重視
                       （創造性の発揮・自己実現）
```

<u>うなカルトのような性格</u>が、かかる企業のリーダーのきわめて重要な資質となっていることが明らかである。

　　現在、反社会的な宗教的集団を「カルト」と総称し、信者はマインドコントロールされているという見方が常識となっている。これは、オウム真理教以来、ライフスペースやミイラ遺体事件、さらには霊感・霊視商法など詐欺的行為に対する警戒の意識の昂揚である。しかし、他者を自己の意思に従うように心理的に操作するというマインドコントロールは、コマーシャルや各種の社員教育(特に、躾教育や意識昂揚教育)等の場面での説得スキルとの区別がつかず、曖昧な概念でもある。さらに、エクセレントと称される企業・集団はそれぞれ独特の経営理念や経営管理手法をもっており、従業員はその組織のメンバーの一員になることで、人生の目的を発見したり、心の癒しを得たりしてもいる。一方、企業に身体と精神を奉げて駆使され、家族と疎遠となるモーレツ社員になることを要求される場合も多い。こうしたレトリックは従業員が自発的に選び取った自己のライフプランであり、モーレツ社員へ追い込まれていった過程でもあるといえる。完全な自由意志によるものでもなく、完全に企業・集団から強制されているわけでもない。現在のカルト的性格やマインドコントロール手法には様々な問題があることはいうまでもないが、それが全くの反社会的行為であり、良くないことということにはならない。企業におけるカルト的性格の単純な批判は禁物である。

　従業員が同質性を追求し、エリート集団に属しているという参画を醸成する企業の具体的施策としては「入社時のオリエンテーションとその後の研修によって、技術や技能とともに理念を教育し、価値観、規範、社史、伝統などを教えるとか、同僚や上司がオン・ザ・ジョブでさらに教育を進める。報奨や昇進で会社の理念にどこまで適合しているかを基準にすることを明確にする。忠実

な従業員が会社の理念に違反しない間違いを犯しても、罪悪でないとして許容し、理念に違反する間違いを犯した場合には罪悪として厳しく処分し、ときには解雇する。会社の価値観、伝統、特別な集団に属しているという見方を発言や文書で強調し、厳しく管理すると同時に業務上・幅広い自主性を認めて、個々人の創意工夫を奨励し、絶えざる進歩を促している」〔ジェームズ・C. コリンズ＆ジェリー・I. ポラス、1995：pp229‒230〕といったことが採用される。リーダーが創造的会話（**図表1-5**）を促進して、強烈な忠誠心を説き、革新的改革と業務向上への効果を上げている。

　これら施策の意味するところは、基本理念や基本的価値観を維持する確固たる仕組みがその企業にビルト・インされていると同時に、**企業を構成する4つのモデル**の根底である"業務モデル"の直ぐ上にある"ビジネスモデル"を主導する"メンタルモデル"とそれを補完する"政治モデル"の中に、従業員の自主性によって進歩と革新、特に革新が絶えることなく続く企業文化が醸成されているにほかならない。

>　全ての企業は4つの明確なモデルで構成されている。その根底にあるのが"業務モデル"で、組織の形態、業務内容、顧客との関係、業務プロセスなど日常業務に係りのある部分を詳細に述べたもの。この"業務モデル"のすぐ上に位置するのが"ビジネスモデル"である。これは企業が意識するとしないとにかかわらず、ビジネスコンセプトの構成要素について行った選択である。"ビジネスモデル"の上には"メンタルモデル"が位置する。これは個人レベルで、業界で成功するための原動力として認識されている信条である。具体的には望ましい顧客タイプ、価格政策、組織のあり方、流通チャネルの選定などについて業界内で疑いの余地がないほど全般的に支持されている信念である。最上位に位置するモデルは新しいアイディアが生まれたとき、その生殺与奪を決定する"政治モデル"である。〔Gary Hamel、2000：翻訳書pp200〕

　IBMは傲慢無礼態度に社員が陥った大企業病克服のケーススタディとしてビジネススクールの教材に頻繁にとりあげられる。IBMを根底から変身させたのは、パトリックとデビット・グロスマンである。**この2人の活躍から多くの教訓**が得られる。

>　2人の活躍に学ぶべき多くの教訓がある。①飽くなき執念をもって、自分の主張を社内に広めつづけた。②社内の序列を無視して、CEOであるガースナーをはじめとする経営幹部に直接自分の主張をぶつけた。③あらゆる部署から経営資源を駆り集めた。④自己主張に賛同する同志を巨大な組織の中からネットワークを駆使して集め

た。⑤チェスの試合、夏季オリンピック、ブルーページまで、ウェブの威力を発揮する機会があるたびに、もてる技術を駆使し、インターネットの可能性に懐疑的な人々を改宗させるために、デモを作成することに全力を傾注した。⑥"Web Ahead"の開発者たちはビジネスに結びつく商品やサービスの原型を作り上げた。そのおかげで、そのプロジェクトだけでなく、他のネット関連プロジェクトも社内で認知された。〔Gary Hamel、2000：翻訳書 pp223-224〕

現状に対して不満を持った人々の総意を纏め上げる情熱がレボリューションの源泉である。この"メンタルモデル"の形成の重大さをIBMの事例で理解できる。ソニーがデジタル時代に向けて飛躍するきっかけを創るプレイステーションを立ち上げた**久夛木健のケース**も同じことが言える。

ソニーは1990年代半ばまで業績悪化に苦しんでいた。1992年に13億ドルを記録した利益も1995年には33億ドルの赤字であった。久夛木健が上司の指示を受けずに自ら立ち上げたプレイステーションは5年と経たないうちにソニーが計上した収益570億ドルの12％を稼ぎ出すドル箱になり、営業利益30億ドルの40％をもたらす製品になった。久夛木健が本社の経営幹部に迎えられたポイントは次のように纏められる。①魅力的かつ大胆なビジョンをもって行動しよう。そうすれば周囲から潰されそうになっても負けずに努力し続けられる。②いきなり壮大なプロジェクトを完成させようとしないこと。久夛木健が最初は任天堂のためにサウンド・チップを開発したように、手持ちの資源を使って出来そうなプロジェクトからはじめるのだ。③やむを得ない場合は社内で疎外されても秘密裏に行動すること。④ある程度の成功をおさめ、本格的な成功の目途が立つまでは会社の許可を求めないこと。⑤信念にかなえば進んでリスクをおかす。⑥一寸先が闇の現代では粘り強さこそが報われる。〔Gary Hamel、2000：翻訳書 pp224、pp237〕

しかしながら、さらに重要なことは、IBMではCEOであるガースナーがネットワークコンピュータの重要性を信奉し、その信念がパトリックとデビット・グロスマンの考え方に共鳴、インターネットがビジネスに結びつくことを確信して、彼がことあるごとに社内のウェブ信奉者を登用したことにある。ビル・ゲイツですらウェブが消費者向けビジネスへと展開するかどうか懐疑的だった時代であることを勘案すると"メンタルモデルの働きを補完する政治モデル"が成功のカギを握っていることが読み取れる。ソニーも大賀社長が久夛木健のやり方を認めていたことが新たな飛躍の契機を生むことにつながったのである。

## ◎おわりに
### ——企業としての決意（Will）を企業戦略に組み込んだ革新型企業文化——

　大企業からみて創業の時点ではとるに足らない存在であった京セラやソニー、ホンダといった企業が急速に自らを成長させたのは、これらベンチャー企業ともいえる創業者に共通してみられる"この会社をこのようにしたい"という決意（不屈の確固たる意志）にこだわり続けてきたことが決定的な成功要因である、というのがビジネススクールにおけるケーススタディの結論である。企業としての決意（Will）を企業戦略に組み込む「戦略的意図（Strategic Intent）」が革新型企業文化を醸成せることの重要性の認識である。

　　[Strategic intent envisions a desired leadership position and establishes the criterion the organization will use to chart its progress.
　　The concept also encompasses an active management process that includes: focusing the organization's attention on the essence of winning; motivating people by communicating the value of the target; leaving room for individual and team contributions; sustaining enthusiasm by providing new operational definitions as circumstances change; and using intent consistently to guide resource allocations.]〔Gary Hamel and C.K.Prahalad, 1989：pp64〕
　　[The goal of strategic intent is to fold the future back into the present. The important question is not "How will next year be different from this year?" but "What must we do differently from next year to get closer to our strategic intent?". Only with a carefully articulated and adhered to strategic intent will a succession of year-on-year plans sum up to global leadership.]〔Gary Hamel and C.K.Prahalad, 1989：pp66〕

　もちろん、市場から高い評価を受ける独自の技術やビジネスモデルといった戦略的組織概念（Strategic Architecture=Core Competence）の存在が**創業者利益**を産み、それを育て、持続的に企業価値を高める努力が必要であるのは言うまでもない。

　　日本経済新聞社が新規3市場で2000年に株式公開した157企業を対象にオーナー経営者の「創業利益」を調べたところ、公開に伴って得た資産が100億円を越す経営者が15人もいた。しかも、上位には社歴が長く収益基盤が確立した企業で年齢も比較的高い経営者が並んでいた。

　1980年代初めのGTEは成長しつつある情報産業で最有力企業となり得る絶好の位置にいた。これに対して日本電気ははるかに小さく弱小企業であった。それが1988年には前者の売上高は164.6万ドルに対して後者は218.9万ドルと相当の隔たりが生じた。この両者の格差の主要原因は戦略的意図や戦略的組織概

第1章　エクセレント・カンパニーの革新志向

念を明確化することができたかどうかにあると指摘する〔Gary Hamel and C.K. Prahalad、1990〕。そして、Gary Hamelは、20世紀の進歩の時代に大企業が生まれ、長期経営計画の策定、統計的手法による生産管理・品質管理、各種の改善手法、リエンジニアリング、アウトソーシング、動機づけの人間管理等、各種の経営管理手法が確立したが、現在は進歩の時代が終焉し、**イノベーションの時代**を迎えているので、大企業であるかどうかは重要でなく、大企業であることがマイナスになりがちで、"ストラテジック・インテントの強さの度合"が21世紀の企業盛衰を決める、と結論づけている。

　イノベーションの時代には、機会が急激にあらわれ、たちまち消え去ってしまう。ちょっと目を離したすきに、膨大な富をもたらすビジネス・チャンスは跡形なく姿を消してしまう。既存企業の価値が減じたわけではない。シュンペーターのいう"創造的破壊"の現象が現代では桁外れに大きいのだ。強烈な突風が以前は現状を維持するのに役立っていた囲いを根こそぎなぎ倒してしまった。〔Gary Hamel、2000：翻訳書pp23〕――現在では成功のチャンスはどの企業にも等しく与えられている。今後は予想もしなかった企業が突如として登場し、長くあたためていた企画をたちまち現実化し、独り勝ちすることが頻繁に起るだろう。ぐずぐずしていたのでは競合企業の餌食になるだけであり、スピードと先手必勝が原則だ。〔Gary Hamel、2000：翻訳書pp29〕――ここにあげた行動計画（図表1-6）を受け入れれば、やがて革命の時代が大きなチャンスを約束する時代だとわかるであろう。〔Gary Hamel、2000：翻訳書pp51〕

図表1-6

| ●イノベーションを実現するための行動計画 |
|---|
| 継続的な改善　と　過去の延長線上にない変革 |
| 製品とプロセスのイノベーション　と　ビジネス・コンセプトの変革 |
| 富の放出　と　富の創造 |
| 発見の喜び　と　能力 |
| ビジョンを描く人　と　活動家 |
| 科学者、マーケッター　と　シリコンバレー |

出所：Gary Hamel（鈴木・福嶋訳）、2001：pp414

　ラジカルなイノベーションを求める企業の決意（ストラテジック・インテント）を企業組織内部に組み込む革新型企業文化の特徴は、第1に、リーダーやメンバーが進んでリスクテイキングな態度をとり、ダイナミックで起業家精神に溢れ、果敢に未来の課題に挑戦している、第2に、他に先んじるという意味での企業競争力に価値を置いており、革新的行動を実験的なレベルで追求する

## 図表1-7　京都モデル vs. シリコンバレーモデル

| | 京都モデル | シリコンバレーモデル |
|---|---|---|
| 経営スタイル | ベンチャー／トップダウン　強いリーダーシップ | ベンチャー／トップダウン　強いリーダーシップ |
| 経営陣 | 創業者 | 創業者或いはプロのCEO |
| 環境・風土 | ・多数の大学、個性的企業家群、伝統的文化・技術による場の形成<br>・独立指向、反東京（中央） | ・有力大学とベンチャーキャピタリスト、IT技術による場の形成<br>・独立指向、反東部エスタブリッシュメント |
| 事業分野 | 特定製品への特化と独創性重視 | 独創的技術・ビジネスモデルと得意分野へのフォーカス |
| 資本市場 | M&A、資本市場活用に積極的、但し、マネーゲーム指向ではない | M&A、株式市場活用は経営の生命線 |
| グローバル性 | 設立時から世界市場を指向 | デファクトスタンダートの指向による世界市場を視野にいれる |

出所：JMA Mamagement Institute「共同テーマ研究報告書（部長のためのエグゼクティブマネジメントコース：2001・2）」：pp189

意識が社内に充満している、第3に企業文化として、個人の自立・自律・自主性を鼓舞・尊重する、と纏めることができる。多くの日本企業が業績不振に悩む中で、収益性が非常に高く元気な会社の一群として京都企業をあげる人が多い。その京都モデルにはシリコンバレーモデルと同じ経営スタイル（ベンチャー・トップダウン・強いリーダーシップ）がビルト・インされているとの分析結果（図表1-7）に共感するところが多い。

---

## 参考文献

Gary Hamel and C.K.Prahalad, 1989, Strategic Intent, Harvard Business Review, May-June

Gary Hamel and C.K.Prahalad, 1990, The Core Competence of Corporation, Harvard Business Review, May-June

Gary Hamel, 2000, Leading The Revolution, Harvard Business School Press（鈴木・福嶋訳、2001『リーディング・ザ・レボリューション』日本経済新聞社）

Robert Simon, 1955, Levers of Control, Harvard Business School Press（中村、黒田、浦島訳、1998『21世紀経営──4つのコントロールレバー』産能大学出版部）

上野明、1998「トレンド21世紀に勝ち残る優良企業の条件」『Business Research』1月

号
太田隆次、1999『アメリカを救ったコンピテンシー』経営書院
大歳卓麻、2001「編集長インタビュー」『日経ビジネス』4月23日号
栗田房穂・高成田享、1989『ディズニーランドの経済学』(朝日文庫)朝日新聞社
齊藤貴男、1997『カルト資本主義』文藝春秋社
三和総合研究所国際本部企業戦略室、2000「グローバル・ビジネス重点戦略ノート」ダイヤモンド社
ジェームズ・C.コリンズ&ジェリー・I.ポラス(山岡洋一訳)、1995『ビジョナリー・カンパニー』日経BP出版センター
デビット・S.ポトラック、テリー・ピアース(坂和訳)、1995『クリック&モルタル』翔泳社
三笠書房編集部、1999『なぜ、わが社はこんなに元気なのか』三笠書房
三木佳光、1998『変革型リーダーのパラダイム』あしざき書房・総合労働研究所
矢野経済研究所、1998『企業進化論』ぱる出版

# 第2章

# 企業倫理で問われる経営責任

―コンプライアンスを越えて―

◎はじめに

　2002年9月上旬、社会資本整備を事業領域としている東証一部上場某社の取締役人事部長が求人の件で、文教大学湘南キャンパス就職委員長である拙宅を訪ねてきた折、雑談で次のようなことを話された。

　　「最近の若手社員の中には"わが社の将来ビジョンの具体的展開とも関係して、われわれ従業員に経営幹部は何を期待しているのですか""この会社に一生捧げても後悔するようなことはないでしょうね""雪印のようなエクセレントなブランドが消えていくような、さらに日本ハム・日本フード偽装行為といったことが報道されていますが、わが社には企業倫理に反することは絶対にないといえるのでしょうね"といった質問を、なんの遠慮もなく投げかけてきます。こんなことを聞かれても、企業の社会的責任で先達企業の役割を財界活動の中で果してきた東京電力でさえ内部告発で原発トラブル隠しが発覚するなど、わが社でもなにが発生するのかわからず不安です。不祥事がないと信じていますが、もしあって発覚すると、途方もない致命傷の痛手を負うことになる今日、わが社の企業理念や長期計画がどんなに立派なものでも、社員1人ひとりがどんなに真面目で優秀

---

　本稿は「文教大学国際学部紀要（第13巻第2号：2003年2月）」に掲載したものに一部加筆・補正。

であっても、会社の将来のことに私自身不安で、はっきりしたこともいえない。しかし、経営幹部としてまともな回答ができないようでは無能といわれても仕方がない。もっと知識武装した知的経営に徹しなければいけないですね。」

彼は誠実で、会社の発展のために骨身を削るような献身的努力を捧げてきた有能で勤勉な役員であることを筆者は承知しているので、"知識武装した知的経営"という言葉に強い感銘を受けた。

以下の論及は、今日の企業経営幹部にとって"企業不祥事多発の時代潮流と企業倫理実践の知識武装とはいったいいかなる意味のものなのか"について、経営学もしくは経営管理論アプローチからの企業倫理の考察である。

## Ⅰ　繰り返される企業の不祥事

### 1　失敗から学ぶ姿勢の欠如

世界で初めて企業倫理の必要性が明確な形で指摘されたのは、1970年代の米国においてである。これに遅れること約20年、1990年代に日本で、企業倫理とか、コンプライアンスという言葉が市民権を獲得し始める。これはちょうどバブル景気の崩壊と時を同じくしているという意味で、きわめて感銘深いというか、興味深いものである。1990年代に、景気が失速するとともに、それまで世界的に賞賛を浴びていた日本的経営の影の部分が次々に明るみに出てきた。

経営的視点では、企業の責任は経済的責任と社会的責任から構成され、企業倫理は企業の社会的責任として論ずるのが通常である。経済的責任は企業存続のベース、社会的責任はまず基礎レベルが法の遵守とそれを担保する情報公開（企業倫理）、次のレベルが寄付や社会貢献活動、最終レベルがステークホルダーマネジメントを経営戦略として実現することである。

第 2 次世界大戦後の<u>日本における企業の社会的責任の系譜をみると、大きく 3 回、2000年のスノーブランド崩壊を含めると 4 回になる。</u>

　　第 1 期は1956年、経済同友会経営方策審議会が「経営者の社会的責任の自覚と実践」と題し、企業の公器性を提言した時である。第 2 期は1970年前後で、公害問題、欠陥商品、二重価格、オイルショック後の買占め・売り惜しみといった営利追求の企業行動に対して社会が責任を求めた時である。第 3 期は1990年初期、バブル崩壊時の企業行動に対する批判である。そして2000年に雪印事件を契機として、社会は社会的責任からさらに進んだ企業倫理面での新たな経営責任を企業に突きつけている。

第1部　革新企業の革新理念

　企業不祥事を考えてみても、証券会社の損失補塡、金融業界の不正融資、建設業界の談合とか、政治献金、住宅金融業界の経営破綻、製薬業界の薬害、百貨店業界の総会屋対策、それから軍事関連企業の水増し請求等が指摘できる。これらは単一企業でなくて、同一産業内での複合企業がそういう問題を起しているという、経営学を学ぶ人には興味の尽きない現象である。さらに、医療ミス、エネルギー分野での臨界事故、廃棄物処理分野でのダイオキシン等、安全を脅かすものに加えて、地球環境問題に対する社会意識の高まりが現在起ってきている。これにプラスアルファとしてPL法の施行、株主代表訴訟もある。

　こういうことが噴出してくる要因は、やはり20世紀末の産業規模の広がりを持った企業の不祥事の多発と考えられる。と同時に、日本的経営に対する自信と誇りが打ち砕かれたことも無視できない。1985年ごろの日本的経営のすばらしさは今どこに行ってしまったのかということで、失われた10年と言って、既に15〜16年が経ってしまった。

　企業の不祥事の多発は何も日本企業だけのことではない。米国通信大手ワールドコムの巨額の粉飾決算、これが2002年6月に明るみに出て、アメリカの資本主義が揺さぶられている。エンロン事件から半年しか経っていない。エンロンは金融技術を使って巧みに帳簿の操作をしたが、大手ワールドコムの実態は設備投資のつけ替えであるので、素人でも発見できるような会計処理の不正をやっていた。これらをなぜ発見できなかったかというと、1990年代後半に超一流優良企業というお墨付きを得ていたことにある。このようなエクセレントな企業がまさかこんなことをすることはないということで発覚が遅れたのである。

　エンロンに端を発して、いわば会計不信によって、米国では株式会社そのものの信頼性を失ってきているという由々しき事態である。また、**企業倫理先進国**における倫理面での模範モデル企業であった米国ゼロックス社の粉飾疑惑もあり、超一流企業と言われるところですら、こういうことをやっているということで、企業倫理についていろいろな問題が山積・噴出している。

　　企業倫理先進国である米国の調査によればフォーチュン誌の売上高上位1,000社のうち、90%の企業が倫理についての考え方と具体的行動を示した経営倫理綱領（Code of Conduct）をもっており、54%が倫理担当役員を置いて、30%の企業が倫理オフィスをもっているという。また別の調査では社員のための倫理教育プログラムをもつ企

業は50％に上る。〔『Works』誌、1998、Jul-Aug〕

　最近、日本企業を取り巻く社会環境は激しく変化してきている。国際ビジネス面ではグローバリゼーションが進展するし、日本企業のグローバルスタンダードへの対応、国際市場ルールへの対応が急がれているのはまぎれもない。2000年に三菱自動車の30年に及ぶリコール隠しが発覚し、社会の激しい批判を受けた。それから三菱電機グループも太陽光発電パネルの出力に虚偽記載があった等、このあたりから急激に消費者であるわれわれの意識は、こういう不祥事という企業倫理問題にものすごく敏感になってきたといえる。1990年代にそういう芽がどんどん出てきて、雪印事件が起きた2000年、21世紀の初めの年を契機に、企業倫理に対するわれわれの認識は新たな展開をしてきていると考えられる。

　全体としてみたら、日本企業は、経営学的観点からすると、失敗から学ぶという姿勢が余りにもみられない。雪印の衛生管理上の仕組み、言ってしまえばルール無視が起した1万3,000人にもおよぶ食中毒事件は、スノーブランドが超一流であったがゆえの自己自信過剰による放漫経営がもたらしたものと指摘できる。雪印の場合、何回も同じようなことを起しているという意味では、失敗から学ぶという姿勢がみられない、かなり深刻なケースである。

## 2　スノーブランドを崩壊させた内部指向の企業体質

　創業50年の歴史を持つ上場企業雪印乳業の品質管理問題が論議されているところに、BSE（牛海綿状脳症）不安を無視して牛肉をすり替えるという雪印食品事件が加わった。ブランドは長期に亘る商品開発や企業行動を通じて顧客の中に醸成されていく**"顧客と企業との価値観の共振現象"**で、企業に関係する経営者、株主、従業員、顧客が一体になって作り上げていくものでもある。ブランド・ロイヤリティを決定するのは企業評価で、それは主に経済価値と社会価値で形成されるという統計分析に基づく1つのモデルがある。このモデルでは**企業倫理が企業価値の3割弱の影響因子**であるので、**雪印事件の具体的な事実の経緯**をみていくと、六角形の雪の結晶の中に北極星を配したスノーブランドが日本の消費者から完全に拒絶されてしまうであろう。

　　顧客と企業との価値観の共振現象は一旦形成されたブランドに商品や商品開発、企業行動に一定の方向性と意味づけを与えることになる。企業はブランドを介して顧客

第 1 部　革新企業の革新理念

が期待していることを達成するという目に見えない顧客との信頼関係を確立している。当然、この信頼関係を破棄した代償は大きい。消費者が雪印というブランドに寄せていた親近感、注いできた高品質への信頼の強さがそっくりマイナスの要因となって企業への不信感を高め、雪印ブランドへの逆襲が生じている。不祥事が発生した関西地域、事業発展の基盤である北海道地域で消費者の雪印離れが著しいのはその証左である。日本経済新聞社が国内有力企業を対象にした「企業ブランドスコア」調査では雪印は不祥事発生前の2000年度は58位、品質問題が明るみに出た2001年度は117位である。2002年度は牛肉問題で急激に低下するのは必至である。

　企業評価は経済価値を0.27、社会価値を0.55、社会価値を1.0とすると企業倫理は0.5である。企業倫理は企業評価に対して0.275（0.55＊0.5）の因子となる〔斎藤、2000〕

**雪印事件の具体的な事実の経緯**：雪印乳業「集団食中毒事件」と雪印食品「食肉偽装事件」の動き［『検証・「雪印」崩壊』講談社文庫、朝日新聞、毎日新聞等の資料］
　2000年：3／31北海道・大樹工場で脱脂粉乳の製造中に停電（4／1製造分）。4／9大樹工場が4／1製造の脱脂粉乳の残りを再利用（4／10製造分）。6／27大阪市が乳業大阪工場製造の低脂肪乳による食中毒症状を確認。7／2大阪府立公衆衛生研究所が飲み残しの低脂肪乳から黄色ブドウ球菌毒素を検出と発表。7／5発症者1万人突破。7／6石川哲郎社長が9月末めどに引責辞任を発表。7／9石川社長入院。7／11乳業が全国21工場の操業停止を発表。7／28石川社長辞任、他の役員7人も退任、西紘平が新社長。8／2厚生省が大阪工場を除き安全宣言。8／18大阪市が"大樹工場が4／10に製造した脱脂粉乳から毒素を検出"と発表。8／19大樹工場が操業を自主停止、北海道が工場を立ち入り検査。8／23北海道の検査で同工場製脱脂粉乳から毒素検出、原因は製造過程の停電。9／26乳業が再建計画を発表。11／21乳業が株式上場以来初の赤字を発表（経常損益224億円）。12／20厚生省と大阪府の合同専門家会議が、食中毒の原因を大樹工場製造の脱脂粉乳と断定、食中毒患者数は1万3,420人と発表。
　2001年：5／18乳業の2001年3月期決算の最終損益が516億円の赤字、売上高は前期比33.5％減の3,615億円。6／27吉田升三乳業取締役が食品社長に就任。
　2002年：1／23食品関西ミートセンターで偽装牛肉事件が発覚。1／27産地偽装に加え「水増し請求」も発覚。1／29食品が本社食肉部門と関東ミートセンターでも偽装工作があったと公表、吉田社長が引責辞任、食肉事業撤退を表明。2／2兵庫県警などの合同捜査本部が食品本社を詐欺容疑で捜索。2／5食品がパートなど従業員1,000人の解雇を発表、乳業が新たな経営再建策を発表。2／8農水省の調査で関東ミートセンターの輸入豚肉の「国産」偽装も発覚。2／22食品が4月解散を決定、解散にともなう最大約250億円の損失について、親会社の乳業が支援を表明。乳業が品質保持期限の切れた業務用冷凍バターを別工場に運んだうえ、同期限を1年後に書き

換えて再包装したのち加工乳などに再利用していたことが発覚。2／24乳業、期限書き換えを今後は行わないことを表明。3／15米国格付け会社S&Pが、乳業の長期信用格付けを「Bマイナス」から「CCCマイナス」に引き下げ。3／28乳業が全農、伊藤忠商事、農林中金からの資本導入。全農、全酪連との事業提携による牛乳事業の再編、冷凍食品・育児品・アイスクリーム・医薬品などの事業分離、譲渡を軸とした新再建計画を発表。

雪印乳業という会社の今日の企業体質の芽はワンマン社長時代が14年間も続いた1980年代に既にあったといえる。当時、約1万名弱の社員数の会社で、生産系の技術職、いわゆる現在の総合職の採用は5名程度であった。1965年入社の社員数をピークにした菱形の年齢構成で、若手技術社員人数が殆んどいないことから、その時点で既に年齢構成が歪になっていて、技術伝承とか、技術社員による顧客の満足等、社内のいろいろな経営事項の総合的な調整ができなくなりつつあった。要するに、まず、顧客志向に徹することができないことから倫理的な価値観を明確にできず、社員の倫理への認識を高めることができなかったこと、次に、社内のみに社員の眼が向けられていたことから、組織に直接関与する外部環境の諸問題に対して倫理的側面から総合的に掘り起こした倫理的な意思決定の判断基準を明確に確立できなかったこと、これが今日の雪印の企業体質を形成してしまう芽であった。

食中毒事件の被害者やマスメディアへの対応が躓き続けたのは組織全体が商談相手を含めて顧客の声に耳を傾ける習慣がなかったことが原因である。牛乳業界の生産構造は非常に単純で、いわゆる酪農機械メーカーの機械をそのまま持ってくれば牛乳製品が簡単にできるものであった。そういう業界であったので、目新しい技術はほとんどなかった。そこで、労働生産性を高めるために現場では人減らしをしたので、サービス残業が急増して事故が頻発した。省力化が進んだ反面、顧客不在の生産体制が日常化することになっていたといえる。

1970年代後半には、雪印の商品は、たとえば店頭に置いてもらう商談が簡単に成約できたという。雪印商品は営業努力をしなくても店頭の一番目立つ棚においてもらえたし、工場現場もつくれば売れるということで、殿様（左団扇）営業が全社的に黙認されていたという。当時、悠々と殿様営業していた人たちが、**現在ではベテランの部長・課長で、今回の食中毒事件を対処した当事者**である。

2000年の6月に起きた食中毒事件のあと、被害者のところに社員が詫びに訪問する

第1部　革新企業の革新理念

対策案が浮上するが、この時に、対策室など本社から出た指示は「部長職以上はお客様のところにお詫びに行くな、指示に備えて待機せよ」というもので、本人が行きたいと申請しても許可されなかった。40年前にも今回と同じ黄色ブドウ球菌で北海道において粉ミルク食中毒事件を起していたが、当時の佐藤社長以下、役員全員が被害者並びに顧客に詫び回っていた。それが、今回は"偉い人が頭を下げたら、将来困ることになる"という理由で役員も部長も机に座っていた。〔藪田、2002〕

　管理部門は1970年から1980年頃の省力化の後遺症としてのトラブルも抱えていた。1990年代半ばに四谷駅で時々労組のシュプレヒコールが挙がるが、この時に、ある役職の高い社員がたまたま頭を下げてしまったという言動を契機として、人事・総務部門が今日の企業体質を学習してしまったといえる。

　雪印乳業の社員は外部のマスコミ取材を受けたり、いろいろなところで講演すると叩かれる、外部で目立つ社員は評価されない。要するに**余分なことをやるなという企業風土**であった。役員・部長クラスは他流試合として社外の公開セミナー等に派遣しても主体的に参加しないし、常に社内に関心が向いており、それも上のみを見ていた。どの企業でも多かれ少なかれこれはみられるものであるが、特に**極めて強い親分子分の関係の企業風土**であった。

余分なことをやらないという企業風土の事例としては、15年前に、日本の食の文化人類学界で2本指か3本指に入るような、社外で著名になった社員を部長職の次の処遇について、社内で揉め処遇に困ってしまい、そこで、健康科学についての研究所（今回の組織改訂で廃止）を設立して、理事としてそこの所長にしている。はっきりものを言う人間は、部長クラスになるころに関連会社に出すという人事慣行である。〔藪田、2002〕

親分子分の関係の強い企業風土の事例としては、「秋味人事という言葉が雪印グループでは使われていた。北海道の鮭は、生まれた川に必ず帰ってくる。新卒採用されて本社管理部門に配属された社員は必ず主任クラスから課長に登用される時点で、本社から現場勤務（支店や工場の総務課長などに着任）に一回はなるが、異動前の本社管理部門に復職してくる人事異動である。本社管理部門から支店に人事異動した社員は、終始、本社に目を向けて仕事をしていた。本社の管理部門の上司に気に入れられると偉くなる。週刊朝日に情報リークされた話題としては"石川社長が誕生して半年、1年経つと主任以下の若い社員にいろいろ不満が出始める。経営幹部が9時半とか10時ごろに麻雀のメンツ集めを始めるが、その席に必ず社長が入っている。午後3時ごろに部長が麻雀のために席を外す"といった不満であった。メンバーは、経営戦略関連の各室の室長といった、社長の息がかかっているものばかりであった、という。別の言い方をすると中央官庁のキャリアが朝から麻雀のメンツ集めをしていたら、横に

いる部下が怒り始めたという醜聞である。親分子分の関係で、本社にいたいとか、本流に乗りたい意識が社員に充満していたといえる。食品業界の中でも酪農関連業界はついこの間まで原料乳価に対する不足払い制度であった。メーカーが払う金に国が助成金を乗せて酪農家に渡す、簡単に言えば農林水産省の庇護のもとでの護送船団の業界であった。こういう業界であったので、社内のみに目を向ける社員が本流になるのは当然のことであった。〔藪田、2002〕

　雪印事件が発覚した際に、「現場がちゃんとしていたはず……」と経営トップが発言してしまったのは、情報がトップに上がっていく途中で、都合のいいように変わってしまったということである。トップの側も、現場の情報に接する努力を常日頃していなかったことと、組織上の欠陥があったためと考えられる。トップに上がってくる情報が変質していたということの具体的な例としては、1992年頃から1995年にかけて、営業部門の余剰人員を生産部門に異動させる「ホープ21」という活動の展開である。生産現場は"確かに社員が送り込まれてきたけれども、そのうちの1人は腰痛で仕事ができない、1人はペースメーカーが入っていて生産現場に張りつけられない"といった状況であったという。数字上は辻褄が合っているけれど、現場では戦力にならないという現場情報が上には伝わらない企業風土であった。トップや管理部門は結果を出せと繰り返すが、現場の実情を知ろうとしなかったので社員にモラルハザードが生じていた。雪印食品事件に関与した社員の多くはBSEの影響で在庫が急増し売上が急落して、目標達成ができない不安を動機の1つに挙げているように、目標管理制度が結果至上主義で運営されていたのである。

　現在の牛乳は成分無調整というのがほとんどであるが、以前は乳脂肪分3.6とか3.8、もっと遡ると3.0であった。牧場から入ってくる原材料としての牛乳は、乳脂肪分が品質規格よりも高いので、大きな遠心分離器に入れ、ほぼ品質規格になるようにする上限と下限があった。いろいろな意味で歩留りのぎりぎりのところで成分品質を3.6に維持するためには＋αの目増しが必要となっていた。食品衛生法上では何かほかのものを添加すると加工乳とみなされるので、添加は禁止されている。しかし、何かを取り出すのは問題とされてないので、上限、下限の中で脂肪調整がきくことから品質問題を軽視していた。さらに、**衛生管理軽視の業界体質**を引きずっていた。要するに、信賞必罰のうち必罰の考え方が必要とされなかったのである。

　　現在は、いわゆるミルカーで自動的にパイプラインにつながるシステムで乳搾りを

していますので雑菌が入りませんが、牧場の乳をバケツで人手で絞って、20キロから30キロ入る大きな輸送缶で工場に運ばれていた時代には、極めてまれではありましたが、ゴミなどが浮いていたりするとからかわれもしたものですから、高温殺菌牛乳と命名されていたぐらい衛生管理は完全ではなかったという事実が存在します。〔藪田、2002〕

スノーブランドは非常に高い確率で将来消えるであろう。それは、経営者の責任を明確にしないという、ボタンをかけ違えたままにしているからである。最初の書類送検された当時の社長と専務を大阪の地検が不起訴処分にしたことも危機意識の欠如に火を注いでしまった。経営者の責任を問わないまま、いろいろな施策を打っても、そんなものでリカバリーできない。顧客アンケートを見ると、経営者の責任が明確でないということにすべてが尽きている。急遽、対策チームを編成したり、甘い再建計画を立案しているが、それらは真の反省であるとみることはできない。

## II　内部告発不可避の時代

1990年代からいろいろな企業不祥事が出てきた。これらは、集団主義的日本経営構造である"社員が企業の利益に反する行動を妨げる終身雇用・年功序列の仕組み（従業員相互の牽制・制裁のシステム）"が崩壊してきたことにもよると考えられる。つまり、あらゆる局面で、集団の利益の追求を優先させることが個人の利益に直結するという日本的諸システムが機能しなくなってきた〔山岸、1999〕ということである。

企業不祥事が表に出てきた契機は、内部告発によるものが殆んどである。今日では、昔と違って集団内で不祥事を隠すことが困難になり、「蓋をしておきたい反則行為やグレー部分」は厳しく暴かれる傾向にある。こうした状況を嘆き、昔はよき時代であった、という人がいる。果して内部告発は憂うべきものかどうか。確かに仲間を売ることは歓迎されてはいけないし、個人的な恨みから、些細な問題を取り上げて告発するのも非難されなければならないと思う。しかし、社会全体からみれば、公正さを取り戻す動きとして、私は歓迎していいのではないかと考えている。

東海村臨界事故を受けて原子炉規制法が改定され、内部告発者を守る条項が加えられた直後、通産省に東電原発虚偽記載の内部告発文書が届き、これによって東京電力の原発トラブル隠しに対する経済産業省原子力安全・保安院の立

ち入り調査が行われた。これは経済産業省が初期情報を得た2年後であった。

　ここで強調しなければならないのは、今後、日本において欧米社会と同様な内部告発が急増することをあらゆる組織体は前提におかなければならないということである。終身雇用・年功序列といった閉鎖的組織内人間関係秩序の中で機能した社員相互牽制による外面化された個人行動規範が弱まることは、1人ひとりの日本人が自発的に企業の利益を重視して行動する欧米社会の内面化された行動規範を強めることになる。その結果、個人と組織の集団主義的閉鎖関係から生ずる呪縛行為をとらなくてよくなってきたのである。

　外面化された個人行動の規範が企業において弱まる現象の第1は正規社員の割合の減少である。たとえば非正規社員の割合が全体で大体30％弱ぐらいになってきた。そうすると、比較的帰属意識の低いパートとか契約社員が解雇されると同時に、企業の中の情報が簡単に外に出ていってしまう。さらに、パート、契約社員、派遣労働者、請負社員、取引先スタッフという労働者の増加以外に、一部業務のアウトソーシングの比率もどんどん多くなってきている。

　第2には、離職率が高くなっていることである。その傾向は、15歳から25歳の若年層が高く、企業へのロイヤリティがこの層では低い。この層の離職率が高くなれば、会社の中の情報は必然的に外部に漏れることを覚悟しなければならない。因みに、1997年3月学卒新規就職者の離職率は高卒が1年目24.6％、2年目13.8％、3年目9.1％、大卒がそれぞれ13.8％、10.4％、8.3％であるので、就職して3年以内に、辞めるのが高卒で2人に1人、大卒が3人に1人である〔厚生労働省、2002〕。

　第3は、大企業の1万～2万人という規模のリストラで、不本意な形で解雇された人々が内部告発に走る可能性が高い。希望退職制度によるのでなく、本人の意思に反して解雇された場合は、多分強い恨みを持って企業内の問題を暴露していくことになるであろう。

　第4は、新しい世代の価値観が大きく変わってきていることで、とりわけインターネット、IT時代にあって、社内の結びつきよりもネット網の結びつき、外部の専門家集団との結びつきみたいなものがかなり強くなってきた場合に、外部への情報流出はやむを得ないということである。企業内部にとどまって社員相互に協力し合う集団内部協力体制の維持で安心できた行動原理がIT時代には機能せず、逆に足枷となっていくということである。

これに関連して言えば、誰でもが発信者になり得るネット時代の消費者対応の難しさの象徴でもあるインターネットクレーマーがだんだん多くなることがかなり懸念される。インターネットクレーマーは、製品に欠陥があるとか、サービスが悪いとかの文句をつけて、ホームページで欠陥製品告発キャンペーンを行うとか、企業がこれに応じなければ、マスコミに訴えると脅して賠償金名目の金銭を要求してくるタイプのクレーマーである。確かにインターネットは通信手段としては革命的にすばらしい。場所とか時間に関係なくアクセスできる。インターネットクレーマーについてよくよく考えてみると、**悪質なホームページが開設されたからといって大騒ぎしなくてもよいと思う。要するに、マスコミに取り上げられない限り、ホームページに何と書かれようと別に問題はない。**クレーマーたちも充分にこのことを自覚しているので、マスコミへの接触を何回も何回も行うが、良識ある報道機関であれば、根拠がなければそれを報道すること自体が、取り上げた報道機関のリスクになってしまうので、それほど恐れることはない。しかし、こういうことも、やはり念頭におかなければならない。

> 1999年6月に、福岡市の男性会社員A（38歳）が、「ビデオデッキの不具合について問合せをしたところ、担当者から暴言を浴びせられた」ことを音声ファイルにして、東芝のアフターサービスの姿勢に抗議するホームページ（HP）を開設した。アクセス数は一ヶ月で160万件に達し、9月過ぎには1,000万件を超えた。その後の東芝とAの個別の面談の経過報告も当然のことながら逐次AのHPで流され、この問題が雑誌や新聞・週刊誌などマスコミでも報道されることになった。東芝側も自社のHP上に、Aに対する事実上の反論である「お客様各位 VTRのアフターサービスについて」という文書を発表、AのHP記述の一部は事実無根として、当該箇所を削除するよう、福岡地裁に仮処分申請を行った。マスコミ報道の論調は、全体的にA寄りのものであり、一個人に対して「東芝ほどの大企業が大人気ない」といったニュアンスのものが多かった。東芝はAのHPへのアクセス数の反響の大きさに驚き、一転して暴言を認め謝罪し、仮処分の申請も取り下げたが、完全な解決には至らなかった。ところが、それからしばらくして、Aは名うてのクレーマー（苦情常習者）であることが報道された。確かに、この騒動以前にも、Aは富士通の会長にパソコンを送りつけて「直訴」した前歴があることも伝えられ、地元の家電量販店から頻繁に購入と返品を繰り返すという不可解な行動も見られたという情報も披露された。〔市川、2001〕

インターネットクレームと並行して、多発する契約トラブルから消費者を保護する"消費者契約法"が2001年4月1日からスタートしている。クレームは、一般には、耳の痛いものであるが、その発想をまず改めて、前向きに、むしろ

企業にとって有益なものと捉えなければならない。製品に欠陥があった場合、企業にとってクレームという有益な情報があった時点で、事前にそれに気づいて対応していれば、リコールなどはなくて、被害を最小限に食い止めることもできる。したがって、クレームに対して誠実に対処すべきであって、それを恐れることは何もないといえる。

## Ⅲ　コンプライアンス、クライシス、リスクへの企業の対応の仕方

　コンプライアンスという言葉の意味を辞書とか用語類で調べてみると、服従、応諾とか、追従、承諾という言葉が出てくる。ビジネス用語としては法の遵守で、法令とか社内規則などを守ること、法律や社会規範を尊重することである。
　リスクは、広く捉えれば、経済活動すべてに係る危険である。クライシスは、日常的な手続きや取り組みではうまくコントロールできないことで、それが社会的に及ぼす影響が極めて大きいものである。考え方としては、クライシスマネジメントは応急処置的な対応で、一方リスクマネジメントは再発防止の対策である。そうすると、クライシス、リスクへの対応の仕方は、次の5点ぐらいに集約できる。
　第1は、いかなる組織も、何らかのクライシスを抱えている。クライシスを抱えていること自体は恥ずかしいことではない。第2は、自然災害を除くと、ほとんどのクライシスはコンプライアンス体制を構築することによって回避できる。第3は、もし、クライシスを回避できない場合があったとしても、誠実なコンプライアンスへの取り組みが認められる場合、社会はこれを高く評価してくれる。批判を受けるのは、そうした取り組みもなく、当然の帰結としてクライシスを経験する場合である。第4は、クライシスを経験した時に最も大切なことは、その経験から学ぶ、失敗から学ぶという、クライシスマネジメントに留まらずリスクマネジメントへ発展する発想である。
　企業倫理の出発点はコンプライアンスである。一口に法令遵守といっても、企業活動に関しては、法律の条文をみても判然としない、判例なども明示していない。つまり第5としては、グレーゾーンが存在するのである〔田中、2002〕。ビジネスマンは企業競争の中で利益を追求し、業績を上げなければならないということで、意識的あるいは無意識的に、グレーゾーンに入ることを自ら容認

している。そういう人の個人的な判断が、企業判断とみなされてしまうのである。残念なことに、その判断行為が、後で法律違反、法令違反と判明すると企業は多大な損害を被る。従って、経営者は全社員に対して、このグレーゾーンに対する考え方をまずはっきりさせておかなければならない。これがコンプライアンス経営の重要な要件の1つである。

　まず、グレーゾーンに入り込むことを絶対的に禁止する領域がある。このグレーゾーンの中には入ってはいけないということを明示することが必要である。米国の優良企業、例えばIBMは、グレーゾーンに入り込むことを全面的に禁止している。次に、グレーゾーンの中で、違法行為となる可能性の大きい領域は、顧問弁護士とか法律の専門家の判断によって、認めるか、認めないかをはっきりさせておくことが必要となる。3番目は違法行為の可能性の小さいゾーンで、これはいかなる場合に禁止するのか、経営判断の上実行するのかどうかを、ここでも明確にしておくことが必要である。

　こういうグレーゾーンの中で、ビジネスマンは企業活動をせざるを得ないのが実態である。不祥事が発生すると、顧客離れが生じ、売上が減少し、利益が落ち込み、市場のペナルティーとしての格付けが下がり、株価が急落、資金繰りが悪化して企業倒産に至る。社員の士気が落ち、あるいは顧客離れで取引が減少、業績が悪化して利益が減少する。企業の不祥事はこのようなルートで巨額な損失とか罰金支払いで、経営上大きなダメージを受けてしまう。したがって、これらグレーゾーンをどのように扱うのかを、各企業ともしっかり考えておかなければならない。

## Ⅳ　企業倫理のコンセプト

### 1　企業倫理の空洞化

　企業倫理という言葉の本来の意味は、公正かつ適切な経営を実現するための企業内活動である。ここでいう公正とは、第3者から見て許容可能ということであり、適切とは、利益を上げ得るほど合理的なということである。多くの企業はこうした経営行動がとれずに、企業倫理の空洞化を起している。

　企業倫理がなぜ必要なのかということで、たとえば学生などにゼミで議論させると、"明らかに不正と判ることを会社のために行う社員がいたとしても、これを良くないこととして誰も止めさせることができないことがあるので、企

業が生き残るために不可欠なこととして、社会から企業倫理が問い質されなければならない"あるいは"不正を行っていて摘発をされない企業が存在することが不愉快で不公正であるので、公正なる企業活動を展開する上で避けて通れないのが企業倫理である"という。どちらの意見も企業倫理をコンプライアンスと同義として捉えてのものである。

　企業倫理は、今や企業行動のグローバルスタンダードの1つである。フリードマンが主張するのは"企業の社会的責任とは金儲けのことであり、それ以上でも以下でもない"ということである。企業が資本主義を標榜する限り、これは真実であるので、違法でなくても世間から非難されると思われる行為をあえてするかどうかは、利益・不利益を判断する功利主義で決めればよいことになる。この場合、短期的立場（行為功利主義）でなくて、長期的立場（ルール功利主義）であることを原則とすることが重要なこととなる〔竹内、1998：pp 248〕。

　企業がステークホルダーとの長期的信頼関係を築くことで、競争優位のポジショニングを獲得していく経営行動は、利益追求という利己主義がベースでなければならないが、時代の要請は、宗教家や慈善団体が主張するものとは異なった利他主義に昇華する自己抑制の意思と行動であり、それが利益の源泉である個人1人ひとりの創造性の発揮につながるという企業倫理の実践である。

　どのような説明を持ってくるにしても、企業倫理が必要とされる背景には、企業の影響力が想像を絶するほど複雑で大きくなったということである。影響力が絶大になったとしても、企業が常に理性を持って、公正かつ適切な行動がとれるならば企業倫理の実践の必要性を訴えることはない。問題は、どのようなエクセレント・カンパニーといわれる企業でも、また経営者がどのように立派であったとしても、倫理的に完全無欠ではあり得ないということである。個人が善意をもって行動しても、いつも適切に倫理的判断ができて、しかもその判断に合致する行動をとることができるわけではないということである。

　組織に属している限り、必ず倫理的行動をとる合理性がどこかで歪んでしまうことがあり得る。たとえば、組織に忠実に働いている個人が、倫理的な問題の存在に気づいても、個人レベルにおけるこの気づきが、必ずしも組織全体の意識にまで上ってくるわけではないということである。雪印食品の社長は「真面目な社員が多いので問題が起きても表に出せないかもしれない」〔日経産業

新聞、2002・1・24〕という。考えて見れば、経済的、社会的、政治的影響力を持ってしまった企業が、個人側から見れば受け入れ難い行為がはっきりしたとしても、そこに働く個々人の良心・倫理とは無関係に、もしくは個々人の良心を無視して、不公正な、あるいは無責任な行動をとってしまう場合、それに対して個人がどのように対処、対抗できるのだろうかという問題である。

　このような行動の裏側は、経営学的に見れば、第1に、企業が官僚制化せざるをえないということである。企業が成長し、発展すれば、必ず官僚制化が進む。より精緻な規則とか、それを実行するための手続きが必要になってくる。そうすると、この規則とか手続きをできるだけ適用しようとする人の恣意的な解釈とか運用といったものがどんどん発展してしまう。

　官僚制化は業務の効率化にはものすごく役立つ。ある職場で働く人が突然退社しても、仕事の内容が規則化されていれば、組織全体としてはそれほど効率は低下しない。反面、各人の道徳的責任がきわめて不明確になってしまう。仮にある労働者が規則に従って行動していたとしても、意図せぬ結果を招き、社会に多大な影響を与えた場合、彼はルールに従っただけで、自分には非はないと主張するかもしれない。特に管理者と労働者の関係が思わしくないような職場では、規則や手続きだけに従うという態度がよく見られる。そこでは労働者は、ある規則に従って行動すれば、現実にそぐわないようなことになって、いつか大きな事故や不祥事に発展するのではないかと感じても、それをあえて声を大にして言わない。

　雪印の場合、そうだったのだろうと推測できる。個人の良心の問題を管理者のところに持ち込んでも無駄なことと感じていた。現場の従業員の意見など、それほど重要視してくれないし、その責任はその規則を守らない現場従業員にあるという意識になっていた。つまり責任の空洞化が起きていたといえる。これは雪印だけのことではなく、多くの企業で起きていることであり、これをどうするかが大問題である。

　企業が発展し、大きくなって、優良企業になろうとすればするほど、こういう官僚制化の弊害はどんどん出てきてしまう。組織の階層化が進めば進むほど、経営学的に言えば、命令を出す者とそれを実行する者との間の距離が広がっていく。つまりこれは空間的なものばかりではなくて、心理的な距離でも出てくる。たとえば心理的距離は、中央とか本社からの情報に疎いとか、本社は

逆に、支店現場の無責任な行動が問題であるという言い方をする。つまり中央の意図が末端に伝わらない、逆に末端の情報も中央に伝わらない。

これに関連したものとして、1960年代米国のBFグットリッチ社の事例が参考になるであろう。これは空軍のＡ７Ｄ型機に搭載するブレーキを開発し、その模擬実験をしていた会社の例である。実験の途中でブレーキに構造的な欠陥のあることが判明した。実験に従事した従業員と責任者たちは実験結果に手を加えて、偽りの報告書を作成した。このために数か月後、本格的なテスト飛行を行ったときに、ブレーキが熱で溶けて、飛行機が150フィート横すべりしたという最悪の事態を招いた事例である。この事例で最初に責任が問われなければならないのは、もちろん、偽りの報告書を作成した従業員、それを黙認した管理者である。しかし、彼らは決して個人的には犯罪を犯すような人物ではなかった。皆、その会社にとっては、十分に尊敬に値する従業員であった。どうして従業員が報告書を偽り、管理者が黙認するというような、無責任な行動をとったのかというのが問題の所在である。

事件当時、BFグットリッチ社は、階層間のコミュニケーションがうまくいってなかった。上層部である技術関連の政策決定階層と現場の人たちとの間のコミュニケーションがうまくいかなかった。つまり、上層部は、どんな犠牲を払ってでも、ブレーキ契約を獲得するという決定を下して、その旨を現場部門に伝えている。"どんな犠牲を払ってでも――"という表現が１人歩きをしたということが真の原因であった。つまり現場のところで問題が出ても、それを上に伝えるコミュニケーションルート（情報伝達ルート）がないと上層部が下に伝達した意図のみを優先することになるという事例である。責任の空洞化現象を阻止するための最大の施策は、コミュニケーションツールとルートの整備にあると私は言いたい。

もう１つの事例は大手水産会社のマルハである。2001年５月、発展途上国を支援する目的の特恵関税制度を悪用した脱税容疑で東京地検の強制捜査を受けた。冷凍のタコを輸入する際に、それにかかる関税が７％であるが、特恵関税制度では、セネガル産は５％である。隣国のガンビア、モーリタニア産は無税である。マルハは、セネガル産の冷凍タコを、ガンビア産とか、モーリタニア産と偽って申告して、約４億円脱税した〔日本経済新聞夕刊、2001・５・９〕。

新聞を読んで驚いたのは、マルハの説明であった。東京地検が強制捜査した

当日、マルハは、総務部長等が記者会見してこんなことを言っていた。この脱税事件は、「逮捕された元社員らの独断である。また脱税に走った動機としては、部門としての業績を上げるためであった。だから個人の利益目当てでない」、さらに「会社ぐるみの犯行ではないので、上層部は全く知らなかった」という説明である。マルハの対応は、違法行為に対する企業の誤った認識を示す典型例であろう。日本のいろいろな企業犯罪の大半は、社員が個人的利益を図るために行ったものではないという説明である。法律に触れる行為かもしれないけれども、会社の業績向上のために行ったのだから、あまり強く非難しないでほしいという主張である。個人のためでなく会社の業績のためにと主張することで、個人の責任の所在をすごく曖昧にしてしまう。

経営学的アプローチの第2の点は、業界全体、あるいは企業全体に一定の考え方が定着して、習慣化されてくると、それ自体が力を持ってきて、各人の思考パターンを支配するようになってくる、業界内の暗黙の了解がいろいろなところで成立している、ということである。

建設業界の談合体質がものすごくマスコミで攻撃されたのは、1990年頃であった。現在は、当然のことながらこのようなことは絶対にないが、当時、公共工事を発注する側では、慣習として発注する時に、業界団体に工事の設計価格を伝えて、業界団体内で落札価格と業者を決めさせていた。この発注談合支援体質は、当時の新聞を見るとよくわかるが、過去からずっと価格を教える慣習ができていて、建設会社の営業担当者が"これはおかしい"と感じても、この流れに従わざるを得なかったと、関係者全員が述べている。また、この価格漏らしは、官公庁の所長とか次長であって、その上の幹部は黙認していたとも語っている。このような慣習の枠内にいて正しい判断ができなかったという、業界慣習の弊害も無視できない。慣習化の進んだ企業で働く人々がこれに疑問をなぜ投げかけなかったのかというと、慣習が抱えている問題が問題として見えてなかったからである。つまり認識上の限界があった。長年勤めて管理者になればなるほど、そういう傾向が強くなっていた。しかもこのタイプの管理者は新入社員教育とか、若手社員教育の場で、この商慣習に疑問を投げかけてくる社員がいたら、必ずこう言ったものである。"君はわかっていないね、早く学生気分から抜け出しなさい""世の中そんな甘くないよ……"。それと同時に、こうした慣習を受け入れること自体が所属会社の組織社員の一員になるための

儀式になっていた。踏み絵的な役割を各種の社内研修に果させて、個々の社員が慣習に内在する問題に気がついても、共同体のメンバーとなるために、どうしても周りに合わせる態度をとってしまうように躾けていた。つまり労働市場への出入りという労働移動のない、大企業であればあるほど、この種の儀式が定着していたのである。

## 2　個人倫理・職業倫理・組織倫理・社会倫理の4層構造

　1999年には日本原燃の試験データ改竄事件があり、世間を騒がせた。今回の東電事件は1980年代後半から1990年代までの29件とされているが、その後も続いていたのである。原子力安全・保安院の検査を擦り抜け13年間も隠し続けた東京電力の原子力発電所トラブル記録改竄の発覚の発端は2年前の内部告発（2000年7月）であるが、高度な専門知識が要求される原発部門は専門家以外は関与でき難い"聖域"であったので、調査の発動が遅れたと感じる。最近、政・財・官界でこれまで聖域といわれていた人が告発されているが、専門知識のない素人には何を信用していいのかわからない領域が存在する。今回の東電原子力発電所の記録改竄の箇所の損傷について、電力会社自主点検担当下請企業は繰り返される隠蔽が重大な事故につながると懸念する一方、東電原発部門の専門家は軽微なもの（"いつまでも新車でないが安全である"という新車論）であるので、現行の厳格な法規制を緩和する改定が必要であるとの見解を述べている。

　このような専門知識が介在するケースの場合、企業倫理で問われる責任は4層でとらえることが大切になる。その第1は、組織を構成する社員が、人間としてどう考えるのかという個人の信条・道徳に関する個人倫理である。第2は、仕事をする、いわゆる職務を遂行する職業倫理、それから第3に、企業としてどうあるべきかという組織倫理、第4に常識・良識といった社会的許容範囲の内での企業行動という社会倫理、この4つの層の相互の関連づけが重要である。

　この4つの倫理は行動する立場によって、それぞれ大きく重要視する局面が変わってくる。たとえば、個人商店であれば商売を行う上での人生観、自らの身を守ろうとする個人倫理が強く前面に出てくるが、公認会計士、弁護士とか医者、もしくは企業内における研究職とか技術職、いわゆるプロフェッショナ

ルな業務を行う人は、職業倫理が強く意識されてくる。組織倫理は、経営者とか、経営戦略・企画職の人たちの中に意識されてくる。フィランソロピーの要請もさることながら、社会倫理は企業の社会的責任として社会的倫理選考が問い質され、日本的文化に根付く日本的ビジネスの特質として糾弾されるものである。日本の場合、どうしても職業倫理と組織倫理が前面に出てきて、個人倫理と社会倫理は裏面に後退してしまう。

　この4つの倫理がうまく重なるためにはどういうことを行ったらいいのかということが大きな課題である。1993年緊急炉心冷却装置の配管の一部のヒビが発見されたが国に報告せず、無断で留め金をつけ、国の検査時にははずし、検査後にはまたつけて6年間も運転していたことや、福島第2原発3号機シュラウド（炉心隔壁）のひび割れ隠しの事例をみると、"これぐらいは大丈夫との社内専門家の判断"が隠蔽の発端ということであったので、職業倫理を方向づける経営理念を軸にして、この4つが一貫性をもって結びつくことが重要であると再確認できる。

　ところが、一流企業と言われているところほど、高邁な経営理念を掲げているが、現在、経営理念自体が空洞化していることが問題であろう。自社の創業の精神とか、社是・社訓、経営哲学などがいつの間にか言葉だけになって、文章だけ掲げられて、実態は空洞化しているところが多く見られるからである。

　企業が経営理念に方向づけられた職業倫理に基づいて、コンプライアンスを最優先させる社内体制のもとで運営されていれば、不祥事の発生は未然に防げたと思われる事例があまりにも多い。そうした事態になってしまう理由としては3つぐらいあげることができる。その1つは、企業が過度の業績至上主義を推進していて、企業倫理を二の次と考えている場合、2番目は、取締役会とか、監査役会が十分に機能せず、企業行動とか経営手法が依然として日本的経営慣行のままであるので、急速なグローバル化が進行していることへの対処不十分の場合、第3番目は、企業倫理という言葉が市民権を得てきていることに対する認識不足がある場合である。

## V　国際ビジネスにおける倫理性

　国際ビジネスにおける企業主導の行動指針としては、1986年以来、毎年スイスのレマン湖畔のコーに、日米欧のビジネスマン、学者、国連・OECD等の国

際機関の代表者が集まる「コー円卓会議」（www.cauxroundtable.org）が有名である。1992年の第7回会議で、キャノン会長賀来龍三郎を代表とする日本参加者が"企業行動指針"を提案した。ここで強調された「共生」という言葉が世界的に流布することになった。このほかにも1976年の"OECD多国籍企業ガイドライン"などがある。

　国際ビジネスにおける倫理性には3つの方向がある。**公正な経営を促す新たな国際標準**を遵守し、2国間・多国間の国際合意による共通の法令・諸法制を活用しての倫理の実践がその1の方向である。三井物産はODA事業に絡むディーゼル発電所施設供与に関し、国後島の不正入札事件の捜査の過程で、被告者がモンゴル政府高官に資金提供したことが発覚し、東京地検の本格捜査を受けた。これは1997年にOECDが採択した規定に基づき日本国内法を改正した"外国公務員への賄賂禁止規定"による賄賂罪の初適用である。

> 米国はロッキード事件の反省から、1977年に「海外腐敗行為防止法」を制定し、外国公務員から贈賄を要請されても、それに応ずることを禁じた。そこで、多くの米国企業が魅力あるビジネスチャンスを失う一方、企業倫理を無視した外国企業が多大な利益をあげていた。このことは世界経済秩序の維持・形成にとって好ましくないということで、OECDは1997年12月「外国公務員贈賄行為防止規定」を採択、これに署名した33カ国が国内法を改定した。日本も「不正競争防止法」を1998年に改定、外国公務員への贈賄行為に対して、個人は3年以下の懲役又は300万円以下の罰金、法人は最高3億円の罰金を科すことになった。

　進出企業に対する法令規則や倫理規定の整備の要請がその2の方向である。進出先の市場が、進出してくる企業にかなり厳しい基準、より高い倫理性を求めるものである。米国でセクハラ問題の解決に積極的に取り組まなかった日本の自動車会社の例がそれに該当する。日本におけるセクハラ倫理規定よりも、進出国米国のそれがものすごく厳しかったということである。1990年代初頭の米国では、組織に対する連邦量刑ガイドラインが施行され、米国で企業活動するすべての企業は、このガイドラインに積極的に対応しなければならなくなった。このガイドラインは、組織で働く者の有罪が確定した時に、組織に対して罰金額を算定する手続きを纏めたもので、たとえば企業が常日頃から倫理法令遵守を徹底させるための取り組みを行っていたとすれば、罰金額がそれなりに低く査定されるというものである。セクハラ問題で日本企業がかなりの罰金を払わされたというのは、セクハラ防止の社内体制の整備を怠っていたことへの

見せしめであった。

　その3の方向は、この逆で、進出国よりも厳しい国内の法律や倫理規定を、海外の子会社まで適用しようとするものである。海外子会社が、進出先の法律だけを遵守すればいいのではなくて、本国の倫理規定そのものに従わなければならないというものである。これは倫理絶対主義の立場であり、IBMはこの主義で経営している。これとは正反対なものが中東地域、東南アジア地域で営業活動する常識として賄賂の供用を当然とする倫理相対主義の考え方である。IBMは社員が賄賂を、たとえそれを供与することでIBMの利益になった、売上が上がった、契約がとれたとしても、もしそういうことが発覚したら、すぐ解雇する。IBMは社員を本国のIBMで決められた倫理規定に、各個人全員が100％従わざるを得ないようにしている。倫理規定の1つでも犯すと解雇されてしまう。今日のグローバル化時代の国際ビジネスを考えると、日本でも社会的倫理選考の形成とディスクロージャーが避けて通れないものになっているといわざるを得ない。

　かなり以前のことであるが、日本国内の工場で公害問題を起していた日本企業が、環境基準のものすごくゆるい途上国に出て行って、その地で、環境を破壊していた。本国での基準とホスト国のそれとのどちらかに従って行動するかというダブルスタンダードの問題である。もちろん、こうしたことを**進出国地域住民から訴えられて良識ある操業停止や撤退をした企業**もなくはない。しかし、日本人は、高度成長期において日本国内に問題がなければ、海外でどんなことをしていても、自分たちの知ったことではないと、またそうすることで製品価格が低く押さえられるなら、あえて他国の環境問題まで言及する必要はないと考えていたと指摘する人もいる。本国では禁止されている低賃金児童労働を雇用してコスト競争力を得るとか、移転価格を不正に操作することで特定国の現地子会社に利益を計上するといったことである。さらに、自国のやり方を正当なものと信じ、**ホスト国の文化・商慣習を無視することで発生する問題**である。

　　進出国地域住民から訴えられて良識ある操業停止や撤退をした企業であるARE（エイシアン・レア・アース）社は、1979年に三菱化成（現三菱化学）が資本の35％を出資（間接出資含む）してマレーシアに設立された合弁会社であり、1982年に操業が開始された。ARE社の事業は、スズ鉱石に含まれるモナザイトから、自動車の排ガス

用触媒、カラーテレビのブラウン管の発光体等、ハイテク部品に欠かせないレア・アース（希土類金属）を精製・抽出することであった。最大の問題は、レア・アースをモナザイトから精製、抽出する際に放射性廃棄物が放出されることであり、このため放射性廃棄物の管理問題をめぐり操業開始前から、地元住民の反対運動が盛んに行われていた。そして、1985年に一医師の告発をきっかけとして、地元住民による操業停止、損害賠償を求めるイポー高等裁判所への提訴という事態に発展していった。裁判は1990年に結審し、1992年には「ARE社の事業そのものは合法」であるとしながらも、「住民側の不安を取り除くため」に操業停止が命じられ、住民側の勝訴が明確になった。これを受けたARE社は、三菱化成側への相談なしにマレーシア最高裁判所へ判決不服とする上告を行った。この上告に対し、1993年、最高裁は高裁の判決を破棄し、ARE社の操業継続を認める判決を下した。しかし、三菱化成側は、合弁解消、マレーシアからの撤退を決断した。〔山田、2001〕

　ホスト国の文化・商慣習を無視することで発生する問題としては、大和銀行ニューヨーク支店である。同支店の敏腕トレーダーであった行員Aは1983年に変動金利債の取引失敗から5万ドルの含み損を抱え、その後も、米国債の取引失敗から620万ドルの損失を蒙り、これらの損を取り戻すため、さらなる米国債の先物取引を繰り返し、最終的な損失11億ドルを抱えることになった。Aは損失を隠すため、銀行や顧客から預かっていた証券類を無断で売却し穴埋めを図るとともに、1984年から11年にわたり帳簿類の偽造を行っていた。このような状況の中、1992年に米国内の監督官庁であるFRBの検査が行われたが、ニューヨーク支店では支店ぐるみで隠蔽工作を図り、虚偽の報告を行った。それは、本来、証券管理業務のみで証券売買取引を行っていないはずの支店ダウンタウン事務所で、密かにAに証券売買業務を行わせていたからであった。この時、支店ダウンタウン事務所では、トレーディングルームの照明を消し、段ボールを積み上げて倉庫のように偽装したと言われている。ただし、行き過ぎた偽装工作に良心の呵責を覚えたのか、ニューヨーク支店では翌年の調査で虚偽の報告をしたことを告白し、Aを含む担当者を処分することとなった。しかし、その後もAは相変わらずトレーダー業務を継続し、損失は巨額なものへと拡大していったのである。さらに、日本の大蔵省は1995年8月8日ニューヨーク支店の不祥事について大和銀行側から報告を受けていたにもかかわらず、9月18日までFRBに対する報告を遅らせてしまった。結果として、大蔵省は大和銀行が損失金の始末をつけるのを待っていたという疑惑まで持たれることとなり、FRBのグリーンスパン議長をはじめ関係者の強い批判を受けることとなった。大和銀行は何はともあれ早急に現地の監督官庁であるFRBへの報告を優先すべきところ、日本の業界慣行に固執するあまり、大蔵省との協議を優先させてしまったのである。結局、1995年11月に大和銀行に対し、米国における免許剥奪（米国からの追放）および3億4千万ドルの罰金という厳しい処分が下されることとなった。〔山田、2001〕

日本の場合、企業倫理の選好基準の導入は出発点で挫折していた。要するに、

第 1 部　革新企業の革新理念

倫理問題に敏感な社会や市場が形成されなければ企業倫理は言葉だけになってしまうということである。社会的倫理選考が形成されるということは、倫理的な企業が報われる、倫理的な企業行動をとれば業績向上の糧になるという、"企業倫理がビジネスチャンスになる社会をつくる"ということであり、国際ビジネスにおける企業倫理の意義もここにある。つまり倫理選考の形成が不十分な社会はグローバル世界では許容されないというのが現在の世界の潮流である。環境問題をビジネスにおける制約条件と捉えていた一時期があったが、今日では環境問題をビジネスチャンスとしてとらえて、企業成長の機会にしている国際企業は数多い。

**米国の SRI（社会的責任投資）という投資手法**の発祥は"環境対策は企業のコストアップ要因とはならず、省エネや省資源対応などを通じコストダウンに寄与するビジネスチャンス"という環境効率性の考え方である。投資家が不祥事を起すリスクの高い企業に対して投資を避けることが欧米では定着しており、日本でも大和證券グループや三井住友アセットマネジメントが2002年内にも SRI 投資信託を開始する予定である。現在、企業倫理を企業活動の制約条件ではなくてビジネスチャンスと捉えていくように、ビジネス意識が変わってきつつあることを自覚することが大切である。

　　SRI（Social Responsibility Investment：社会的責任投資）の2001年末の米国投資規模は総額2.3兆＄（総運用資産残高の12％）と想定されている。内容は、1）資産運用の企業評価に従来の財務に加え、倫理、社会、環境の各面での評価（スクリーニング）を加味して銘柄を選定する「SRI スクリーニング資産運用」、2）こうして決定した投資先企業に対して、社会的、倫理的、環境的観点から株主として経営幹部に発言したり、株主提案や議決権行使する「株主行動」、3）地域の公益に寄与する中小企業向け融資や低所得者住宅建設のための融資をする「コミュニティ投資」、に大別される。〔河口、2002〕

この捉え方を可能にするためには、どうしても倫理ディスクロージャーの推進が必要である。企業側から発信される一方的な情報公開では不十分で、誰もが信頼できる情報提供の枠組みを社会全体でつくっていくことが大切である。このような倫理関連の情報ディスクロージャーが進めば、国際市場は、徐々にではあるが、倫理的企業には追い風になるし、非倫理的企業には逆風が吹く。これは考えてみれば、米国の連邦量刑ガイドラインのような制度の導入である。ただし、懲罰的賠償の考え方になじみ深い日本等の社会では、罰金額その

ものが低いと、量刑ガイドライン的なものを選択・導入するのは、どうも適切ではない。とすれば、やはり市場メカニズムを活用した、個別企業の主体性にゆだねた取り組みを進めた方がいい。日本の場合、法規制で企業倫理を推進するよりも、個別企業の主体性のもとでの市場メカニズムにゆだねる企業倫理の取り組み方が望ましい。

世界市場はフリー、フェア、グローバルがスローガンとしてずっと今まで言われてきた。フリーとかグローバルは、時代の流れとして必然的なもので、あえて何もしなくても、この流れに対応できる。しかし、フェアは、それを担保するシステムとか、それを推進する意識が形成されない限り、なかなか根付かないものである。従って、フェアを担保するシステムとしての倫理マネジメントに真剣に取り組まない企業は時代の流れに取り残されていくことになる。

## Ⅵ 企業倫理に基づく経営

企業倫理に基づく経営の実践性が浮かび上がってくるために、第1になすべきことは、経営トップが自社の創業の精神とか、経営理念を見直して、全社を挙げて自社の企業使命を再確認する徹底的な企業行動の総点検である。その時に、一般顧客、株主、投資家、従業員、地域社会、いわゆる企業を取り巻く利害関係者への"ステークホルダーマネジメント"を徹底することが必要である。ステークホルダーの信頼をまず得ることを基本にしなければならない。特定の株主とか特定の顧客だけを対象とするのではなく、すべてのステークホルダーへのバランスある配慮が必要である。

各々のステークホルダーについて、各々配慮すべき企業倫理の課題事項（図表1-8）がある。たとえば競争関係の価値理念は"公正"で、独占禁止法のカルテル、入札談合、取引先制限等が課題事項である。消費者関係では"誠実"、で、誇大広告、悪徳商法など消費者契約法とか、金融取引の諸規定があるし、従業員関係では"尊厳"で、労働基準法はもちろんのこと、男女雇用機会均等法、そこにセクハラ問題も含まれる。投資家関係では"公平"で、内部取引、損失保証・補填、粉飾決算、相場操作などが倫理の課題になり、商法・証券取引法の改正問題が絡んでくる。地域社会を考えてもさまざまな法令があるし、企業市民としての近隣問題や共生価値理念を具現化する環境問題も無視できない。監督官庁では公務員倫理法、斡旋処罰法が国会でも議論されている。従っ

### 図表1-8　企業倫理の課題事項と関係領域

| 〈関係領域〉 | 〈価値理念〉 | 〈課題事項〉 |
|---|---|---|
| ①競争関係 | 公正 | カルテル、入札談合、取引先制限、市場分割、差別対価、差別取扱、不当廉売、知的財産権侵害、企業秘密侵害、贈収賄、不正割戻、など。 |
| ②消費者関係 | 誠実 | 有害商品、欠陥商品、虚偽・誇大広告、悪徳商法、など。 |
| ③投資家関係 | 公平 | 内部取引、利益供与、損失保証、損失補填、作為的市場形成、相場操縦、粉飾決算、など。 |
| ④従業員関係 | 尊厳 | 労働災害、職業病、メンタルヘルス障害、過労死、雇用差別（国籍・人種・性別・障害者・特定疾病患者）、プライバシー侵害、セクシャル・ハラスメント、など。 |
| ⑤地域社会関係 | 企業市民 | 産業災害（火災・爆発・有害物質漏洩）、産業公害（排気・排水・騒音・電波・温熱）、産業廃棄物不法処理、不当工場閉鎖、計画倒産、など。 |
| ⑥政府関係 | 厳正 | 脱税、贈収賄、不正政治献金、報告義務違反、虚偽報告、検査妨害、捜査妨害、など。 |
| ⑦国際関係 | 協調 | 租税回避、ソーシャル・ダンピング、不正資金洗浄、多国籍企業の問題行動（贈収賄、劣悪労働条件、公害防止設備不備、利益還送、政治介入、文化破壊）、など。 |
| ⑧地球環境関係 | 共生 | 環境汚染、自然破壊、など。 |

出所：中村、1998

て、全てのステークホルダーの役割、関心にかかわってくるような問題に対するマネジメントが大切で、これが企業倫理に基づく経営の第1である。

　企業倫理に基づく経営の第2は、ミッションステートメントとアクションプログラムを明確にすることである。経営トップの役割の一つは自社の企業使命を再確認した企業行動を総点検して、それに基づいたミッションステートメントを作成、企業の倫理を徹底するためのアクションプログラムを前面に出した経営をすることである。従業員1人ひとりの企業倫理そのものがビジネスチャンスになるためには、個人倫理、職業倫理、組織倫理、社会倫理の4層が一貫性をもって一体化されたものとならなければならない。そうでない限り、本当の意味で、社会に貢献する企業にはなり得ないからである。

　最近の各種の不祥事を見てみると、責任者・関係者は"いわゆる会社のために、会社組織を守るために、職務を忠実に遂行する行為としてそういうことを

行った"と言ってしまう。不祥事が発覚すると、企業広報担当者の謝罪会見では"引責辞任をした関係者は、会社内ではすごくまじめなタイプで、部下思いで、骨のある、筋の通った人物であった"と必ず新聞では報道される。ということは、彼らはいずれもよき企業人だったことになる。しかし、個人倫理の視点では、なぜ社会的に非常識な行動を、彼自身とってしまったのかという非難は免れない。そうすると、やはり社会倫理が許容する職業倫理を組織倫理と融合させ、それらを個人倫理にまで昇華させて、4層相互に矛盾しないものをつくりあげるという、そういう努力をしない限り、最終的には"企業のためにやったのだから、ある程度情状酌量してほしい"という言い方がまかり通ることになる。

米国企業の経営理念とかミッションステートメントを見てみると、共通する項目は5つぐらいになる。その1つは、経営理念が経営のよき導きの星（羅針盤）の役割を果している。1994年に、米国のスタンフォード大学のJ.C.コリンズとJ.I.ポラスが著した『ビジョナリー・カンパニー』の中で挙げられている経営理念（図表1-4）を見ればうなずけるものがあるであろう。2人の分析によれば、ビジョナリー・カンパニーは、ビジョンを持っている企業、未来志向の企業、先見的な企業、業界で卓越した企業、同業他社の間で広く尊敬を集めていて大きなインパクトを世界に与え続けた企業等であると分析している。それらの企業は自らの羅針盤として、経営理念が、いわばカルト集団のような意味での、企業内に信仰に近い形で維持・培養して根付いていると指摘している。エクセレント・カンパニーあるいはビジョナリー・カンパニーが持っている経営理念の役割を再確認しなければならないというのが第1である。

その第2は、こういう経営理念を、具体的な行動指針にまで書きあげているということである。雪印乳業の行動原則はそこまでブレークダウンされていない。それは「①本質を捉え的確に駆動する力、②変化を先取りし、創意をもって対応する力、③まさつを恐れず果敢に挑戦する力、④責任を自覚し、ねばり強くやり遂げる力、⑤本音で話し、活気に溢れた風土を作り上げる力」というものであり、これでは"「力」なのでやらなくてもよい"と社員の意識がなってもおかしくない。

そして3番目は、ステークホルダーマネジメント重視の姿勢である。ジョンソン・エンド・ジョンソン（J&J）の「我が信条」の責任の優先順位の第1は

消費者、第2は全従業員、第3は経営陣、第4は地域社会、そして最後が株主である（**図表1-3**）。J&Jは、タイノール事件を契機として企業倫理として世界的にすばらしい会社になったと言われている。タイノール事件は、従来のアスピリンに代わる鎮痛剤、解熱剤の開発に成功したタイノールという薬品をドラッグストアを中心に売っていたが、このタイノールを服用して7名の死者が出たというものである。原因究明の結果、何者かが中身に青酸カリを混入したことが判明したが、その真実がはっきりする前に、この事件に対して、J&Jのとった施策と態度が極めてすばらしかったという事例である。どうしてそのような対応ができたのかは、この「我が信条」があったからであるとの結論である。もしもJ&Jにこの「我が信条」がなかったなら、そのような対応は絶対にとれなかった、という事例である。

　4番目は、コーポレート・ガバナンスの実践内容が簡潔に明示されていることである。企業は誰のために存在するのか、誰が本当に経営責任をとるべきなのか、取締役・監査役はどういう機能を果すべきなのか、経営者の経営行動を監視しチェックする仕組みはどうなのか、等の内容項目が記述されてなければならないということである。

　5番目は、このミッションステートメントが、必要に応じて、随時改定されているということである。法的遵守の責任を果すことから、更に進んで企業倫理の実践が企業に期待されていて、極端な場合には、利益追求を犠牲にする**社会責任ピラミッド**の頂上に位置する慈善的責任まで果すことで、企業が自らを社会の公器であるとの再認識を絶えずしている。この点が日本企業と米国企業との違うところである。

　　キャロルは**図表1-9**のように、社会責任の概念を経済的責任、法の遵守責任、倫理的責任、慈善的責任の4つのカテゴリーに分類し、社会責任ピラミッドを提示している。〔Caroll、1991〕

　企業は、適正な利益を追求し、雇用を確保し、効率的な経営をするという経済責任を当然のこととして、それに加えて、商法、会社法、いろいろな法令規則を守るという法的責任、さらに企業はよき市民性を考え、メセナとか、地域貢献、社会貢献ということを、フィランソロピーという用語で行うということも要請されている。と同時に、取引の透明性、人間尊重、公正かつ誠実な行動といったことも明言しなければならない。企業倫理実践の立場からすると、社

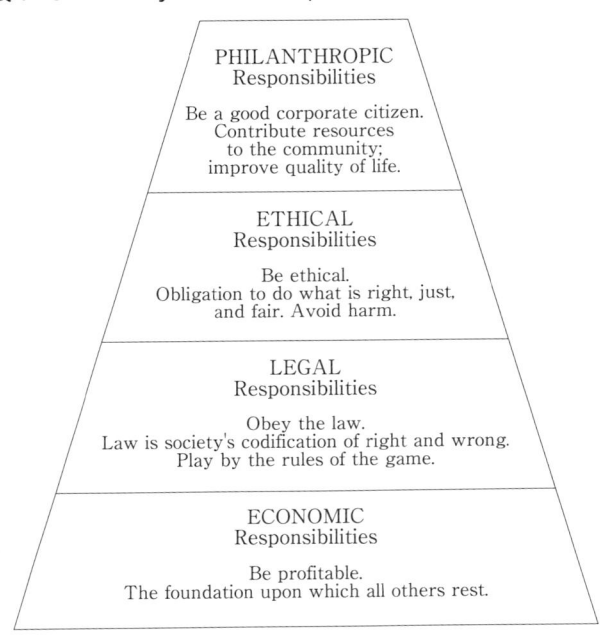

第2章　企業倫理で問われる経営責任

図表1-9　The Pyramid of Corporate Social Responsibility

```
                PHILANTHROPIC
                Responsibilities
            Be a good corporate citizen.
              Contribute resources
                to the community;
              improve quality of life.

                   ETHICAL
                Responsibilities
                  Be ethical.
         Obligation to do what is right, just,
              and fair. Avoid harm.

                    LEGAL
                Responsibilities
                  Obey the law.
        Law is society's codification of right and wrong.
             Play by the rules of the game.

                  ECONOMIC
                Responsibilities
                  Be profitable.
         The foundation upon which all others rest.
```

出所：Caroll, Archie B.、1991

訓とか社是、経営理念というのはきわめて抽象的なものなので、これを行動指針、行動規範にまでブレークダウンしていく努力を米国企業はしているのである。

## Ⅶ　企業倫理綱領と研修の意義

　企業倫理が喧伝される背景には人間の本性は性悪なものとの人間観がある。一般的に、米国では性悪説、日本では性善説に基づいて企業経営をしているといわれていた。企業も人間も利益追求という利己的行動を基本としている限り、利他的行動は期待できないのに、日本では企業トップや高級官僚・政治家のみならず、全ての人に道徳的行為を要求するのは儒教の精神が根強くあるからであろう。しかし、企業倫理で先端をいくGEには"ワンストライク・アウト（1回の不正でも、たとえ数ドルでも意図的なごまかしを究明されれば解雇退社）"という決りがあることや**GEエジソン生命保険の企業倫理事例**を調べ

たりすると、人間というものはものすごく弱いものだ、時には間違いを犯すかもしれない、いや犯すもの、と認識を改めなければならない。日本でも米国企業の性悪説で企業経営をするとすれば、人間というものは時には間違いを必ず犯すという人間観に立脚するので、やはり倫理綱領といった企業内部で制度化された倫理規定が必要になる。

> GEエジソン生命保険は2001年3月に、優秀営業社員が表彰（約5,000人中460人）されたが、このほかにも対象となる20人がコンプライアンス違反で表彰されなかった。このうち1人（営業成績が常にトップ10に入る敏腕営業マン）が解雇された。この事例では、コンプライアンス違反者に対する懲罰は個人名や成績などは伏せ、違反事項だけで判断された。〔日経産業新聞、2001・6・12〕

　テキサス・インスツルメント（TI）は日本法人も含めて、表と裏が1枚になった「TIエシックス」カードを社員1人ひとりに配っている。カードの表面にはTIの価値としての"誠実、革新、コミットメント"について、社員全員が自問自答して、自分の行動をチェックできるようになっている。疑問があれば、カードの裏面に記載されている法務関連、人事関連、倫理関連部署の担当者に照会して、何らかの回答が得られるようにしている。カードの裏面は、疑問の際の問合せ先以外に、5つの指針が書かれている。最初の指針は、"あなたの行動は法にかなっていますか"である。仮にその答えが法に違反しているということであったら、それ以上進む必要はないので、その行動をやめることを示唆している。こういう問いかけを自問自答できるようにしている。法にかなっているという答えであったら、その次の指針に進む。"あなたの行動は会社の基本方針に合致していますか"である。さらに、個人的・心理的な関心に直接関与するような2つの指針が続く。"もし、その行為をしたら、気分が悪いでしょうか""もし、その行動が新聞に載ったらどう思われるでしょうか"というものである。最後に"あなたが「それが正しくない」と思ったらその行動はやめなさい。自信が持てなかったら人に聞いてみましょう。答えが得られるまで聞き続けなさい"が最後の質問で、カードの最下段に連絡場所が明記されている。

　日本IBMでは、不正が得にならないという社内制度が確立していて、従業員は、毎年、**倫理規定の遵守契約書にサイン**をさせられる。このこと自体が、"企業として生存し、発展していくビジネスチャンスにつながる"との認識が

IBMの社員には形成されている。企業倫理を余計なものと考えていない。企業が社会から認められ、社会に受け入れられ、ステークホルダー全員に信頼され、それが利益に結びつくということを社内全体に浸透させている。

みずほインベスターズ証券は**全社員に「コンプライアンス・カード」**を所有させている。こうした努力がない限り、社会倫理、組織倫理、職業倫理、個人倫理が全部ばらばらになって一貫性を欠いたものになってしまうであろう。毎年、毎年、そういう誓約書を会社と従業員が取り交わしているTIとIBMの事例の示唆することは、社員手帳のページの1枚にでも誓約書（**図表1-10**：雛

**図表1-10　倫理綱領誓約書（雛形）**

---

「私たちの行動基準」誓約書

　私は、わが社の「私たちの行動基準」を読み、十分に理解しました。私は、わが社の一員として、この行動基準を遵守し、これに違反しないように努め、わが社の信用と名声を守ることにベストを尽くすことを誓います。

　1998年　　　月　　　日

　　　　　　　　　　　　　　　　　　　署　　　名

　　　　　　　　　　　　　　　　　　　_____

　　　　　　　　　　　　　　　　　　　（氏　　　名）

　送付先：法務部

---

型)を印刷して、1人ひとりに確認していく必要があるということである。

　　IBMでは監査委員会による監視機能が充実されており、企業行動基準の遵守で不正防止が徹底されている。行動基準は取引先との接し方など細かく規定されており、2年ごとに改定されている。この基準に違反した社員は解雇や懲戒処分等、厳しい処分が課せられる。

　　みずほインベスターズはコンプライアンスの違反を発見したら、電信やファクシミリ、郵便で通報する義務を負わせている。カード違反者の秘密を守るために、社外の「コンプライアンス委員会」に社内通報受付窓口を設置した。社内の監査部と切り離して通報を受けることで、内部監査の実効性が確保されている。〔米本・船越、2002〕

イトーヨーカドーグループ（IY）は社会への責任を基本責任・義務責任・支援責任の三層（**図表1-11**）で捉えている。IYの「企業価値観と倫理の研修」は、企業理念、倫理綱領、ミッションステートメント、さらに行動基準まで一貫して展開している1つの事例である。各種の講習会とか研修会の場で、どこが企業倫理担当部署であるかを明確にしているとともに、企業倫理の実践のあり方を1人ひとりの社員が具体的に議論して、更なる自覚を促していくと

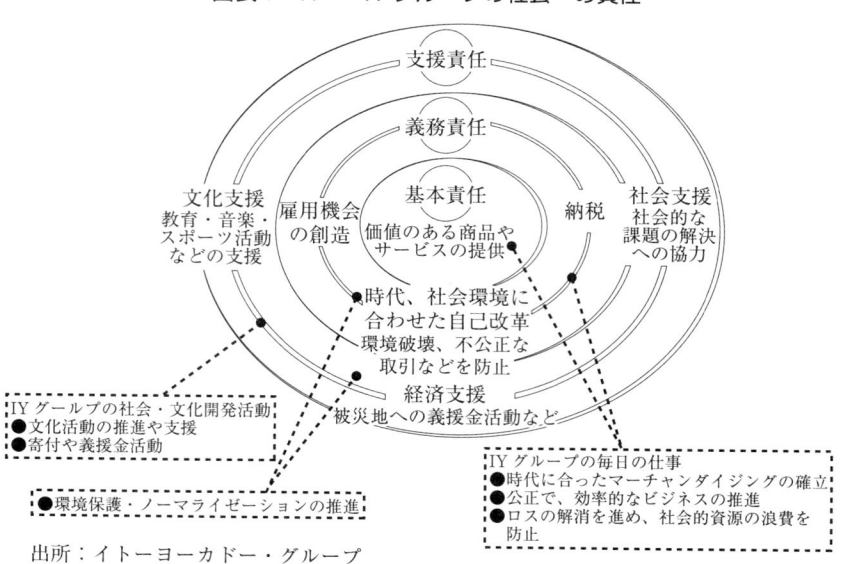

**図表1-11　IYグループの社会への責任**

（図：同心円による三層構造）
- 支援責任
- 義務責任
- 基本責任：価値のある商品やサービスの提供
- 雇用機会の創造
- 納税
- 文化支援：教育・音楽・スポーツ活動などの支援
- 社会支援：社会的な課題の解決への協力
- 時代、社会環境に合わせた自己改革　環境破壊、不公正な取引などを防止
- 経済支援：被災地への義援金活動など

- IYグループの社会・文化開発活動
  ●文化活動の推進や支援
  ●寄付や義援金活動

- ●環境保護・ノーマライゼーションの推進

- IYグループの毎日の仕事
  ●時代に合ったマーチャンダイジングの確立
  ●公正で、効率的なビジネスの推進
  ●ロスの解消を進め、社会的資源の浪費を防止

出所：イトーヨーカドー・グループ

いうものである。

　企業の最終目標は利益の追求であるので、これに倫理という道徳的な考え方を入れた複合目標を追求すること自体が本来は矛盾である。もちろん、効率と

図表1-12　研修資料の項目例

今、なぜ企業倫理・コンプライアンスか？

1．不祥事から学ぶ教訓
(1)大蔵省・日銀の過剰接待事件（98年）
(2)T社インターネット事件（99年）
(3)各種偽装表示事件（02年）
(4)多発する不祥事の特徴

2．今、なぜ企業倫理か
(1)経営環境の変化
　①グローバル化の進展
　　［3つのキーワード］
　　フリー：自由競争
　　フェア：公正
　　オープン：公開・透明性
　②社会の価値観の変化
　　米国・日本の関連法令等の変化を通して
　③企業への社会的期待の変化
(2)内部環境の変化
　「内部告発」の大きなうねり
(3)急速、かつ、著しい変化の時代
　「企業の常識は社会の非常識」

3．企業倫理・コンプライアンス向上への取り組み
(1)新「行動基準」の制定（98年）
(2)企業倫理担当設置　等
(3)「企業倫理　5つの視点」（00年11月）
(4)アメリカ企業に見る「企業倫理の実践」

4．おわりに
(1)再び、アメリカ企業の不祥事
(2)日本・アメリカ、そして世界
　企業倫理・コンプライアンスが大きな経営リスク課題に

出所：池田、2002

競争の原理で達成させるという大前提を修正することの必要性は認めながらも、全面的に否定しないで企業倫理の実践を可能にすることが重要で、企業倫理なしでは事前想定の利益を得ることができないということを自覚するのが**企業倫理研修**の目的である。

　　　松下電器産業の企業倫理・コンプライアンス研修の項目は**図表1－12**のように盛り込まれている内容が数多い。一般的に企業倫理研修は4つの段階から構成するのが望ましいと言われている。まず、倫理の認識を形成する、次に、倫理的な思考の構築をする、第3に、倫理的行動を支援する内容を伝達する、そして第4に、"私は企業倫理に基づいた行動を行います"と社員1人ひとりが企業と誓約書を交して、倫理的自覚について社員個人ベースの確認を繰り返し啓蒙する、というステップが原型である。


## ◎おわりに―企業倫理意識が生み出す価値―

　企業における倫理意識が生み出す価値としては、まず、反社会的な企業行動の結果は社会や被害者から余分な経費や賠償金・罰金などの損失を余儀なくされるとの自覚の形成である。

　第2に、かつて公害とか環境問題が、企業活動の制約要因とみなした時期が日本企業も含めてあったが、今は逆に、地球環境問題も含めて、それら課題解決のプロセスにおいて様々なノウハウや知恵の創出が期待できるビジネスチャンスと捉え、倫理研修費用を先行投資とみなすことで、企業の新たな生存と成長が可能になることにある。

　第3に、企業不祥事が企業ブランドを劇的に低下させる諸事例は、社員1人ひとりが社会に対する適法性・倫理性・貢献性を意識して行動しなければ、ステークホルダーから倫理的な企業としての存在意義と信頼性が評価されないが、その逆は、企業ブランド力の維持・向上によって企業利益の増大が約束され、より高い企業成長が実現するとの意識の形成である。日常の業務では出会うことのない企業倫理の4層相互間の一貫性を企業研修を通じて社内に浸透させることで、社会的な感応性も高まるし、日常業務に埋没しがちな社員の視野が拡大できることになる。

　そして、第4に社会に対する説得力に加えて、経営サイドへの従業員1人ひとりからの説得力を持つことができることにある。

　このように、外部から強要された基準に適合する非合法的行為の防止から、

自ら設定する基準にしたがう責任ある行為の実行を行う自己統制の企業倫理に、そのメリット意識を高めていかない限り、企業倫理は企業に定着しない。社会感応性への従業員1人ひとりの感性を倫理研修で高めることが必要である。時代の潮流であるこうした認識への重要性に早めに気づくか気づかないかで、21世紀に存続・成長できる企業かどうかが分かれる。

## 参考文献

Caroll, Archie B., 1991, The Pyramid of Corporate Social Responsibility : Toward the Moral Management of Organizational Stakeholders, Business Horizons /July-August

Donaldoson, Thomas,1989, The Ethics of International Business, Oxford University Press

Works誌編集局、1998「企業倫理で問われる経営の責任と役割」『Works』Jul‐Aug

池田耕一、2002「新行動基準の制定と啓発活動体制の整備（松下電器の事例）」『企業と人材』10月5日号

市川孝一、2001「IT革命の光と影―ITで生活はどう変わるか―」『生活科学研究 No.23』文教大学生活科学研究所

猪狩誠也他、2001「企業の社会化―社会的感応性を考える―」『コミュニケーション科学（16）』東京経済大学

梅沢正、2000『企業と社会』ミネルバァ書房

梅津光弘、2002『ビジネス論理学』丸善

萩原誠、2002「帝人：企業倫理を中心に倫理優先の風土づくり」『企業と人材』10月5日号

河口真理子、2002「社会的責任投資」『日経産業新聞』3・20－3・29

経済同友会、1997『経済同友会50年のあゆみ』経済同友会

厚生労働省、2002『新規学校卒業者の就職離職状況調査結果』

斎藤槙、2000『企業評価の新しいモノサシ』生産性出版

ジェームズ・C.コリンズ＆ジェリー・I.ポラス（山岡洋一訳）、1995『ビジョナリー・カンパニー』日経BP出版センター

竹内靖雄、1998『日本のおわり―日本型社会主義との決別―』日本経済新聞社

田中宏司、2002「実践的企業倫理・コンプライアンスの展開」『企業と人材』10月5日号

高巌・T.ドナルドソン、1999『ビジネスエシックス』文眞堂

中村瑞穂、1998「企業論理と日本企業」『明治商学論叢』2月号

北海道新聞取材班編集、2002『検証・「雪印」崩壊』講談社文庫

三木佳光、1998『変革型リーダーのパラダイム』あしざき書房・総合労働研究所

三木佳光、2001「エクセレント・カンパニーの"革新志向メンタル状況"の一考察」『文教文学国際学部紀要』第12巻第1号

第1部　革新企業の革新理念

水谷雅一、1998『経営倫理学のすすめ』丸善ライブラリー
三成哲司、2002「武田薬品工業：コンプライアンス・プログラムの構造と運営」『企業と人材』10月5日号
藪田茂、2002「スノーブランドはなぜ溶けた」『第169回 LD 研究会講演』7月5日
山岸俊男、1999『安心社会から信頼社会へ』中公新書
山田敏之、2001「国際経営におけるコーポレート・ガバナンスと企業倫理」『国際経営を学ぶ人のために』世界思想社
米本倉基・船越由布子、2002「急げ、倫理法令マネジメントシステム経営」『UFJ Institute Report』Vol. 7 No. 4

# 第2部

## 革新企業の戦略人事

# 第1章

# 人材経営の戦略的視点

―雇用ミックス(コア人材)マネジメント―

◎**はじめに**

　人材経営の戦略的視点は、従業員を通じて競合他社が模倣できない持続的な競争優位を達成する企業体を構築することにある。先達日本企業における、その中核となすものはビジネス・コア人材をプロフェッショナルに求め、雇用ミックスマネジメントとして、業務の多くを外部の企業、コンサルタント、人材派遣、その他の第三機関へのアウトソーシング、といった「コア人材マネジメント」を21世紀に向けた競争力を築くための経営戦略の中核に据えることにある。

　米国においては、IBMのワークフォース・ソリューションは人材経営に含まれる数多くの業務をアウトソーシングした典型的な事例であるし、人材派遣企業のレノルは企業からアウトソースされる大部分の業務を請負うことで急成長した企業である〔Ulrich、1997：pp100〕。これらの事例は長期雇用慣行という日本的終身雇用制度のもとでは日本企業は競争力を強化できないという時代潮流の一片を示したもので、日本企業におけるベストプラクティスとしてベンチマーキングされている。

　「労働白書」が雇用安定のための長期雇用慣行の有用性を強調したのが1998

---

　本稿は「文教大学国際学部紀要(第10巻第2号：2000年2月)」に掲載したものに一部加筆・補正。

年度であったが、1999年度は大きく趣旨を変え、"日本的雇用慣行は経済全体の安定をもたらすが、産業構造の転換を阻害する恐れがある"とした。今後の雇用政策として、白書は"転職を容易にする環境整備と社外に通用する職業能力の開発"を謳った。

本稿は、労働白書が論旨を大きく変更するに至った日本企業の人事システムの変革を迫る環境変化を明らかにすることで、現在、日本企業は競争力強化のために「人のリストラ」に手をつけざるを得ない情況のもとで新しい人材育成のあり方を模索していることを指摘する。そして、日本経営者連盟が提言・建議した「新・日本的経営システム等研究プロジェクト」報告の中に"21世紀の雇用ミックス・マネジメントのあり方"を見出すとともに、その中核となるビジネス・コア人材の能力開発は「日常業務の管理能力」と「（異質な）環境変容に適応するリーダーシップ」にあることを強調したものでる。

## I　人事システムの変革を迫る環境変化

日本の少子化・高齢化の進展は著しく、高齢化と同時に進むトレンドとしては高度情報化、高度技術化、グローバル化、サービス化等があり、職場では若手社員不足、労働多様化、**価値観の多様化**、女性進出などが無視できない。

> 総務省「労働力特別調査」における転職希望率は年々上昇傾向を示している。1977年の4.3%に比べ1997年ではその3倍の12.6%にまで高まっている。社会経済生産性本部がここ数年、新入社員に対して実施している調査では転職容認派の割合が年々高まり、1998年男子71.2%、女子80.6%である。

これまでの日本企業の成功のビジネスモデルや日本経済・産業トレンドベースのアウトルックはもはや過去のものになろうとしている。とくにIT（情報技術）の進歩によるネットワーク構築の企業への適用のスピードは著しく、技術のシーズも市場のニーズも、数年でなく数ヶ月のサイクルで変わっていく状況にある。これに連動して、従来からの産業・業種といった区分は崩れつつあり、新たな業態の産業が生まれている。企業はこれらの業態変化の波に乗り遅れれば生き残ることは難しくなってきた。これはまた、これまでにない新たな企業群と競合していくことをも意味する。企業はグローバルな視点からの新たな価値観と行動が求められており、この環境変化にすばやく対応できる経営のスピードが必要とされている。

第2部　革新企業の戦略人事

　このような企業環境を考えると、日本企業は従来から維持してきた雇用政策のパラダイム（終身雇用・年功序列・集団温情主義等）のもとでは、現在、知的創造型の人材の確保ができないという大きな課題に直面している。

　その第1の課題は、総人件費増による経営の破綻である。高度経済成長期に新卒を大量に採用して企業規模を急膨張させてきた多くの大企業はそのツケで現在40歳以上の社員構成が50％を超えている。鹿島は1998年3月末の社員構成が40歳代27.7％、50歳代36.4％と40歳以上が3分の2近くにまでなっている。若年層の多い、従業員平均年齢の低い優良企業であるといわれている企業であっても、社員構成では5～10年先をシミュレーションすると40歳以上が50％を超えることになってしまう。例えば、富士ゼロックスは現状のまま推移すると1996年の40歳以上40％程度が2005年では67％になると危機意識を募らせている〔富士ゼロックス教育研究所部長・山崎郁一郎氏談話、1998・10・11〕。

　雇用の維持を社会的責任として経営の中核に据えている企業は依然として多い。米国IBMは従業員4万人を解雇したが、日本IBMは1993年に50歳以上の従業員3,000人を対象に希望退職の募集を発表、退職者には大幅な退職割増金や、人材受皿のサービス会社への転籍、週休3日制の嘱託社員制度など多様な選択肢を提示して1割弱を解雇した。日本の社会慣行や労働法規のもとでは米国のような解雇（レイオフ）は出来ないということで、日本の大企業の人のリストラのモデルが日本IBMであった。

　しかしながら、従来のままの職能資格制度の年功的賃金制度を適用し続けると、成熟経済のゼロ成長のもとでは、総人件費の高騰ということで、企業経営が破綻することは必至であるといわざるを得ない。業績の低迷が将来展望して続くと予測される業種や企業では雇用の維持を断念し、早期退職優遇による希望退職や採用抑制による自然減に頼るとか、該当部門や事業を子会社や分社化して従業員を期限付きで出向させる。但し、賃金水準は今までと同じとする企業が大半で、期限がくると自社に復職か出向会社に移籍等、場合によっては**従業員も含めた部門全体や事業そのものを売却すること**もやむなしとしている。

　　日産自動車横浜工場の食堂部門を全従業員900名も含めてグリーンハウスが買収、鐘紡の医薬品新事業部門の研究・開発・営業担当者600名が日本オルガノンに移籍、住友銀行のダイレクト事業担当40名全員がトッパン・フォムズに移籍などが話題になった。

その第2は、雇用確保のありかたのひとつとして、中高年層の処遇・評価と高額賃金に経営者と若年層が納得しなくなってきたことである。仕事上での能力と成果が若年社員と中高年社員で仮に同じであっても、生涯賃金カーブは**長期帳尻合せのモデル**（**図表2-1**）のもとで現実の処遇が年功（勤続年数）で決められるので、日本企業の平均賃金は、定年（60歳）近くまでベースアップもあって毎年上昇続ける。

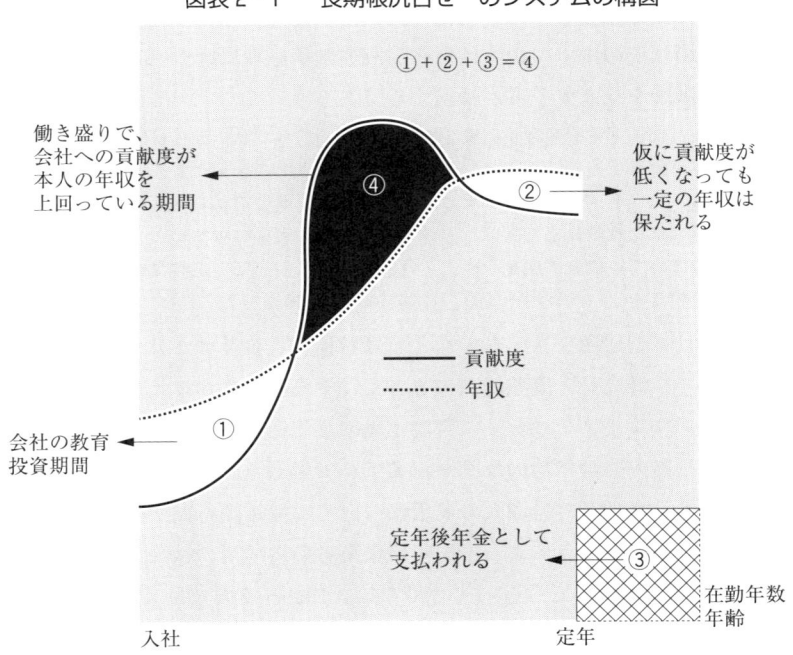

図表2-1 "長期帳尻合せ"のシステムの構図

①＋②＋③＝④

- 働き盛りで、会社への貢献度が本人の年収を上回っている期間 → ④
- 仮に貢献度が低くなっても一定の年収は保たれる ← ②
- 会社の教育投資期間 → ①
- 定年後年金として支払われる ← ③

―― 貢献度
‥‥ 年収

横軸：在勤年数・年齢（入社～定年）

出所：『DIAMONDハーバード・ビジネス・レビュー別冊』
「未来創造価値型人材マネジメント」（1996年8月：pp39）を一部加筆・修正

長期帳尻合せモデルは、**図表2-1**の①の部分：貢献度が年収よりも低い会社の教育投資期間、②の部分：50歳以上の仮に貢献度が低くなっても一定の年収が維持される期間、③の部分：定年後年金として払われる期間、の合計と　④の部分：働き盛りで会社への貢献度が年収を上回っている期間の支払い総額が一致又は貢献度がそれ以上（①＋②＋③≦④）」するように設計されたものである。

欧米では賃金は仕事面での実績評価（成果）にリンクし、年齢とはリンクしていないので、40歳くらいが最高でそれ以降は下がっていくのが一般的である。日本も若年層の労働価値観の変化も強く作用して年功賃金制度の改革が加速される状況になった。例えば、松下電器産業は2000年度までに戦後初という賃金体系の変更、松下グループで同じ賃金体系を分社別、職種別、地域別に切り替え、賃金カーブも40歳から寝る形になる。60歳定年を延長するアメも用意しているが、中高年は大幅な賃下げになる〔日本経済新聞、1999・8・3〕。

これに加えて国を中心とした現金給付による社会的安全ネットが機能不全になるのが必至の状況の中で、企業は優勝劣敗の競争原理に晒されるので、**退職金や企業年金制度を見直す**企業が続出するであろう。

> 1998年4月に松下電器産業が退職金前払いの全額給与支払い型社員制度を導入しているし、厚生労働省の1999年のアンケートでは3割以上の企業が将来の給付削減を検討している。ソフトメーカーのコナミは1999年度の退職金前払い制度の対象を管理職に拡大、将来は一般職員まで広げる方針である。惣菜大手のロック・フィールドはこれを一歩すすめて退職金制度を全廃、7月30日までに引当てた退職金を全額、社員に返還して、給与を4〜5％増やす。〔日本経済新聞、1999・7・27〕

その第3は日本型雇用システムのもとでは職種別賃金基準が社会的に形成されていないので、低成長・成熟経済のもとでは中高齢者のホワイトカラー管理職の過剰とエンプロイアビリティ（労働市場就業能力）不足が顕著になる。また、新卒男子社員が終身年功のラダー（梯子）で処遇されることを前提としているので、女性、高齢者、外国人の雇用については雇用慣行面から狭き門となっているし、企業リストラによる中高年層失業者の再雇用の機会はほとんどないのが現状であるといっても言いすぎでない。1999年5月の完全失業率は300万人を超える4.6％、同4月の有効求人倍率は0.46である。企業のリストラなどによる非自発的失業者は同5月106万人で、その約7割が35歳以上、男子の完全失業者数は207万人と過去最高である。

新卒採用中心のリクルート制度の中で実効性のあまりなかったキャリア採用（中途採用）もここ数年活発になってきたとはいうものの、その採用条件にはほとんど若年層専門職中心の年齢制限が暗黙の了解事項であり、中高年層には門戸が開かれていないのが実態である。

今までの雇用慣行では"加齢に伴い経験を通じて能力は高まるが、その伸び率は下がり、一定の年齢で固まる"とされていたが、これからは**"加齢とも**

に能力の完成度が高まるが、能力レベルの個人差が拡大する（図表2-2、図表2-3）ので、中高年になっても能力レベルが低下しない結晶性能力に着目した自己革新のできる"人事制度の構築が喫緊の課題である。

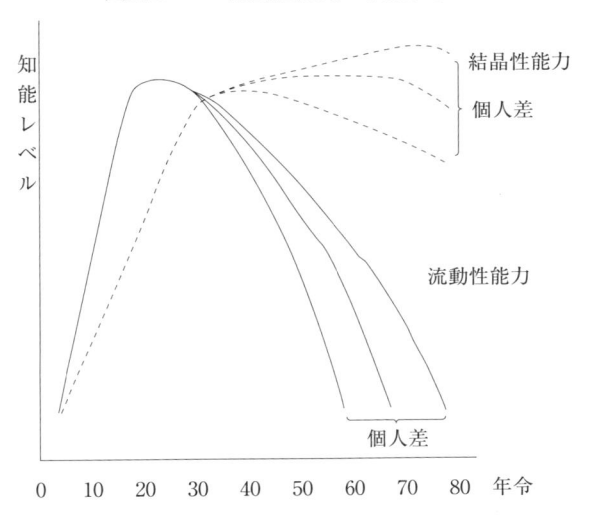

図表2-2　流動性能力と結晶性能力

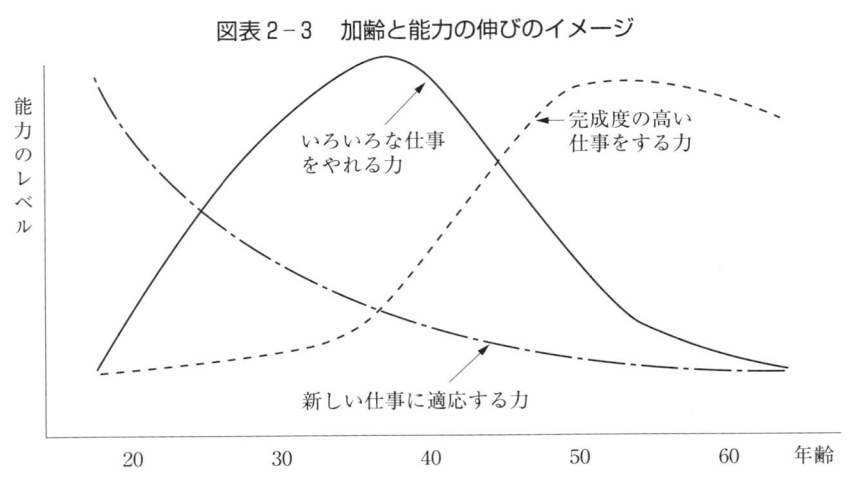

図表2-3　加齢と能力の伸びのイメージ

出所：根本・中嶋、1995：pp175

第2部　革新企業の戦略人事

　　　中高齢層に欠けている能力は「斬新なアイディア・構想を生み出す能力」「進取の精神・好奇心」「環境変化を理解し、認識できる能力」「パソコン・コンピュータなどIT技術を活用する能力」といった"新しい仕事に対応する能力""何でも出来る能力"である、ということがどの書物でも説かれている。しかし、"何かが出来る能力""完成度の高い仕事をする能力"は年齢とともに高まる、とみなすことができる〔日本組織研究所長・中島亮昌氏講演（カジマ・マネジメントセミナー、1997・10・15）〕。

　　　ホーンという学者は、知能には流動性知能と結晶性知能が"あると指摘する。流動性知能とは非言語的な知的能力で、帰納的推理、図式的推理、連合記憶などの能力である。これらの能力は20歳頃をピークにし加齢に伴って衰えていく。他方の結晶性知能とは、教育や経験などの社会的・文化的影響を受けて発達する能力で、言語を理解する能力、一般常識などである。これら能力は長い間努力を傾けて形成される知的領域であり、加齢とともに衰えるものではない〔根本・中嶋、1995：pp173－176〕。

　その第4としては、日本的雇用慣行が多様な人材を活かせない仕組みになっていることへの是正を迫るものとして、労働関係法規も急速に修正、改善が加えられ、それへの企業の対応が課題である。その1は、**働く女性の雇用環境条件を整備する**目的のものである。

　　　男女雇用機会均等法が、これまで事業主の努力義務であった募集・採用、配置、昇進について女性に対する差別の禁止、企業名の公表制度の創設や調停の一方的申請を認めるなど法の実効性を確保するための措置を強化、さらにポジティブアクションの促進、セクシャル・ハラスメントの防止といった新しい課題への対応等を改正の主たるポイントとしている。また、労働基準法の改正は女性の職域の拡大を図り、男女の均等取扱いを促進する観点から、女性労働者に対する時間外・休日労働・深夜業の規制の解消等を内容としている。これに呼応して育児・介護休業法も、育児・介護を行う一定範囲の男女労働者について、深夜業の制限を設けることになっている。少子・高齢化が一層進展する中で、こうした法制面での変化を踏まえた女性の活用、戦力化が今後各企業にとって重要なテーマである。

　その2は、労働者の価値観の多様化、及び人材の流動化に対応した**労働者派遣業法の改正**である。

　　　1996年12月まではソフトウェア開発、事務機器操作、通訳、秘書など16業種であったが、新たに研究開発、書籍の制作、編集、セールスエンジニアなど10業務が追加、現在、労働大臣の諮問機関である中央職業安定審議会の改正要綱案によれば、人材派遣の対象職種がさらに大幅に拡大、原則自由化（ネガティブリスト化）される一方で、同一業務について派遣先が派遣労働者を受け入れることができる期間が1年に限定されるのに加えて、その後も双方が継続雇用を希望する場合には派遣先に対して直接雇

## 章1章　人材経営の戦略的視点

**図表2-4　人材ポートフォリオによる雇用ミックス**

| | タイムスケール | | | |
|---|---|---|---|---|
| | 有期契約社員 | | 長期雇用社員（コア人材） | |
| | メーカー | サービス業 | メーカー | サービス業 |
| コア人材 | ・短期プロジェクト要員<br>・高度研究者<br>・コンサルタント | ・新規事業リーダー | ・企画、マネジメント<br>・研究開発技術者<br>・各種スペシャリスト | ・事業プロデューサー、スタッフ、マネージャー |
| 非コア人材 | 派遣・パート | | アウトソーシング<br>アライアンス | |
| | ・各種補助業務担当者 | ・各種補助業務担当者 | ・製造、検査等各種オペレーター | ・顧客サービス<br>・各種オペレータ |

出所：日本能率協会、1999

用の努力義務が課せられる等の内容となっている。

　この法改正により人材派遣市場が急速に拡大することは確実の情勢であり、企業側としても固定的人件費の変動費化や労働力流動化の受皿等による柔軟かつ機動的な経営を実現するために、派遣労働者を含めた**人材ポートフォリオにおける雇用ミックス戦略**（図表2-4）がますます重要になってきた。

　　長期継続雇用人材を前提に社内でのキャリア形成、人材育成を図る一律的な方法から、企業の経営戦略から導かれる新しい人材リソースを活用した人材リソースポートフォリオに基づいた多様な雇用ミックス戦略が必要になる。人材リソースポートフォリオの代表例としては、企業が保有すべきコンピタンス（コア業務）と保有または獲得するまでのタイムスケール（長期か短期か）で構想されるものである。それは①長期にわたり自社が育て、保有すべきコンピタンスを担う長期雇用社員、②プロジェクト契約などのように、限定された期間でフルに専門能力を発揮して、特定の成果を上げることが期待される有期契約社員、③企業内では周辺的な業務であるが、効率的な事業運営上、短期的に必要となるスキルを有している人材を使用する場合の、派遣、パートタイマー、アルバイト等の形態、④自社のコア・コンピタンスに経営資源を集中させるために、あえて自社内には保有せず、他社の経営資源を活用するアウトソーシング、アライアンスの4つの形態である。人事システムの目的は自社の強みを維持・強化するためにあるので、コンピタンスを何におくか、企業における中核となるものは何か、周辺となるものは何かを定めることは企業の人材戦略の出発点である。また、

タイムスケールの長期・短期は、コンピタンスと同様、業種によっても、企業によっても異なるが、変動が激しい時代にあっては、企業の戦略変化は当然のことであるし、長い時間をかけて育成、維持してきた人材が一挙に陳腐化し、コンピタンスたり得なくなることも想定される。そこで、長期雇用の人材リソースのみに頼ることでは個人の適性能力が環境変化に追いつけない場合が常態となってくるので、雇用ミックス戦略はことのほか重要なものとなってきた。

## Ⅱ　人材育成のあり方の役割変化

　企業内教育は、「経営の目標や使命、政策を創り出す能力及びそれを実現していくために必要な全構成員の能力の開発を行うものである。したがって、企業内外の環境変化につれて目標や使命が変われば、経営政策も変わり、それに従って能力の開発のありかたも当然に変わってくるものである。ある企業内教育が効果をあげていると言われるのは、現在有効と思われる経営政策を実現するために必要とされる能力を開発しているからであり、また、その政策が有効といわれるのは現状の企業環境状況の中で、現在の目標や使命を達成するために最適であるからである」〔牧野、1997：pp 1〕といわれている。

　言いかえれば、企業内教育による能力開発が効果的かどうかは、企業目的を達成するためにどのような能力が必要であるかによって大きく異なる。そこで、企業の目標や使命が企業内教育のありかたを規定することになり、企業の目標や使命が個々の企業によって異なっているのを当然とすると、他社が導入し実施している能力開発プログラムをそのまま自社に適用しても成功するとは限らない。また、これまでの自社の実施してきた能力開発プログラムも環境変化への適応において企業の目標や使命が変わるので、これからも有効であるとは必ずしも言えない。

　企業は生産・販売活動等ビジネス活動をすすめる場合、それを担当する従業員に対して新しい技術やより高い能力を付与するためにビジネス・スキル養成向上訓練を中長期的・計画的に施すことになる。それらは「テクニカルスキル」「ヒューマンスキル」「コンセプチュアルスキル」に大別される (**図表２−５**) が、それらスキルの獲得のための投資は企業にとっては人的資本投資である。投資である限り投資以上の回収がないまま社外にその人材が流失（従業員がすぐに辞職）されては企業にとっては甚大な損失となる。なんのための投資であったのかということになるので、企業は従業員に対して定着化、長期勤続を促

第1章　人材経営の戦略的視点

図表2-5　(A商社の例) ビジネス・スキルの3要件階層別ウェイト

| | テクニカル<br>スキル | ヒューマン<br>スキル | コンセプチュアル<br>スキル |
|---|---|---|---|
| 部　長 | 事業経営<br>先見性 | 人間的厚み<br>統率力 | 経営マインド（連結・グループ）<br>主要事業領域の決定<br>戦略策定 |
| 課　長 | 人事管理実務<br>調整力<br>利益管理 | 信頼性<br>包容力<br>リーダーシップ | 組織の役割と責任<br>新規ニーズの開拓<br>事業化 |
| 10年目 | 国際化対応能力<br>専門知識、企画／創造力<br>事業投資 | 外部人脈<br>視野の広さ<br>柔軟な思考 | 課題の把握と展開<br>パターン化・一般化<br>・マニュアル化 |
| 5年目 | マーケティング<br>経営管理基礎知識<br>職能基礎知識 | 内部人脈<br>機動力<br>情報収集力 | |
| 3年目 | プレゼンテーション能力、交渉力 | 後輩指導 | |
| 2年目 | 契約法務、財務会計 | | |
| 新　人 | 英語力、ＯＡ機器<br>取引実務 | | |

出所：総合労働研究所「ファイナル・リーダーシップ・コース」テキスト

すために、長く勤めれば有利になるような長期雇用支援の賃金制度（図表2-1）あるいは**福利厚生施策**・企業年金制度が整備され、企業に長く忠勤を尽せば将来必ず報われる、という諸制度や企業文化をつくりあげていった。

　　これまでの福利厚生メニューは長期雇用 (employment) 支援のもので、保養所使用、社宅使用、社員食堂・昼食補助、住宅ローン補助、家族旅行補助、人間ドック・定期健康診断補助などであったが、これらは徐々にその重要性を失い、能力・成果を重視した新しいタイプの福利厚生メニューに取り替えられていく。それは労働市場個人就業能力 (employability) 支援のもので、例えば資格取得支援、自己啓発・キャリア開発支援、介護補助、ベビーシッター費用補助、契約託児所使用などである。

　一方、従業員にとっては運命共同体として企業の存続と発展がある限り、終身雇用が保証され、生活の向上と安定が確実に予測されたので、それだけに勤勉性、忠誠心が高揚し、モチベーションも高くなったのである。年功序列型人

事は若年層には貢献よりも誘引（賃金）が少ないが、ここで苦労しておけば"将来は安泰の手形"を手に入れることができたというメリットがあったのである。日本の企業は大学には基礎能力の付与と市民としての教養の養成を期待し、新規採用してから当該企業の要求するビジネススキルと能力を付与していくので、従業員の能力開発の投資を福利厚生費と同じ性格のものとして処理することが多く、全従業員に対して平等・義務教育的社内教育が施されることになった。このことが大きく寄与して、教育訓練体系における日本企業独特の特徴である**階層別教育プログラム**が整備されているのである。

  企業内で実施される集合教育は「経営課題対応研修」「職能別研修」「階層別研修」の3つのプログラムに大別されている。営業、技術、技能、経理、人事勤労、総務等部門毎に違いはあるもののキャリア段階に応じて整備・体系づけられているのが「職能別研修プログラム」に対して、終身雇用制度を補強するように整備・体系づけられているのが、新入社員、一般職、主任（主務）、課長（主査）、部長（主管）の層別に必須の履修を義務づけた「階層別研修プログラム」である。終身雇用制度の崩壊ないしは是正をやむなしとする経営環境のなかで、階層別研修は"義務教育的な必修型から選抜型研修"に、その運営形態を変えて実施することが時代潮流となってきた。

　日本経済が戦後の荒廃から短期間でここまで拡大・繁栄を可能にしたのは、**日本型経済・経営システム**があったからである。これまでの企業内教育は、日本経済の発展を支えてきた日本型経済・経営システムを人的能力向上・拡充の面から推進することに寄与してきた。そして現在、日本型終身雇用形態が崩壊しつつあるといわれながらも、多くの企業の企業内教育は、過去からこのシステムを推進するように組み立てられ、実施されてきた教育体系を抜本的に改められずにいるのである。

  日本型経済・経営システムの特徴として、そのキーワードをあげるとすると終身雇用制・年功序列制、企業内組合、輸出主導型経済、産業保護政策、メインバンク系列化（株式持合い）、各企業のシェア拡大・量的拡大・過当競争といったことである。これら特徴を活かして日本経済は成長の好循環景気を生みだし、ここまで発展拡大したのである。日本企業の経営姿勢は規格化・標準化による大量生産・大量販売の基での大幅なコストダウンを武器にした規模の経済性の追求で、例えば集中的輸出攻勢で国際市場のなかの世界工場の名をほしいままにしてきたのである。言い換えれば、日本的経済慣行、企業内年功序列型賃金等、日本的集団主義経営が第2次大戦後の冷戦状況の中で日本経済に効果的に機能し、その結果として、高成長、高所得、低失業、労使関係の安定等を可能にしたのである。

  このような日本の経済・経営の好循環システムが、崩れ始めているのが今日であ

第1章 人材経営の戦略的視点

る。国際経済環境がグローバル化してきたこと等で、これまでの好循環に働いた諸要因が今度はマイナスに働くようになってきたのである。企業が抱える過剰人員数（企業内失業者）はその時々の経済状況や雇用政策にもよるが、現在の長期不況化では500万人にも達するといわれている。これを企業がそのまま労働市場に排出すると失業率は大幅に上昇する。不況が長引けば経営革新や収益性の改善を目的にした人事のリストラはより広範に行われる。終身雇用のメリットは、1）モラルの向上　2）帰属意識・忠誠心　3）計画的な人材育成　4）労使契約の安定　5）ノウハウの蓄積　6）従業員の能力向上　7）雇用不安の軽減　8）従業員間のコミュニケーション等であるといわれている。終身雇用の維持のための主な条件は、1）企業の成長・規模拡大と同義語のピラミッド型組織　2）社会全体がピラミッド型の人口構成、であるが、今日、この条件を充たすことができないデモグラフィ（Demography）の状況である。低成長・少子化・高齢化のなかで、企業は年功というだけでより高い賃金を受けとっている中高年従業員の比率を高めた総人件費の増大の負担が大きく企業活動を制約するに至っている。

　1999年に入って情況は明らかに変わってきている。それは「コスト構造のリストラ（設備の廃棄・集約化、部品の共通化・内製化、生産の海外シフト、部品の現地調達率のアップ、部品資材の輸入調達等）」、「事業ポートフォリオのリストラ（不採算事業からの撤退、得意・不得意分野への特化、系列・業種を超えた戦略的提携：部品・新製品の相互供給、技術・商品の共同開発、流通を軸にした垂直統合等）」、「マーケット戦略のリストラ（徹底した顧客思考に基づいた商品開発・サービス、製品の過剰機能排除、マーケットについての世界の地域別特化等）」の段階では、この長引く経済低迷を脱することができないという切羽詰まった認識の浸透である。景気低迷による業績不振やリストラ費用の発生で配当負担の耐えられない企業や巨額の特別損失を計上して、配当原資が底をついた企業が出ている。1999年3月期の株主配当を見送った上場企業が過去最多402社にもなっている。

　そこで、グローバル化・収益構造の悪化等、大競争時代のなかでエクセレント企業といえども<u>「人のリストラ」に手をつけざるを得なくなった</u>ということである。

　　1999年になって公表された人のリストラは、**概数 NTT：21,000人**（3年間東西地域会社の全従業員の16％）、**ソニー：17,000人**（4年間）、**NEC：15,000人**（3年間）、**三菱電機：14,000人**（3年間）、**日立：14,000人**（3年間）、**日産：10,000人**（3年間：国内全従業員の25％）、**三洋電機：6,000人**（3年間）、**武田薬品工業：4,000人**（5年

73

間、本社従業員の4割強)、ダイエー:3,000人(3年間)、そごう:2,000人(2年間)、日産ディーゼル:3,000人(2年間)、丸紅:900人(2年間)、コスモ石油:1,200人(全従業員の40%)、トーメン:800人(全従業員の30%)、日本興業・第一勧業・富士銀行の三行事業統合後6,000〜10,000人等、拾いあげてみるときりがない。

　日経連では「人間の顔をした市場経済」〔日経連・奥田碩会長講演(日経連夏季セミナー、1999・8・5)〕を説いて安易な首切りを諫めている。「雇用に手をつけるのは万策尽きての最後の施策であるべきで、年功制度の改革は中高年層の切り捨てということでなく、35歳以下の層がこれからの大競争時代に耐え得る資格・能力を身につけることでなければならない」〔日経連・鈴木忠雄副会長談(NHK日曜討論、1999・7・25)〕との見解を日経連は述べており、自殺者も1998年には**過去最多の状況**で、これからの経営や能力開発のあり方は大きな変更を迫られる状況になった。

　　警察庁の集計では1998年の全国の自殺者は前年より8,472人多い32,863人(前年比35％増)で、過去最多、しかも"経済・生活問題の自殺が70％増の6,058人"である〔日本経済新聞、1999・7・2〕。

　"人のリストラ"の意味するところは「人材革新(**図表2-6**)を経営革新の中核に据えて行う」ということにほかならない。人材格差(人材開発力)が戦略格差・組織格差・統治格差・業務格差となって業績格差を産み出している。**それが日本経済を二極化に導く**ことになっているといわざるを得ない。業種別

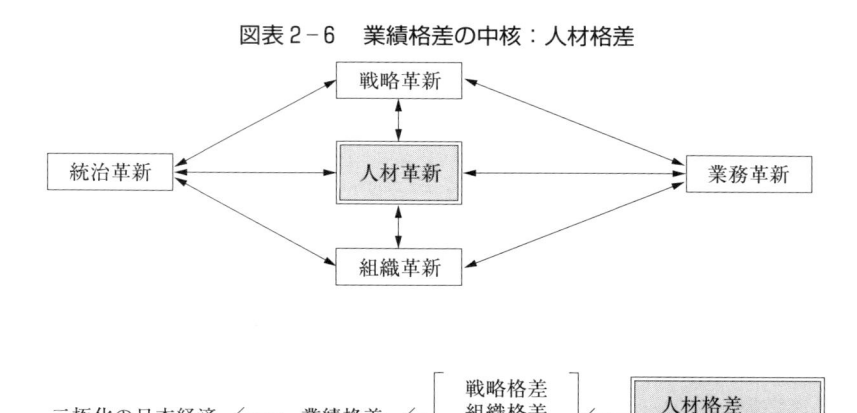

図表2-6　業績格差の中核:人材格差

```
           戦略革新
            ↕
統治革新 ⇔ 人材革新 ⇔ 業務革新
            ↕
           組織革新
```

二極化の日本経済 ⇐ 業績格差 ⇐ [戦略格差／組織格差／統治格差／業務格差] ⇐ 人材格差(人材開発力)

には、製造業においては、強い産業である自動車、エレクトロニクス、精密機器等は高い国際競争力をもつが、弱い産業の代表としては長年の規制と保護に守られてきた農業や建設、金融、小売・流通等である。しかも、同じ業種の中でも業績の格差が開き出している。

　1999年3月期決算では総合建設業は無配が全体の2割強の40社、過剰設備を抱える鉄鋼業は無配が50社のうち22社である。自動車では株式時価総額でみても業績でみてもホンダ、トヨタが堅調であるが、日産は厳しい状況にある。1989年3月末と1999年3月末の時価総額は、トヨタは7兆1,569億円に対して12兆9,112億円、ホンダは1兆7,985億円に対して5兆2,131億円と急増価しているが、日産は3兆7,469億円から1兆1,560億円に急減価している。ヤマト運輸と日本通運、富士通と日立製作所、ニコンとオリンパス光学工業、山之内製薬と三共、三井金属と三菱マテリアル、日本航空と全日本空輸を株式時価総額で比較すると前者が後者を引き離している逆転の事例である。エレクトロニクスではソニーが時価総額倍増への経営改革課題を設定したが、三菱電機、東芝、日立製作所の経営戦略はいまひとつ不透明である。横並びの曖昧な戦略でも業績をあげられた時代は過ぎ去り、個々の業種内の企業間、商品間で戦略策定とそれの実行面での真価が問われることになった。

　1999年2月末の時価総額と株価は、ヤマト運輸6,847億円・1,597円に対して日本通運6,381億円・594円、富士通277,767億円・1,480円に対して日立250,334億円・750円、ニコン6,141億円・1,660円に対してオリンパス3,412億円・1,290円、山之内製薬12,453億円・3,620円に対して三共11,700億円・2,550円、三井金属2,567億円・544円に対して三菱マテリアル2,326億円・208円、日本航空5,390億円・303円に対して全日本空4,977億円・345円である。東証一部上場企業の1999年9月末時点上位1割の時価総額約289兆円、下位1割が約9,600億円で、その格差は300倍であるが、バブル期の1989年時点では69倍にすぎなかった〔日本経済新聞、1999・3・17〕。

1999年度の年次経済報告（経済白書）は、山一証券や北海道拓殖銀行が連続破綻した余震の続く閉塞の恐怖の1998年経済を分析して、企業成長が将来にわたっても続くかどうかわからず、中高年になったとき見返りが多くなるという保証がなくなってきているのが現在であると警告、「経済再生の挑戦」という副題をつける。現在の景気の明るさの兆しは、多分に株価上昇傾向に支えられたもので、需要サイドの消費と設備投資が本格的に始動しているわけではない。7月末の円高や株安は経済白書が指摘する日本経済の失政の教訓が投影されたものといわざるを得ない。経済白書は、より多くの人減らしの計画を公表した既述の企業を確固たる経営戦略を持つ優良企業であるかのごとく株価が対応する最近のリストラに対する風潮に一本釘をさすように、雇用・設備・債務

の3つの過剰を処理すれば不況が深刻化するので、リストラの最終段階としては中高年従業員の切り捨てでなく、現在の経営資源を活かす前向きなリストラが必要であると説いている。

米国企業は以前は人材を原材料と同じ性質の経営資源とみなしていたので従業員の採用は購買部門によって行われていた。企業業績が悪化すると、コスト削減の重要な要素として人材をレイオフしてきたのである。1990年代の米国企業経営の特徴は効率化の飽くなき追求で、資本効率が進む中で人のリストラが盛んに実施された。これに対する批判として、ウルリッチ（Ulrich,D.）は「かつての米国企業の人事部門（Personnel Department）は成すべきこと（Doables）を重視してきたのに対して、**新しい人的資源部門（Human Resources Function）は達成すべき成果（Deliverables）に視点**を移している」と指摘している。

> Ulrich,D.〔1997：pp24-25〕は人的資源部門の役割を次の4つであると説明する。それは："Management of Transformation and Change" "Management of Employee and Contribution" "Management of Strategic Human Resource" "Management of firm Infrastructure" である。

米国の先端企業ではLabor（労働力）、Employee（被雇用者）、Personnel（要員）という言葉を、現在ではHuman Resources（人的資源）、Human Assets（人的資産）と言い換え、人材を企業目的達成の重要な**戦略的経営資源**として位置づけ、輝かしい成果をあげている。

> シアーズ社では、企業全体でコスト削減に取り組んだが、この際、人材経営部門は各店舗の従業員一人当たりの人件費を下げるために、有効な給与管理、ジョブローテーション、ダウンサイジングのプロジェクトを実践した。ウルプール社は、家電製品で世界規模のマーケットシェアの拡大を目指したので、人材経営部門は、その採用と人材開発の方法を充実させて、世界に通用する高能力の人材を育てた。コルゲート・パルモリブ社はその売上を伸ばす戦略を展開したので、人材経営部門はこれに応えて、売上向上を支援する給与、報賞システムを生みだし、実践した。モトローラ社はロシアの市場に参入した際にはロシアの被雇用者に対し、訓練と開発の機会を提供した。これらのいずれにおいても、人材経営の諸方法を活用して、企業のビジネス戦略の実現を促している。〔梅津、1998：pp32〕

## Ⅲ　21世紀企業に求められるコア人材

右肩上がりの経済成長の終焉、少子・高齢化の進展や転職希望者増加等の人材の流動化、男女雇用機会均等法・労働基準法・労働者派遣法・育児介護休業

法の改正等労働関係法規の変化などを背景に、ここ4～5年、日本型終身雇用・年功賃金に関する弊害と改訂の必要性の提言が連合総研、三和総研等から既に提示されていた。

これら提言はいずれも雇用というこれまで聖域とされてきた「人のリストラの領域」に抜本的な改革の断行がないならば、これからの日本経済の将来はありえず、日本企業の経営戦略や事業展開は大競争時代から取り残されるとの認識によるものである。

日経連は1995年5月に「新・日本的経営システム等研究プロジェクト」と題した報告書（提言）を纏めた。

　　日経連の報告書は「環境変化にともなう経営理念の確立と経営のあり方」「雇用・就業形態の多様化と今後の雇用システムの方向」「賃金決定システムの見直しと職能・業績にもとづく人事・賃金管理の方向」「動態的組織編成のあり方」「個性重視の能力開発」「福利厚生の今後の基本的方向」「これからの労使関係と企業の対応」の総論と「効果的な雇用ポートフォリオの導入」「企業活性化のための人事諸施策の検討」「職能・業績重視の賃金制度の導入と実施上の留意点」「裁量労働制の活用と適用範囲の拡充」「中途採用者の活用と民間有料職業紹介事業の積極的推進」の各論から構成されている。人事システム、特に、雇用システムの方向性について注目すべき提言は総論部分の「雇用・就業形態の多様化と今後の雇用システムの方向」である。それは「長期継続雇用は人材の育成・活用、労使関係・雇用の安定によるモラールアップの維持などを通じて、企業の発展に大いに寄与し、今後も基本的に大切にすべき雇用慣行であるとしつつも、(a)年功的な人事労務管理の下では、ポスト不足や人件費の増加により企業活力がなくなる、(b)同質性の強い組織風土が、従業員の自主性、自立性、独創性の欠如や責任の希薄化を生む土壌となっている、(c)企業偏重型生活スタイルからの脱却の困難が社会や家庭のバランスを崩している、(d)国際的には理解されにくい雇用慣行とみなされている」といった課題を指摘した。そして「日本の雇用慣行は長期雇用をベースに硬直的であると見られることが多いが、現実の企業経営は柔軟性に富んでいる。最近の雇用調整等の動きにより長期継続雇用が崩壊する方向にあると見る向きもあるが、それは正しい理解の仕方ではない。むしろ、雇用調整のシステムの存在が長期継続雇用の慣行を支えてきたと理解すべきで、その考え方は今後激変が予想される経済環境の下でも堅持していくべきで、なお、今後の課題として生産性の維持・向上との調整を図りつつ、賃金分割をともなうワークシェアリングの導入も検討に値する」と述べ、「日本の雇用慣行は、時代の諸環境の変化に柔軟に対応し今日に至っているが、長期的視点に立って、人間中心（尊重）のもと、従業員を大切にしていくという基本的考え方は変わっていない。新しい雇用慣行はこの理念を持ちながら、産業の構造的転換、労働市場の構造的変化、従業員の就労・生活意織の変化に柔軟に対応できるようにその内容を整えることが大切である。それは長期継続雇用の重視を含ん

だ柔軟かつ多様な雇用管理制度を枠組みとし、企業と従業員双方の意思の確認の上に立って運営されていくもので、雇用関係においては企業と従業員個々人の意思が明確にされることが基本になり、個別管理の方向が明らかになる。またこれらの実施によって、個人の働きがいや自己実現を達成することになる」と主張している。

図表2-7　労働市場をめぐる構造変化の諸事項

| 供　　給　　側 | 需　　要　　側 |
|---|---|
| ・新規学卒者の減少<br>・高学歴者の増大<br>・高年齢者の増大<br>・女子労働者の増大<br>・転職希望者の増大<br>・パートタイム労働者の増大<br>・派遣社員の増大<br>・ホワイトカラー職種希望者の増大<br>・外国人労働者の増大<br>・職業選択、職業意識の多様化 | ・従業員構成の高齢化、高学歴化の加速化<br>・事業拡大、組織拡大の制約<br>・新規事業要員の内部調達の制約<br>・ブルーカラー職種要員確保の困難性<br>・ホワイトカラーの増大と生産性向上との乖離<br>・時短推進による要員増<br>・限界事業の整理と海外事業所移転<br>・企業内余剰人員の顕在化<br>・リストラと総合的雇用調整の必要性<br>・各種雇用形態従業員の混在職場化<br>・高度情報企業への転換と要員のアンバランス |

出所：日経連報告書（1995.5）

　日経連の報告書で注目したいのは以下の指摘である。それは「今後の労働市場をめぐる構造変化は需要・供給両面（図表2-7）において多義的な関係になる。これらを包含して雇用管理をしていくためには、従来の包括・一元的な管理感覚と制度では対応できない」との結論に達し、最近の雇用形態の動きから今後のあり方を想像して新しいタイプの雇用システムは次の3つのタイプ（図表2-8）に対応する処遇のあり方（図表2-9）が好ましいと提言した。

　具体的には「(a)従来の長期継続雇用という考え方に立って、"企業としても働いてほしい、従業員としても働きたい"という長期蓄積能力活用型グループ。能力開発はOJTを中心とし、Off・JT、自己啓発を包括して積極的に行う。処遇は職務、階層に応じて考える。(b)企業の抱える課題解決に専門的熟練・能力をもって応える、必ずしも長期雇用を前提としない高度専門能力活用型グループ。日本全体の人材の質的レベルを高めるとの観点に立って、Off・JTを中心に能力開発を図るとともに自己啓発の支援を行う。処遇は年俸制に見られるように成果と処遇を一致させる。(c)企業の求める人材は職務に応じて定型的業務から専門的業務を遂行できる人まで様々で、従業員側も余暇活動型から専門的

章1章 人材経営の戦略的視点

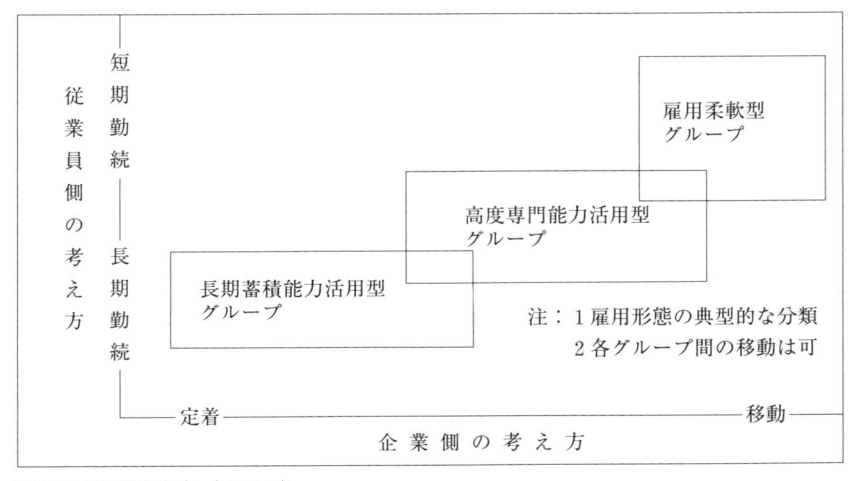

図表2-8　企業・従業員の雇用・勤続に対する関係

```
          短
従        期
業        勤
員        続
側
の        長
考        期
え        勤
方        続
          ┃定着━━━━━━━━━━━━━━━━━━━━━移動┃
                    企　業　側　の　考　え　方
```

雇用柔軟型グループ
高度専門能力活用型グループ
長期蓄積能力活用型グループ

注：1 雇用形態の典型的な分類
　　2 各グループ間の移動は可

出所：日経連報告書（1995.5）

図表2-9　グループ別にみた処遇の主な内容

|  | 雇用形態 | 対象 | 賃金 | 賞与 | 退職金年金 | 昇進昇格 | 福祉制度 |
|---|---|---|---|---|---|---|---|
| 長期蓄積能力活用型グループ | 期間の定めのない雇用契約 | 管理職、総合職、技能部門基幹職 | 月給制か年俸制、職能給、昇給 | 定率＋業績スライド | ポイント制 | 役職昇進、職能資格、昇格 | 生涯総合施策 |
| 高度専門能力活用型グループ | 有期雇用契約 | 企画、営業、研究開発部門 | 年俸制、業績給、昇給なし | 成果配分 | なし | 業績評価 | 生活援護施策 |
| 雇用柔軟型グループ | 有期雇用契約 | 一般職、技能部門、販売部門 | 時間給制、職務給、昇給なし | 定率 | なし | 上位職務への転換 | 生活援護施策 |

出所：日経連報告書（1995.5）

能力の活用型に至るまでいる雇用柔軟型のグループ。必要に応じた能力開発を行う必要があり、処遇は職務給等が考えられる」というものである。

　そして、日本経済の構造変化の中で人間中心（尊重）の経営を堅持するためには少数精鋭の徹底と多様な人材を戦略的に配置していく要員・採用管理が必要となるとし、次のような注目すべき視点を提示している。それは「(1)必要な

時点で必要な人数と能力を確保し、充足することを原則とし、人材は従来以上に弾力的に活用していくとの基本方針を確立していくこと。必要に応じ、即戦力・即能力発揮のために外部労働市場への積極的な参加、そのための人事労務管理諸制度を含めた社内体制の整備が必要となる。⑵採用管理のあり方としては、新規学卒者の一括採用が今後も中心となるであろうが、一方で人材のスキルや適性を求め、職種別採用、企業グループ一括採用、いわゆる第2新卒、中途採用などの通年の募集・採用等が試みられるべきである。⑶雇用期間、労働時間、労働日、職種、プロジェクト、勤務地等々による柔軟な採用も検討されるべきである。⑷高齢者の一層の活用といった観点から・選択的再雇用制や賃金・労働時間を組合せた個別契約更改制の導入等、従業員の心身や健康状態を考慮して企業と従業員のニーズがマッチするような制度を導入しつつ有効活用することが望まれる」という個所である。

　日経連の報告書は、既に佐野〔1989〕が社内の人材を「能力スポット買い型人材」「労働時間スポット買い型人材」「企業のコアとなる事業や業務を担うコア人材」の3種類に層別（**図表2-10**）したのと同じ層別を行っていることにほかならない。コア人材のみを雇用期間の定めのない雇用契約で終身雇用するように日本の雇用制度は変わっていくとの予見である。

　米国は1980年代後半から1990年代にかけて経済回復の兆しが見えないまま、組織形態として柔軟性と機動性にとんだスリムな組織への改革を進め、1990年代前半には自動車・半導体分野などで競争力を回復、企業外部の諸機関や人材の能力を活用する外部ネットワークをより積極的に活用した組織が工夫されてきた。1980年代後半、日本企業はバブル経済を謳歌していたこの時期、米国で組織のフラット化が重視され、市場ニーズに機動的、柔軟に対応するプロジェクトチームを編成することが推奨された。専門知識を持った人材がプロジェクトメンバーになり、それを調整するコーディネーターが"コア人材"であるとされたのである。社内のいろいろな専門知識を活用する社内ネットワークとしてのプロジェクトチームが外部（市場）との結びつきをより緊密にする活動を展開した。

　日本企業がバブル後遺症に悩む1990年代の前半の時期に、米国企業は激変する企業環境の変化への対応に高いコストや社内能力育成に時間がかかりすぎることから、外部への依存を高める。企業にとって単なるサポート業務やコスト

章1章　人材経営の戦略的視点

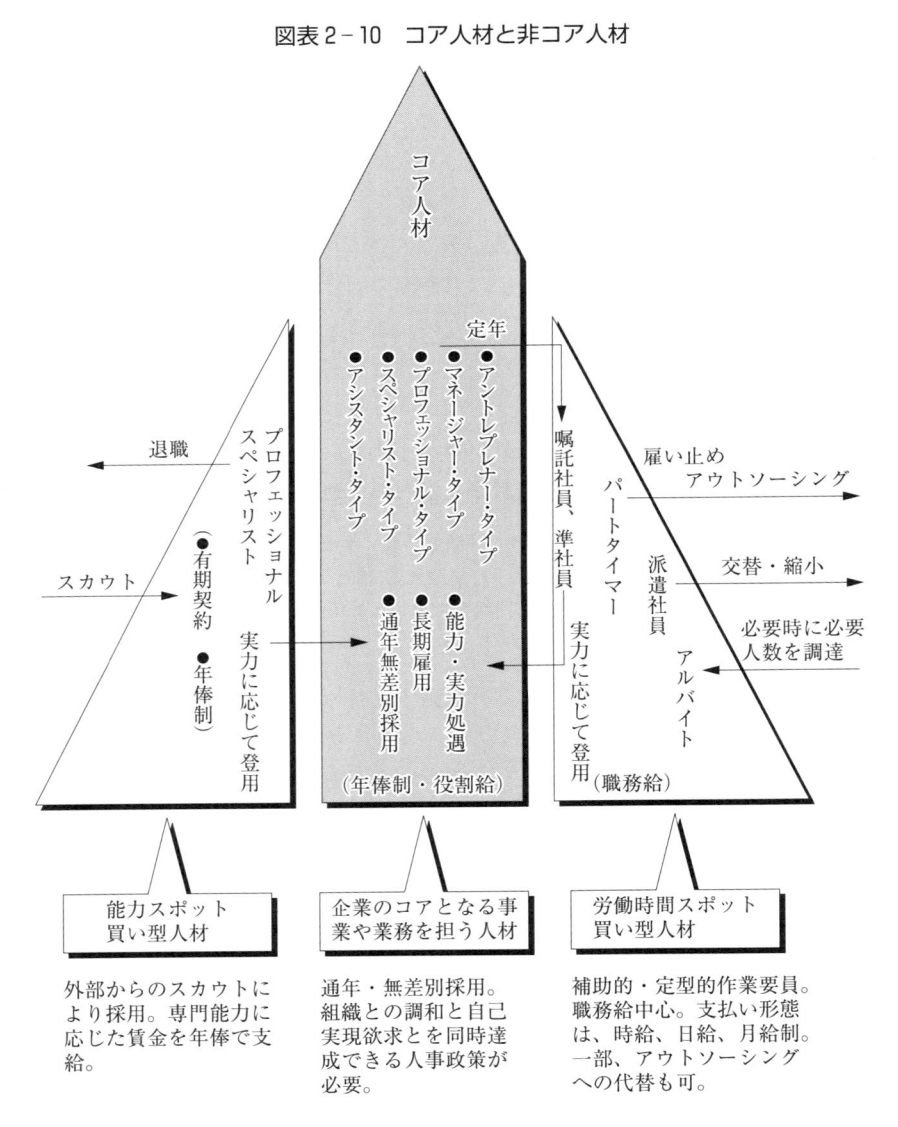

図表2-10　コア人材と非コア人材

（左の三角形）
プロフェッショナル　スペシャリスト
退職 ←
スカウト →
（有期契約・年俸制）
実力に応じて登用

能力スポット
買い型人材

外部からのスカウトにより採用。専門能力に応じた賃金を年俸で支給。

（中央の三角形）
コア人材
・アントレプレナー・タイプ
・マネージャー・タイプ
・プロフェッショナル・タイプ
・スペシャリスト・タイプ
・アシスタント・タイプ

定年
・能力・実力処遇
・長期雇用
・通年無差別採用

（年俸制・役割給）

企業のコアとなる事業や業務を担う人材

通年・無差別採用。組織との調和と自己実現欲求とを同時達成できる人事政策が必要。

（右の三角形）
嘱託社員、準社員
実力に応じて登用
雇い止め　アウトソーシング →
パートタイマー
派遣社員　交替・縮小 →
アルバイト
← 必要時に必要人数を調達
（職務給）

労働時間スポット
買い型人材

補助的・定型的作業要員。職務給中心。支払い形態は、時給、日給、月給制。一部、アウトソーシングへの代替も可。

出所：佐野、1989：pp61

のかかる間接業務はアウトソーシングされることになったのである。そして、外部知識を効果的に組み合せることにより、新たな付加価値を産み出す組織活動としてバーチャル・コーポレーションといった外部ネットワーク活用の組織が注目されるようになった。ここでのコア人材は付加価値を産み出すプロデューサーである。

　企業が外部の人材を活用する仕方は大きくは4形態（**図表2-11**）で、それは1人当たり人件費コストによる。これが低い場合、その業務を組織内部の従業員で行い、外部に発注されることはない。あるとすれば、それはパートの従業員が社内で行う補助業務のみである。人件費が高まるにつれて、組織内部の従業員が業務の企画・判断・スペックづくりを行い、その運営だけという定型業務（ルーチン業務）が外部に委託（外注・代行）されて組織外部（社外）で遂行される、あるいは**人材派遣社員が組織内部で勤務**して実施する。

　　　伊藤忠商事は事務職を子会社の人材派遣会社"キャリアプラザ（東京・港区）"が
　　一括採用し、伊藤忠のほか国内グループ会社約330社に業務内容に応じて派遣する。
　　採用者には貿易や秘書業務等、専門教育を施し、グループ各社は実務能力の高い人材
　　を確保する〔日本経済新聞、1999・5・14〕。

　さらに、人件費コストが増加すると企画・判断・スペックづくりを外部機関（人）が社内で行い、コンサルテーションの運営・実施を社内従業員が行う。さらに企画・判断・スペックづくりと運営実施の両方とも**外部機関に委託してしまうアウトソーシング**が一般化することになる。

　　　経済産業省の試算によると、アウトソーシングの市場は現在17兆円、今後10年間で
　　33兆円の規模に拡大する〔日本経済新聞、1999・1・23〕。経済産業省が調査したア
　　ウトソーシングを活用している業務は給与計算など管理業務にまで定着してきた〔日
　　本経済新聞、1999・7・8〕。総務や経理など事務部門のアウトソーシング市場で、
　　従来の単純な事務請負より専門的な高付加価値サービスを提供するベンチャー企業が
　　相次いでいる。例えば、インターネットを活用して煩雑な総務関連事務を伝票なしで
　　処理する企業："アウトソーシングセンター（東京・豊島区）"、月次決算など細かな
　　経理作業を請け負う企業："和陽インターナショナル・コンサルティング（東京・港
　　区）"、専門家向け高画質印刷を行う企業："東京リスマチック（東京・板橋区）"、印
　　刷請負の24時間営業店舗を開設した企業："ミュー（東京・新宿区）"等である〔日本
　　経済新聞、1999・3・1〕。

　コア人材を核とした企業のスリム化（人のリストラ）のために、事業部門や本社組織を分社化し、従来業務をそこへアウトソーシングすることが行われて

第1章　人材経営の戦略的視点

図表2-11　正社員と非正社員

【A】

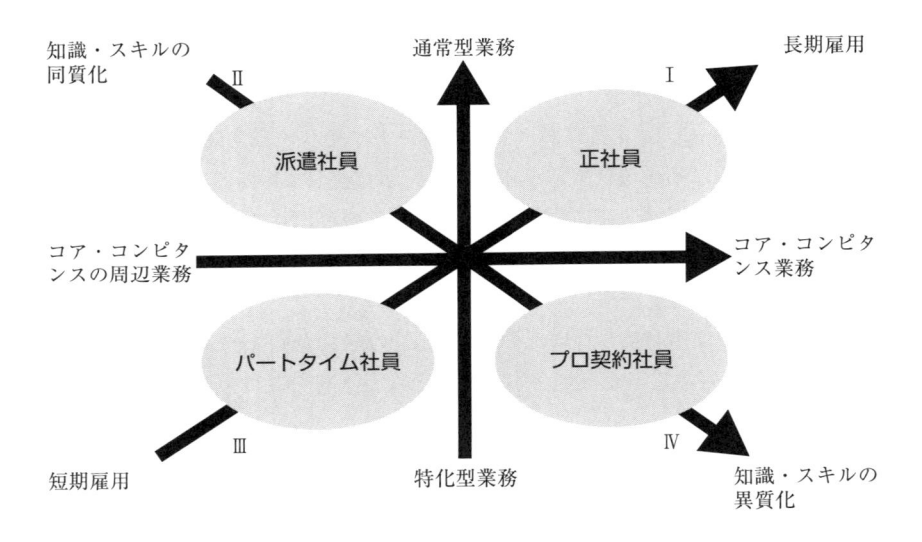

```
知識・スキルの           通常型業務              長期雇用
同質化      Ⅱ                          Ⅰ

        派遣社員              正社員

コア・コンピタ                              コア・コンピタ
ンスの周辺業務                              ンス業務

        パートタイム社員      プロ契約社員

        Ⅲ        特化型業務          Ⅳ
短期雇用                              知識・スキルの
                                      異質化
```

【B】

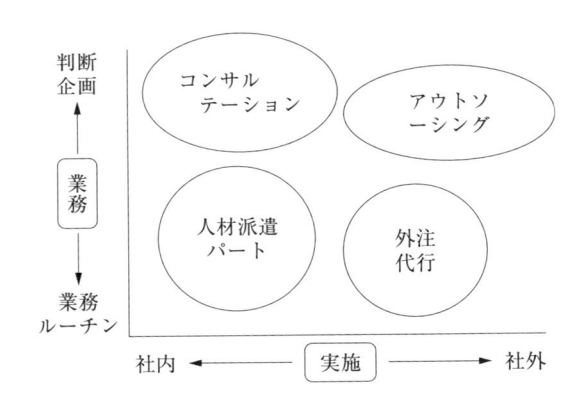

```
判断
企画
 ↑        コンサル          アウトソ
          テーション        ーシング
業
務
          人材派遣          外注
          パート            代行
 ↓
業務
ルーチン
          社内 ← 実施 → 社外
```

いる。「三菱商事は人事、総務など管理部門と情報、金融、物流といった営業部隊の分社化を推進中で、既に501社を上回る。伊藤忠商事は社内分社制度で独立採算化した本社の各営業部を持ち株会社の傘下の子会社化する方針で、実績を上げられない営業組織や子会社は切り捨てられる運命にある」〔読売新聞、

第２部　革新企業の戦略人事

1999・2・9〕という。これらは単なるコスト削減だけに目を向けた安易なアウトソーシングでなく、"選択と集中"という経営の根本改革にまで踏み込んだものである。21世紀の企業組織は精鋭少数のコア人材のみを中核に据えた人材構成で、組織外部能力を活用したネットワークのバーチャル企業のイメージ（図表２−12）である。

　高橋〔1995：pp45〕は企業における人材ポートフォリオ概念図（図表２−13）を提示し、「新たに儲かる仕組みを産み出し、事業化していくことのできる"企業化人材"」と「高度な専門性を持ちながら、その専門性を使って具体的な成果を直接企業にもたらし、貢献度が測れる"プロフェッショナル人材"」がコア人材であると説いている。

　日本能率協会は1998年８月に有力企業500社の経営企画担当部門・人事担当部門の責任者を対象に、企業競争力の源泉となる人材を５つのタイプ（図表２

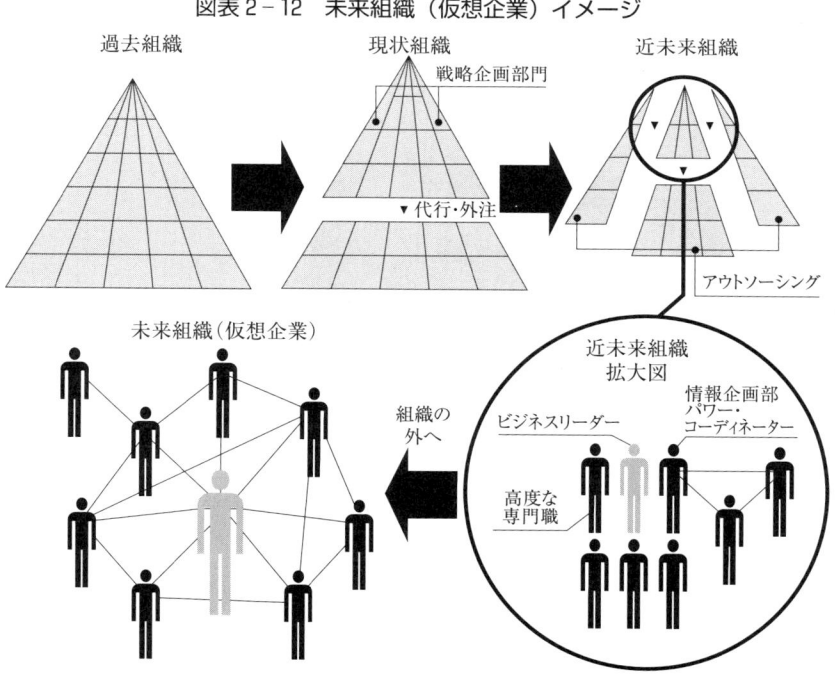

図表２−12　未来組織（仮想企業）イメージ

出所：『DIAMONDハーバード・ビジネス・レビュー』1995・Apr. May号

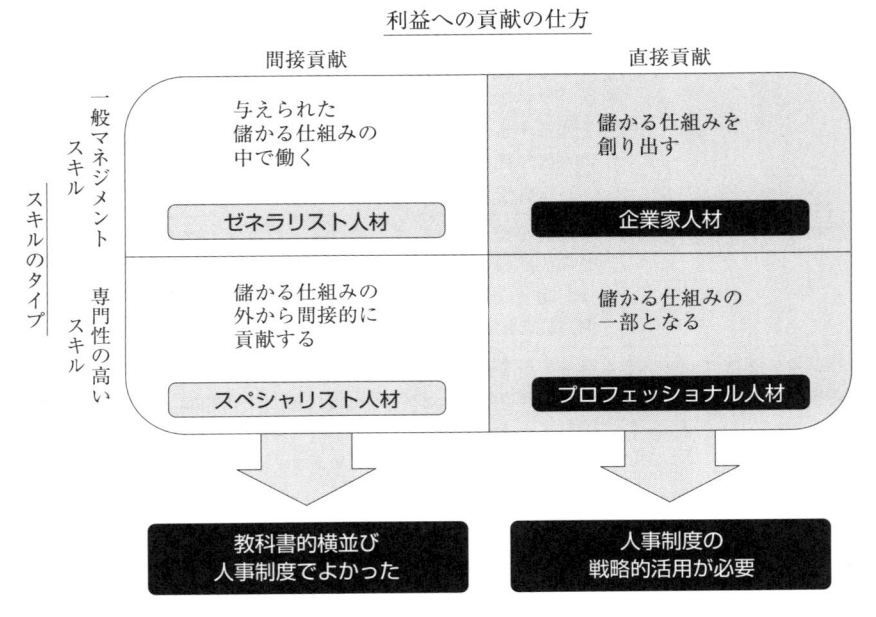

## 図表2-13 新しい人材ポートフォリオ

利益への貢献の仕方

|  | 間接貢献 | 直接貢献 |
|---|---|---|
| 一般マネジメントスキル | 与えられた儲かる仕組みの中で働く<br>**ゼネラリスト人材** | 儲かる仕組みを創り出す<br>**企業家人材** |
| 専門性の高いスキル | 儲かる仕組みの外から間接的に貢献する<br>**スペシャリスト人材** | 儲かる仕組みの一部となる<br>**プロフェッショナル人材** |
|  | ↓ | ↓ |
|  | **教科書的横並び人事制度でよかった** | **人事制度の戦略的活用が必要** |

（スキルのタイプ）

出所：高橋、1995：pp45

-14）に区別して調査した結果、実に"8割弱（77.3％）の企業が、ビジネスリーダー型の人材が最も重要である"と回答、さらに"現在のビジネスリーダーの現状能力は十分な水準にある"と回答した企業は9.4％でしかなかった〔日本能率協会、1999：pp27-28〕。このことは、現在のビジネスリーダーの質的評価は極めて低く、利益を生み出すように事業構造を変革できるビジネスリーダーを企業内で育成することが急務であるのが大半の企業である、と言わざるを得ない。21世紀の企業を支えるコア人材は「雇用ミックス戦略（**図表2-4**）」の"長期雇用社員"であるが、企業の差別化の源泉であるコア・コンピタンスを身をもって実践できるコア人材が育成されていないという現状では、既に存在する儲かる仕組みの中で業務を行うコア人材と非コア人材との区別すら現在ではできていないのが実態である。

日本経営協会〔1999〕が行った調査によると、"コア人材は現社員の20％とするのが調査企業の34.9％と最も多く、コア人材をゼネラリスト（ライン管理

### 図表 2-14　企業の競争力の源泉となる 5 つの人材タイプ

| 人材タイプ | 内容 |
|---|---|
| ビジネスリーダー型人材 | 利益を生み出す仕組みをつくり、プロフェッショナルやクリエーター等をコーディネートして事業を起したり、事業構造を変革する人材<br>例）次世代の経営リーダー、企業内起業家、グループ会社・海外現地法人の経営責任者など |
| 戦略スタッフ型人材 | 全社的な視点に立って、経営トップやビジネスリーダーなどの補佐的な役割を担い戦略立案・制度立案等をすることによって企業全体を動かす仕組みづくりを行う人材<br>例）経営企画など戦略スタッフ、人事企画スタッフなど |
| ビジネスプロフェッショナル型人材 | 所与の事業の仕組みの中で、情報、ノウハウ、人のネットワーク、ビジネス一般の問題解決能力を活用して、付加価値を提供する人材<br>例）コンサルタント、アナリスト／エコノミストなど |
| 技術プロフェッショナル型人材 | 先端的な技術・ノウハウに基づき製品を開発したり、技術上の付加価値を生み出す人材<br>例）ハード・ソフト開発設計者、基礎研究者など |
| クリエーター型人材 | 感性的な創造力に基づいて、製品やソフト・サービスを開発し、付加価値を生み出す人材<br>例）広告制作者、ファッションデザイナーなど |

出所：日本能率協会、1998『企業競争力の源泉となる人材マネジメントに関する調査』

者）とエキスパート（専門職）に分けた場合のコア人材の割合はゼネラリスト主体型48.2％、エキスパート主体型31.2％、バランス型20％"であるが、"企業の61％のおいてエキスパートが不足しており、さらに、500人以上1,000人未満の企業はエキスパート主体型の比率が高い"のが特徴である。コア人材は深い専門能力に広範囲な知識を備え、ビジョンと課題選定能力で企業をリードし、組織づくりと統率力に優れていなければならないからである。コア人材にとっての重要要件は専門能力が最優先であるが、"1,000人以上の企業では長期展望能力、サービス産業ではネットワーキング能力、減収企業の増益のためには挑戦能力が重要である"という調査結果であった。日本企業ではゼネラリストになれない人材は年功序列のラダーを登ることがかなり難しい状況にこれまであったことを考えると、この調査結果は現状を反映しており、現在、コア人

材として比率の高いゼネラリスト（ライン管理者）が「専門能力（エキスパートの特性）」に欠けているのが問題とされていることが浮き彫りにされている。

この調査が示すことはゼネラリストは将来のビジネスコア人材にはなり得ないということで、ビジネスコアとしてプロフェッショナルを重視する見解を寺本義也（北陸先端科学技術大学院大学知識科学研究科教授）が提示している（図表2-15）。

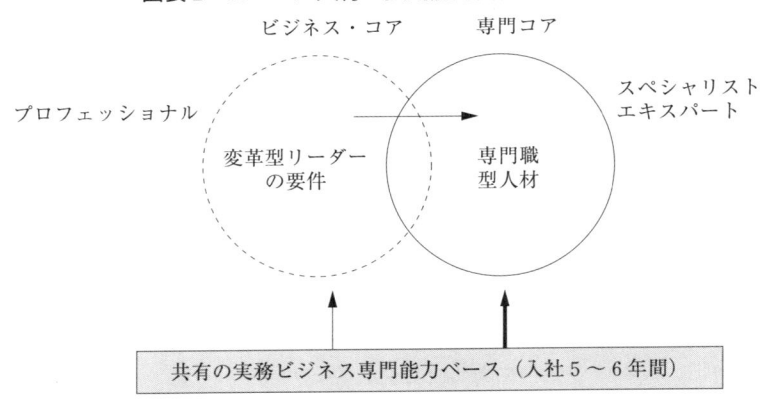

図表2-15　コア人材：長期能力蓄積活用型人材

```
         ビジネス・コア      専門コア
                                        スペシャリスト
プロフェッショナル                        エキスパート
         ┌─────┐┌─────┐
         │変革型リーダー││  専門職  │
         │  の要件    ││ 型人材  │
         └─────┘└─────┘
              ↑           ↑
         ┌──────────────────┐
         │共有の実務ビジネス専門能力ベース（入社5～6年間）│
         └──────────────────┘
```

※寺本義也の作成図に一部加筆・補正

これからのコア人材像を展望すると、ビジネス・コアとしてのプロフェッショナルを重視した次の4タイプを提示したい（**図表2-16**）。これはビジネス・コアをプロフェッショナルと定義する**図表2-15**に触発されて類型化したものである。タイプⅠはゼネラリストとエキスパート（スペシャリスト）の両要件を併せ持つ「管理型マネージャー」で日常管理担当のコア人材、タイプⅡはゼネラリストとプロフェッショナルの両要件を併せ持つ「プロジェクト型マネージャー」で方針管理担当のコア人材、タイプⅢはプロフェッショナルとエキスパートの両要件を併せ持つ「変革型リーダー」で異質な環境変化に対応する変革推進者（チェンジエージェント）のコア人材、そしてタイプⅣは三者のコア人材を統合する「プロデューサー型リーダー」で経営意思決定機能を発揮するコア人材、であると類型化したい。

ところで、プロフェッショナルとは、<u>①給料の3～5倍稼ぐ　②仕事を芸事</u>

## 図表2−16　4類型のリーダー

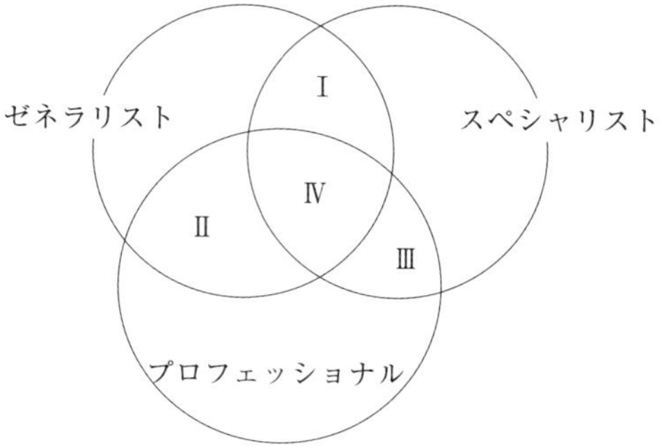

```
         Ⅰ
ゼネラリスト   スペシャリスト
      Ⅱ  Ⅳ  Ⅲ
     プロフェッショナル
```

Ⅰ　管理型マネージャー
Ⅱ　プロジェクト型マネージャー
Ⅲ　変革型リーダー
Ⅳ　プロデューサー型リーダー

**とする　③3ヵ月以内に自己革新　④スペシャリストでなくて顧客への付加価値の提供者　⑤"どのように"でなく"どのような"に関心　⑥無自覚・有能な行動習慣、**の6つが要件であると考えたい。

①：プロとは、素人よりも"一段と高い知識をもち、また、一段と高いファイト（熱意）で、一段と多額の稼ぎをする人"である。プロのビジネスマンは"単に報酬を多く稼ぐ"とか、"給与分の利益を上げればよい"というのではなく、給与以外の人件費、教育訓練費、福利厚生費、設備費、土地代、光熱費、電話代など、給与の3〜5倍の利益でやっと企業としてやっていける状態なので、これ以上の稼ぎをしなければならない。

②：プロは、"他者をしのいで抜群の能力を発揮する人"で、その内容は「自分自身に打ち勝つことのできる」「将来または実際に行動する段階で、いろいろなことに備えての精神的リハーサル（イメージング、シナリオづくり）をしている」「自信をもってリスクテーキングする」「居心地のよさを感じるような場や状況をなくし、絶えず挑戦する課題（問題）を創り出し、課題解決に努力する」ことにあり、これらを総括してまとめると、"芸事のように仕事をしている人"である。プロは何よりも、その仕事が大好きである。しかし、好きなるが故に、苦しみも倍加する。プロはその苦しみを乗り越え、向上し続けることに限りない生き甲斐を感じている。

③：プロの自己改革の条件としては、1）不可能を可能とする「新しい価値創造の精神」、2）逆境を能力発揮のチャンスと捉える「積極的態度」、3）達成できなか

った原因を他責にせず、自責として「新たな成長への踏み台とする責任感」、が少なくとも必要である。そして、4）自分の仕事に限りない誇りと良心と愛着心をもっている「現状肯定・感謝の主体性」、5）自分の財産として人的ネットワークを構築している「人間の魅力」、などである。プロの条件を総括すると、プロとは"常に現状における自己否定を繰り返し、自己革新を続ける人"である。したがって、3カ月経って何の変化もなければ、すでにプロではない。

④：日本ではプロフェッショナルとスペシャリスト（専門家）を混同しているのが一般的である。本来の意味ではスペシャリストはある分野における専門的な知識と経験を豊富にもっている人であり、プロフェッショナルは専門性を云々するのではなく、その人の出したアウトプット（成果）が顧客のニーズをどの程度充たしているか、付加価値をどの程度顧客に与えることができたか、で評価される。

⑤：プロとは"決断力が早く、チャンスを決して逃さない人"であるが、どのように仕事をしたかではなく、どのような仕事をしたかによって評価さる。プロは最終的に数字で評価され、経済的報酬で差がつく。

⑥：プロとしての最大の必要不可欠な条件は、「学習したことを自らの自覚のもとに経験として積み上げて、無自覚のもとでもそれがスキルとして実行できるようにすることであり、さらにそのスキルを高めるための絶えざる能力開発の訓練を行動習慣にまでもっていける心構え」である。人間は誰でも無自覚・無能なところと無自覚・有能なところまで、いろいろなものを潜在させているが、他者をしのいで抜群の能力を発揮する人は、行動習慣として無自覚・有能の段階の比率が高い（図表2-17）。

　日本企業はこれまで海外から生産・経営の新しい技術を導入、あるいは保有技術を高度改良して、それを活用して儲かる事業にしてきた第Ⅱのタイプのコア人材の養成には成功してきた。ところが、現在、多くの企業がコア人材として大きな従業員構成比となっているゼネラリストに、新技術開発によるビジネスチャンスを掴みきるスペシャリストの専門性を業務に活かす能力を教育訓練することが出来なかったことが問題となっており、これが第Ⅰのタイプの課題である。

　しかも、これまで多くの企業は新しい技術変革時代に対応できるスペシャリストを出来るだけ多くコア人材として雇用できるかが企業の将来発展の潜在能力の決め手として研究開発投資を増大させてきたが、第Ⅲのタイプの課題として、その潜在能力を顕在化するためのプロフェショナルの要件をそれらスペシャリストが修得できるかどうかが問われているといえる。そして、第Ⅳのタイプの課題としては、Ⅰ、Ⅱ、Ⅲのタイプのコア人材の役割行動を統合して経営意思決定すべき取締役が機能不全に陥っていることが深刻になっている。言い

## 図表2-17 プロへのプロセス

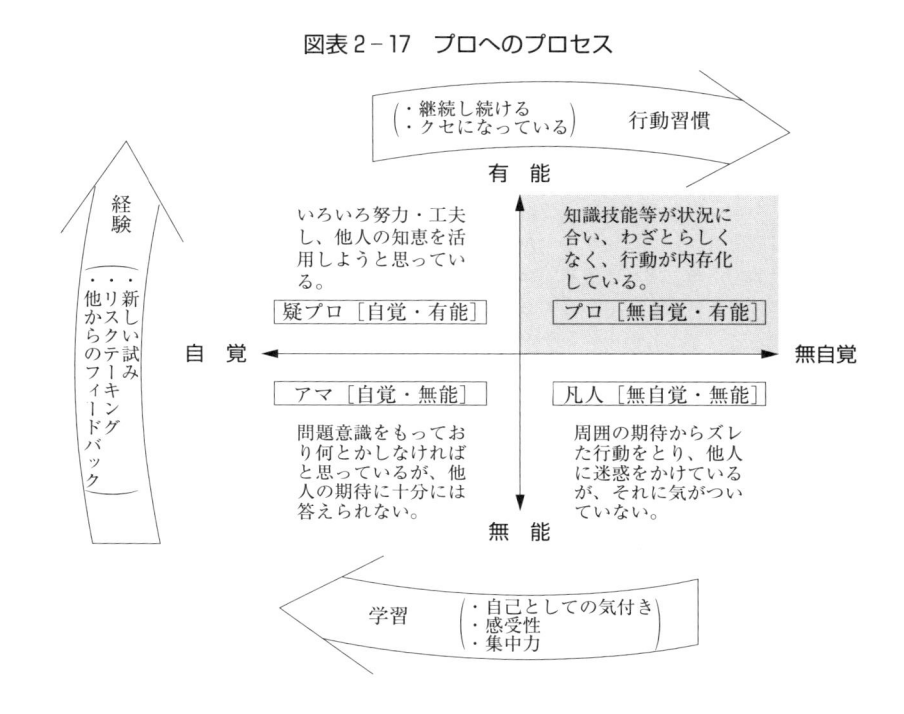

(・継続し続ける ・クセになっている) 行動習慣

経験
・新しい試み
・リスクテーキング
・他からのフィードバック

有能

| | 自覚 | 無自覚 |
|---|---|---|
| 有能 | 疑プロ［自覚・有能］ いろいろ努力・工夫し、他人の知恵を活用しようと思っている。 | プロ［無自覚・有能］ 知識技能等が状況に合い、わざとらしくなく、行動が内存化している。 |
| 無能 | アマ［自覚・無能］ 問題意識をもっており何とかしなければと思っているが、他人の期待に十分には答えられない。 | 凡人［無自覚・無能］ 周囲の期待からズレた行動をとり、他人に迷惑をかけているが、それに気がついていない。 |

無能

学習 (・自己としての気付き ・感受性 ・集中力)

換えれば、企業規模が大きいほど取締役機能に経営と執行の峻別が必要であるのに、その混在があり、担当分野を超えた迅速な経営意思決定ができないという事態である。取締役層を、経営全般の適切な意思決定のできる取締役と商法上の取締役とは別の日常業務の執行責任を持つ執行役員に2区別する制度を導入して**コーポレート・ガバナンス（企業統治）を回復する取締役改革**に日本企業も革新先達企業がやっとここ2～3年前から着手するに至った。

　日本経済新聞社の集計（1999年6月）では、上場企業7％の179社が商法上の取締役とは別に日常業務に専任する「執行役員制度」を導入もしくは導入を決めている。ソニーが1997年に初めて採用してからわずか2年で急速に浸透した制度で、採用企業の取締役はほぼ半減、その他は執行役員になり、取締役の経営革新、要するに日本企業のコーポレート・ガバナンスの改革が一歩前進している。この制度を活用する企業がさらに増えることは必至である。

## Ⅳ 日本型経営システム改革と能力開発

### 1 日本型経営システム改革の方向

　日本の経済的発展をもたらしてきたこれまでの日本型経営システムは、21世紀に向けた新しい時代に適合するよう改革していくことが必要となるが、その改革の方向は、**シグモイド・カーブ（図表2-18）**の第2のカーブを生み出す人材育成（能力開発）にあり、企業の成長段階（図表2-19）〔三木、1998〕の閾値といわれる"**インフレクション・ポイント（図表2-20)**"の局面を重

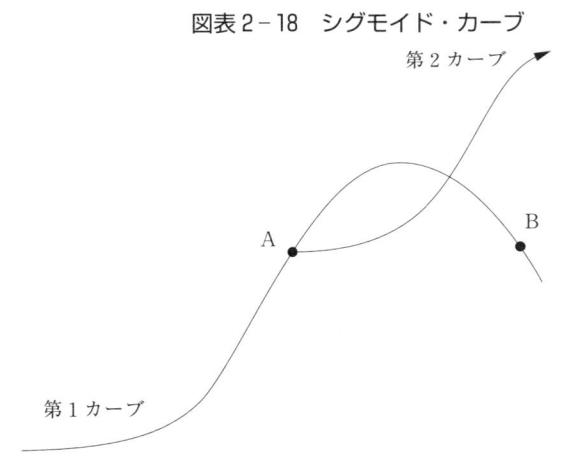

図表2-18　シグモイド・カーブ

出所：チャールズ・ハンディ、1995『パラドックスの時代』ジャパンタイムズ社：pp98-99

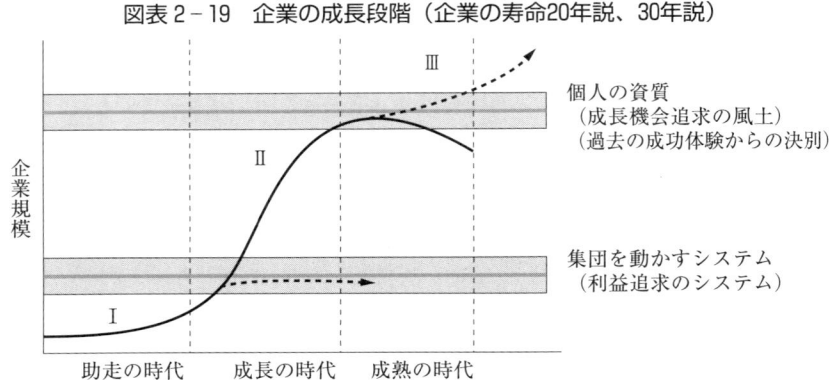

図表2-19　企業の成長段階（企業の寿命20年説、30年説）

第 2 部　革新企業の戦略人事

図表 2-20　INFLECTION POINT

成長↑

不連続的変化

シグモイド・カーブ

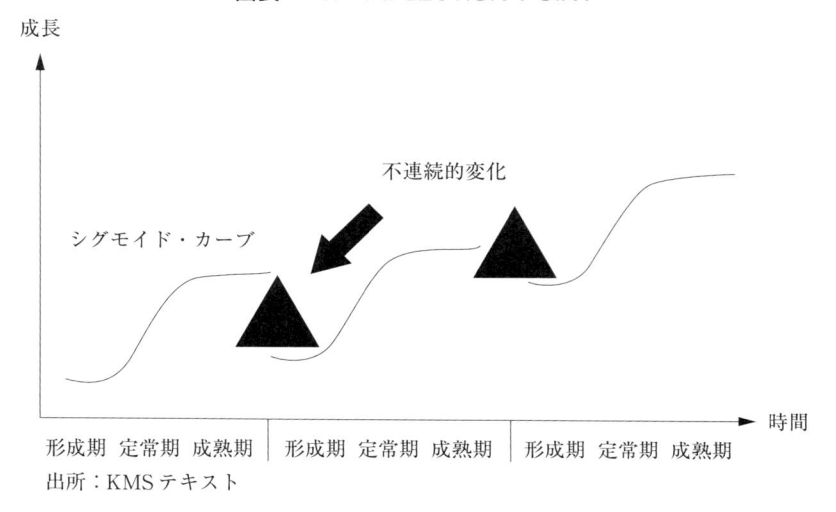

→時間

形成期　定常期　成熟期　｜　形成期　定常期　成熟期　｜　形成期　定常期　成熟期

出所：KMS テキスト

視することである。日本ヒューレット・パッカードは情報ユーティリティーを支えるオープン・E－サービス、情報アライアンスで21世紀にむけた第2のカーブ（図表2-21）を創り出そうと試みている。図表2-19の助走から成長に至る局面で有効に働く"集団を動かすシステム（集団主義的経営の良さ）"を維持しながら、併せて成長から成熟に至る局面での"個人の資質（過去の成功体験から決別した個性・創造性を活かす能力）"に頼って国際市場競争力を高めていく、ことを先達企業は率先優先していくこととなる。これにともなって、能力開発の方向も明確になってくる。

　「シグモイド・カーブは人生や生命そのものの話を要約するものでもある。われわれは、ゆっくりと、実験しながら、またよろめきためらいつつ、生活をはじめる。満ちると思えば欠ける。それは大英帝国の、そしてロシア帝国の、昔からのあらゆる帝国の興亡物語でもある。それは製品のライフサイクルの、そして多くの企業の栄枯盛衰の話でもある。それは恋愛や人間関係の経過まで描写するものである。もしそれがすべてだということになるならば、人の気持ちをえらく滅入らせるようなイメージであって、正確にカーブ上のどこに人がいるのか、実際にはどのような時間単位を底流にあるヨコ軸の目盛りの上で使うべきか決める以外に、論じるべきものはなにもない。しかもこの時間単位の目盛りもこれまたなおさら気が滅入るように次第に小さくなりつつある。前には10年間、あるいは一世代ということさえあった。今ではそれが年単位、時には月単位にもなる。加速する変化の速度はどのようなシグモイド・カー

章1章　人材経営の戦略的視点

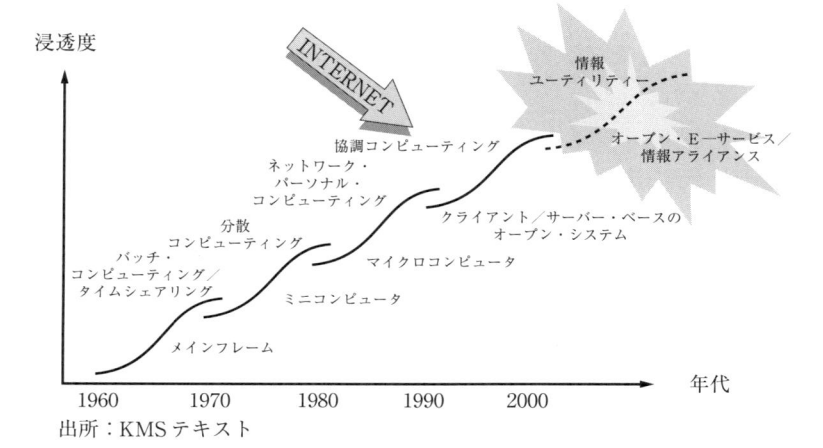

図表2-21　情報技術の進化

浸透度軸に沿って、1960年代から2000年代にかけて、以下の技術が順にシグモイド曲線状に重なって進化している：メインフレーム、バッチ・コンピューティング／タイムシェアリング、ミニコンピュータ、分散コンピューティング、マイクロコンピュータ、ネットワーク・パーソナル・コンピューティング、協調コンピューティング、クライアント／サーバー・ベースのオープン・システム、情報ユーティリティー、オープン・E－サービス／情報アライアンス。1990年前後に「INTERNET」の矢印が示される。

出所：KMSテキスト

ブをも収縮させてしまう。……略……しかし、幸いにも、カーブを超えて生きられるのだ。不断の成長の秘訣は、最初のシグモイド・カーブがだんだんと消えていく前に、新しいカーブをスタートさせることにある。その2番目のカーブをスタートさせる正しい場所は**図表2-18**のA点の位置である。つまり、最初のカーブが沈下しはじめないうちに、しかも新しいカーブ上で当初の探りやもがきやへまをくぐり抜けさせるだけの力とエネルギーはもとよりのこと、時間が十分にある位置においてである。こうしたことは自然の理と思われよう。すなわち、A点においては個人も組織や機関に届いてくるすべてのメッセージは万事がうまくいっているということであり、したがってその時点での処方が大変うまくいっているのに、これを変更するのは全く愚かしいことだという、まさにその時点においてなのである。しかるがゆえに、実際上は、個人的な変化にせよ、組織上の変化にせよ、変化についてわれわれは知っているすべてが教えてくれるように、変化のための真のエネルギーは、最初のカーブのB点上において、思いもかけない大変事や大災厄とともに直面する時にしか来ないのである。しかし、この時点では、それまで本来ならば2番目のカーブ上にいるべきところまで、自らを引き上げるには大変な努力を必要とする。」〔Handy,C.（小林訳）、1995：pp98－99〕

インフレクション・ポイント（閾値）とは環境が変われば現在のパラダイムの延長線上には生き残りの解を見出せないという非連続のエネルギーの壁である。例えば、100点を合格点とすると100点の人と99点の人とは天国と地獄の差となる、あるいはボートで川くだりをしていて前途に滝があった時、見事なピッチの一生懸命の漕ぎ手が逆に不要になり、翼とエンジンをつけなければ滝を乗り越えられないといった局面である。

## 2 日常業務の管理能力と能力開発

集団主義を維持しながら創造性の育成・発展の工夫をするとか、責任と権限を相互理解できる程度に明確にするといったことが大切となるのが日常業務の管理能力である。

環境変化とマネジメントの関連（**図表2-22**）では、環境変化の内容が同質の領域が日常業務のマネジメントであり、どちらかといえば変化の度合いが緩慢である場合が日常管理、変化の度合いが速い場合が方針管理に該当する。ここでの能力要件は「日常業務での基本の徹底」であり、「当り前のことを当り前に（基本に忠実に）行う」ことに従業員の意識と関心を集中させ、それを「単なる目標でなく、使命（ミッション）にまで昇華させる」ことにおかれる。

日常業務の管理はプロセスの改善（方針管理）とプロセスの安定（日常管理）がその内容である。プロセスの改善は、現状の状態が不満足なとき、それを変更することで、「仕事のやり方を変える」ことを意味する。一方、プロセスの安定は現在の状態が満足できるとき、それを守るということで、「仕事のやり方を変えない」ということである。

仕事のやり方を変えない日常管理は業務改善を意味する"局部対象の問題解

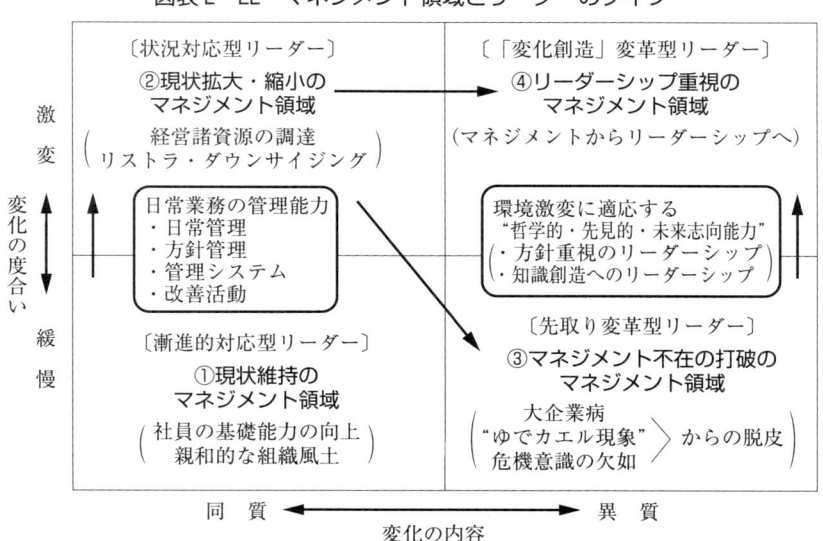

**図表2-22　マネジメント領域とリーダーのタイプ**

|  | 同質　←　変化の内容　→　異質 |  |
|---|---|---|
| **激変**　↑<br>変化の度合い<br>↓　**緩慢** | 〔状況対応型リーダー〕<br>②現状拡大・縮小の<br>マネジメント領域<br>（経営諸資源の調達<br>　リストラ・ダウンサイジング）<br><br>日常業務の管理能力<br>・日常管理<br>・方針管理<br>・管理システム<br>・改善活動<br><br>〔漸進的対応型リーダー〕<br>①現状維持の<br>マネジメント領域<br>（社員の基礎能力の向上<br>　親和的な組織風土） | 〔「変化創造」変革型リーダー〕<br>④リーダーシップ重視の<br>マネジメント領域<br>（マネジメントからリーダーシップへ）<br><br>環境激変に適応する<br>"哲学的・先見的・未来志向能力"<br>・方針重視のリーダーシップ<br>・知識創造へのリーダーシップ<br><br>〔先取り変革型リーダー〕<br>③マネジメント不在の打破の<br>マネジメント領域<br>（大企業病<br>　"ゆでカエル現象"　からの脱皮<br>　危機意識の欠如） |

決的、漸新的、ムダの排除によるコスト削減、小集団活動型創意工夫依存"の内容である。これに対して、仕事のやり方を変える方針管理は業務改革を意味する"全体システム対象の課題解決的、即時急速的、情報技術活用による非付加価値業務の排除、組織活動型創意工夫依存"の内容になる。

　プロセスの改善が行われたあとは、その効果を維持しなければならないので、仕事の新しいやり方を標準化し、それを遵守するようにするプロセスの安定が必要となる。プロセスの安定は、異常の原因を取り除く（異常処理）だけで、この段階では標準を変えることはない。日常業務の管理はプロセスの安定そのものではないからである。また、"その仕事を日常的にやっているかどうかということ"ならびに"その仕事がプロセスの改善であるか、プロセスの安定であるかということ"とは関係をもたない。それはプロセスの改善を仕事の中に組み込んで日常的に仕事を行うこともできるからである（図表2-23）。要するに、プロセスの改善であろうが、プロセスの安定であろうが、日常的にやっていればそれが日常業務の管理である。

　日常管理は「管理項目」と「標準」の2つで行うが、分業によって職務の内容が明確になっている欧米では、担当者の責任と権限、そして報酬が明記されているので、働く人はその職務だけに専念し、その職務に必要な能力の開発が課題である。従業員はその職務を遂行するための部分情報しか持ってなく、全体情報をもって個々の職務を計画的・長期的に管理していくのが管理者であ

図表2-23　プロセスの安定とプロセスの改善

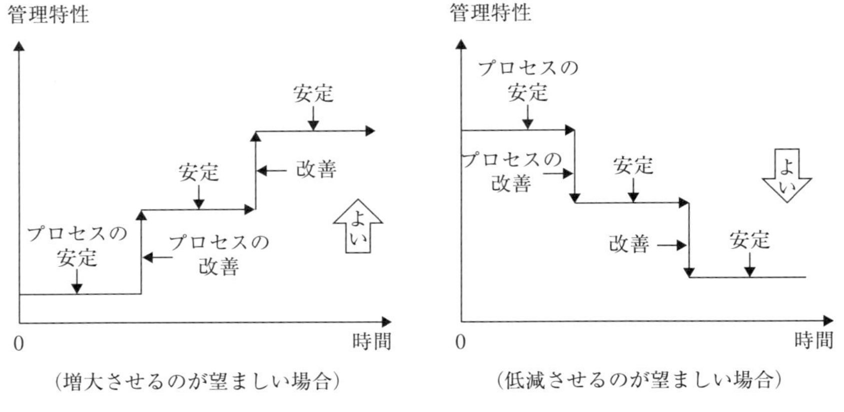

（増大させるのが望ましい場合）　　　（低減させるのが望ましい場合）

る。ここでは、変動が少なく計画的に仕事をすすめていく場合に適した人材育成が大切になる。そのための**人材配置、訓練、業績評価、褒賞、昇進、その他人材フローのために、効果的なプロセス（インフラストラクチャー）を設計し、運用する**ことで、「管理型マネージャー（図表2－16のタイプⅠ、図表2－22の漸新的対応型リーダー）」を育成・獲得することが日常管理における能力開発の課題である。

> 「ホテルチェーンのマリオット社は、人材の開発、評価のプロセスをつねに見直し、向上させることによって効果的なインフラストラクチャーを築いている。つまり、さまざまなホテルで行われているベストプラクティスを他のホテル施設に伝播させるために、一時的にあるホテルのベストの人材を他のホテルに移動させたり、あるいは各ホテルの人材経営専門職にベストプラクティスを学ばせることによって、全社的にベストプラクティスを広めていくことに努めている。また各ホテルに権限委譲（エンパワーメント）をはかることによって、各所で新しい人材経営のすぐれた方法が生みだされることを促している。さらに、全社的に統合的なサービス（たとえば、福祉、退職、給与の管理）を提供するために、サービスセンターを設置することによって、規模の経済性を実現している。」〔梅津、1998：pp32－33〕

方針管理は、管理であるという以上、PDCAのサイクルを回すことを重視する。方針管理で取り上げるテーマは、①長期的な観点から今期はここまで実現したい、②経営上今期はこれだけは確保しなければならない、③現在得られている結果（状態）が来月（期）も継続して実現しにくい、④現在のまま放置すると将来重要な問題を引き起す可能性がある、⑤現在得られる結果では不満足でもっと好ましい状態（より良い状態）を得たい、という性質の業務が多い。そのために現在の"仕事のやり方""管理の仕方"を改善していくことが主要テーマである。

方針管理の直接的な狙いは"目標"の達成で、分業の観点からみると業務の分割はゆるやかであり職務権限があいまいで、仕事は自分の持分だけ遂行すれば目標が達成できるのでなく、方針の連鎖展開（**図表2－24**）が可能になるよう、上位職から下位職まで、お互いに方針のすり合せを行い、協力・意思伝達しながら目標の達成を図っていくのが、日本的経営の1つとなっている方針管理活動である。

方針達成のために、まず協調性が求められる。会社全体、所属部門・職場集団全体の動き、状況を知らなくては方針展開のための協働行動がとれないので

章1章　人材経営の戦略的視点

図表2-24　方針の展開

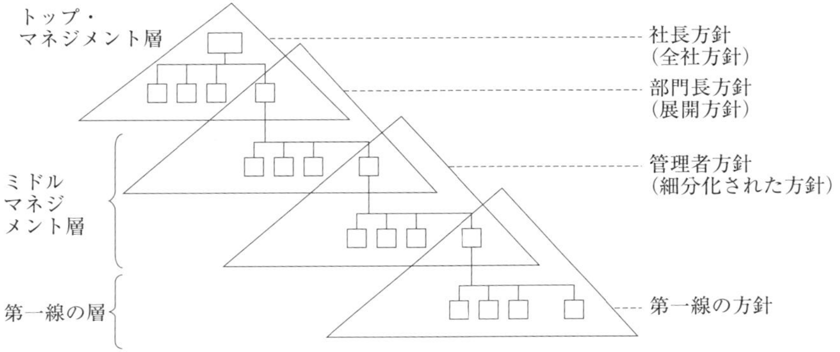

- トップ・マネジメント層 …… 社長方針（全社方針）
- …… 部門長方針（展開方針）
- ミドルマネジメント層 …… 管理者方針（細分化された方針）
- 第一線の層 …… 第一線の方針

内部情報の交換の場面（すり合せ）がより多くなる。さらに、**上位職の方針を的確に把握・理解し、共通の方向に一丸となって事業を進めていくためには、思考・活動の傾向の同質性が要求され、集団討議によってお互いにアイディアを出し合い課題解決を図っていく**という集団主義経営も必要になっており、米国企業でも採用されている施策の１つである。方針管理活動においては、上位職と下位職との個人間の意思疎通の幅が広く、会社全体の目標に関心を持ちながら自主的に活動する傾向になりやすいので仕事に関して変動要因が多く、弾力的にすすめていかなくてはいけない現状打破的な課題解決の場合に有益である。従業員のコミットメント（貢献意欲）とコンピタンス（職務遂行能力）の向上をはかり、従業員からの貢献のマネジメントを引き出すことなどで、方針管理における能力開発は「プロジェクト型マネージャー（図表2-16のタイプⅡ、図表2-22の状況対応型リーダー）」を育成・獲得することが課題である。

> マイクロソフト社は従業員が自らの意見、懸念を表明できる社員ミーティングを継続的に開いている。アップル社は従業員が企業の諸制度、管理方法に関して抱く疑問をいつでも受けつける"従業員サービスセンター"を開設している。マリオット社は高業績ワークチームを生みだし、各チームに属する従業員の問題、関心、ニーズに応えている。ヒューレット・パッカード社は定期的に従業員のオピニオンサーベイを実施して、従業員のニーズをつかみ、適切に対応することに努めている。〔梅津、1998：pp33〕

企業の成長段階（図表2-19）の「助走から成長への時期が方針管理」「成長から成熟への時期が日常管理」ということができ、能力開発の方向を規定す

る組織運営の原理は両者で大きく異なっている。企業の成長段階における日常管理と方針管理とを対比してみると、組織目的が「雇用の増大に対して利益追求」、組織管理が「動機づけに対して目標管理」、組織構造が「ボトムアップに対してトップダウン」、意思決定が「根回しに対してリスクテイク」、人事評価が「年功に対して年功だけでなく実力も加味」、インセンティブが「報酬先送りに対してPLインセンティブ」、企業存続ベースが「効率性、改善に対してニッチ性（隙間独創性）、改革」、企業の求心力が「集団の協調性に対して個人の参画意欲」、経営幹部の権限の源泉が「マネジメント力に対してリーダーのカリスマ性」といった違いがある。

## 3 環境変容（異質）に適応するリーダーシップと能力開発

今日の状況は、日常管理も方針管理も日常業務のマネジメント基本の徹底を図る（改善・改革）と同時に「ハイスピードで広範囲に、劇的に、そして静かに起きている歴史的な変化の質と量を高い感性で確実に読み取り、基本的な方針変更を伴う変化に創造的に、的確に対処する」という新たな重大使命が加わってくるので、リーダーシップ重視のマネジメントが求められている。これまでは社内の情報通になり、社内人脈を豊富にすれば、企業内で個人的に出世することになっていた。したがって、社内以外の情報や人脈に関心を示さなくなり、**能力の同質・平均・凡人性**が進み、それにともなって、改善・改革には熱心であるが、革新からはだんだん遠ざかっていかざるを得なくなっていた。能力的にも、その企業の中でしか通用しない人間を創り出していたことになる。これまでの日常業務のマネジメントでは所与の目標の達成と効率の追求が目的であり、従業員をいかに動機づけたり、目標管理をいかにうまくやっていくかであった。

> 日本的雇用慣行の下で育った人材特性は、①社内だけで通用し、社会的には通用しない人材　②単なる年功者が増え、格付け資格等級や賃金に見合った生産性をあげ得ない人材　③過保護のなかで育ったことから、競争に弱く、激変する時代に対応し得ない人材　④会社の看板・役職の肩書をはずすと対外的には通用しない人材　⑤真の意味でのスペシャリストが育たず、単なる熟練・経験だけの人材　⑥独創性や創意工夫、戦略形成能力に欠けた人材　⑦国際社会での経験が浅く、国際的市場競争の中では通用しない人材　⑧自分の能力を過信し、会社の看板・のれんが自分の実力と錯覚している人材　⑨プロとしての自覚に欠け、かつマネジメント能力に欠けた人材　⑩

個性・特性がなく、考え方・視点が類似した同質的な人材、である。〔池川、1998：pp 60〕

　ところが、今日では企業価値の創造にまで従業員の役割領域が拡大し、それに適応した能力開発が要請されている。マネジメントの方向はこれまでは企業環境の変化が同質で目標が所与のものであったので企業内部志向のみでよかったが、企業環境変化の内容が異質となると利益の源泉を求める目標の選択や企業環境への働きかけが極めて大事になるので、企業（社内）ではなく社会（社外）に対しても常に目を向ける外部志向の視点がなくてはならなくなる（図表2-25）。企業内部と企業環境（外部）とのダイナミックな適合関係の創出を可能にする戦略的意思決定のプロセスがなくてはならない（図表2-26）。また、この段階では、<u>企業は改善・改革に加えて革新機能を通じて新たな利潤を獲得することになる。</u>

> 　改善は現状の維持・向上のために、安定性・予測可能性・熟知性・確実性を基本とする。改革は現状を変化させるために、変化性・予測不可能性・非熟知性・不確実性が付きまとう。革新（変革）については、V.A.トンプソンの定義では"新しいアイディア、新工程、新製品や新サービスの発生の受容と実現化である"としているので、革新機能（Innovation）は新しいアイディアの発生を意味する発明（invention）とは異なり、受容と実現を意味する企業化（commercialization）が条件となる。マーチとサイモンは"変化が新しい行動プログラム（performance program）の作成と評価を要求するとき、創造と革新があらわれる"と説明しているので、企業行動のすべてが革新を意味しているのでなく、アイディアが一定の行動プログラムに具体化され、それが受容されることが革新の内容で、これに合致する企業行動のみが企業化に該当する。

　仕事のマネジメントは、これまでは行動・成果が目に見える形で出てくる定型性の高い業務を知識と技能の研鑽で管理限界水準以内に維持することに注力していたが、今日では目に見えない情報や付加価値を重視する非定型性の高いプロジェクト的な業務の管理が重視されるようになった。人間関係の維持管理の領域の拡大としては、経験や勘（過去の成功体験）が有効性をもつ固定性の高い均質なメンバーに、新たな人材、たとえば流動的で価値観の多元化・多様化したメンバーをいかに多く経営に参画させるかが大切になってくる。
　環境変化の内容が異質の領域では「マネジメントよりもリーダーシップ」がより重要であり、企業組織を革新型に位置づけて運営し、革新型のイノベーションを可能にするリーダーシップが"環境激変を常態とする時代"をどう生き

## 図表2-25　日本企業の戦略的転換の方向性

●戦略転換のキーワード
＊プロセス・イノベーションからプロダクト・イノベーションへ
＊「内」重視から「内」・「外」重視へ
＊広範な能力蓄積から中核能力への集中へ（アンバンドリング化）
＊垂直展開から水平展開へ

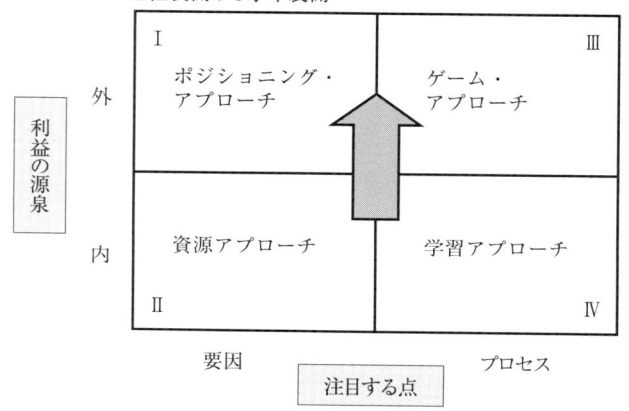

|  | 要因 | プロセス |
|---|---|---|
| 外 | I ポジショニング・アプローチ | III ゲーム・アプローチ |
| 内 | II 資源アプローチ | IV 学習アプローチ |

利益の源泉／注目する点

出所：人材育成学会第1回研究会（2003・9・14）
　　　腰塚弘久報告資料

## 図表2-26　「内」と「外」とのダイナミックな適合関係の創出

●「内」と「外」を繋ぐ戦略的意志決定のプロセス

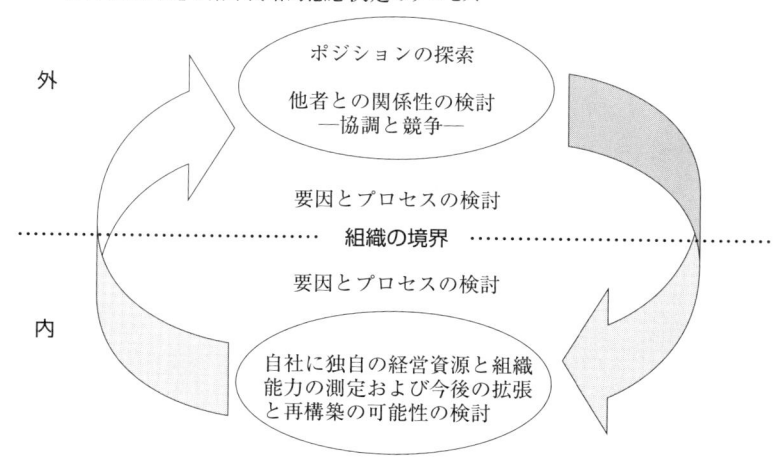

外
- ポジションの探索
- 他者との関係性の検討
  ―協調と競争―

要因とプロセスの検討
……組織の境界……
要因とプロセスの検討

内
- 自社に独自の経営資源と組織能力の測定および今後の拡張と再構築の可能性の検討

出所：人材育成学会第1回研究会（2003・9．14）
　　　腰塚弘久報告資料

第1章　人材経営の戦略的視点

抜いていくかを決定する最大の要となってきているといわざるをえない。人材育成においては、変革推進者（チェンジエージェント）として、**従業員が古い方法を捨て、新しい方法、新しい文化に適応するプロセスを支援する**ことで、「変革型リーダー（図表２-16のタイプⅢ、図表２-22の"先取り型"と"変化創造型"）」を育成・獲得することが課題である。

　　ヒューレット・パッカード社は1990年代にはいり、人材経営プロセスのリエンジニアリングに取り組んでいる。人材経営専門職は、次の４つの課題に取り組んだ。第１にマネジメントとチームワークのクオリティーを促し、評価し、向上させる。第２に、ヒューレット・パッカード社の基本的な価値観に合致する形で変革を進め、ビジネス戦略に貢献するために人材経営の諸プロセスを見直す。第３に、ヒューレット・パッカード社全体で、従業員個々人および組織全体しての学習能力を向上させる。第４に、人材経営部門内の人材に係る諸プロセスを見直し、効果的にマネージする。〔梅津、1998：pp33-34〕

社会は「工業生産（マス）の時代から知識社会（個人）の時代」（図表２-

図表２-27　変化する社会

|  | 工業生産の時代<br>（マスの時代） | 知識社会の時代<br>（個人の時代） |
|---|---|---|
|  | 工業化社会<br>＝<br>機械の生産力 | 脱工業化社会<br>＝<br>人間の生産力 |
| 戦略資源 | 資本 | 知識 |
| 主要生産物 | ハード | ソフト・サービス |
| 技術 | 機械技術 | 知的技術 |
| コア人材 | 技師・技術者<br>半熟練労働者 | 科学者・技術開発者<br>専門職 |
| 組織 | ピラミッド型 | ネットワーク型 |
| 権限 | 命令主義<br>官僚主義 | 受容主義<br>民主主義 |
| 経済原則 | 規模の経済<br>範囲の経済<br>収穫逓減 | スピード<br>連結<br>収穫逓増 |
| 統治範囲 | 国家 | 地域社会<br>地球社会 |

27）に変わり、成長・発展する産業・業種・業態が大きく変貌するとともに、市場開放・規制緩和・情報通信の進展などは同業者間や国内だけの競争ではなく、もっとグローバル化、多様化した競争世界の中で企業は生存をかけた戦いを余儀なくされている。現在は今までにないスピードで情報が瞬時に世界を駆け巡り、顧客のニーズも時々刻々と変化し、また資金がグローバルに移動する。したがって、企業は絶えず市場、顧客、競合企業の動向・戦略・戦術をキャッチして、自企業に対する"脅威"あるいは"チャンス"を目ざとく発見して、それに対して素早い対応をしていかなくては生き残れない、変化へのスピーディーな対応（意思決定）の時代となってきている。時々刻々の世界経済環境を把握し、世の中のうねりを的確につかみ、自企業の進むべき方向をビジョン形成力・先見性・リーダーシップで指し示すスピーディーでアジリティな判断力・決断力が必要である。まさに、企業は不連続的変化の局面（インフレクション・ポイント：図表2－20）を迎えているので、組織目的は「成長機会」、組織管理は「事業のコンセプト」、組織構造は「フラット」、意思決定は「リスクテイク」、人事評価は「実力」、企業存続ベースは「革新性」、企業の求心力は「個人の創造性」、経営幹部は「リーダーシップ（変革型リーダー）」でなければならず、そのための能力開発が課題である。

## ◎おわりに―組織変革の方向―

　組織変革のあり方としては、組織の分業や権限関係の安定的なパターン、公式的な意思決定機関（部署など）と外部組織とのネットワークの関係として、その流れを捉えることができる（図表2－28）。情報化・創造化の時代においては、迅速に対応でき、良好なコミュニケーションを有し、企業風土、知識・戦略が共有された構造が前提条件である。これまでに「効率性重視のピラミッド型組織」⇒「長期雇用のもとで技術・情報・理念を組織内に形成・蓄積するエクセレント・カンパニー」⇒「戦略的発想・方針を重視する超優良企業の戦略的組織改革」を経て、今日、「フラットな組織」がクイックレスポンスのために採用されているが、この段階ではまだまだ内部情報蓄積型である。もちろん、フラット組織には外部情報発見・獲得型の要素も加わってきているが、「中央の管理部門を縮小し、それぞれを事業主体とする分社化」⇒「コストのかかる間接部門を外注化するアウトソーシング」において組織原理が外部情報発

章1章　人材経営の戦略的視点

図表2-28　外部情報発見・獲得型組織の時代

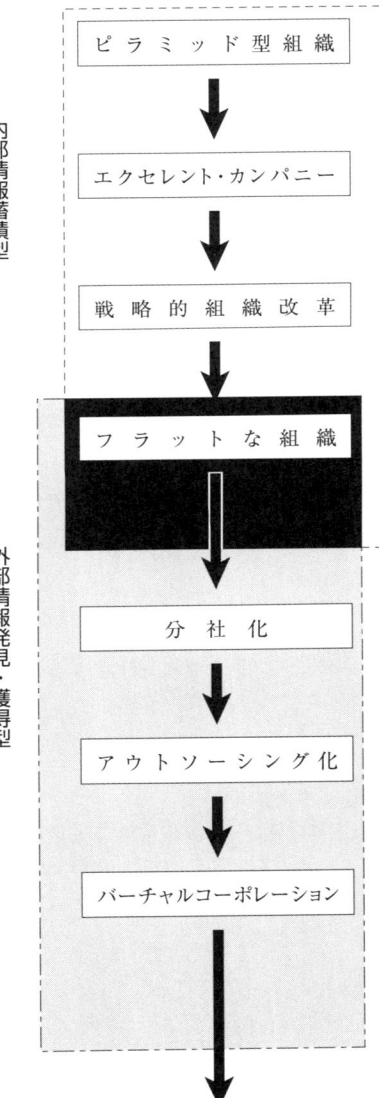

内部情報蓄積型：
- ピラミッド型組織 → （ヒエラルキー組織）技術環境の大きな変化に直面していない効率性重視の組織。
- エクセレント・カンパニー → 長期雇用を前提とし、人材開発を重視、技術・情報・知識・理念を組織内で形成・蓄積し共有することに重点を置く。
- 戦略的組織改革 → 戦略的発想、方針を重視し、「超優良企業」を目指す。リストラ、即断即決の意志決定。

外部情報発見・獲得型：
- フラットな組織 → ニーズに対応して、その都度組織される柔軟性と機動性を持たせたチーム方式。コーディネーターが組織運営上より重視されるため、組織がフラット化し、クイックレスポンスが図れる。
- 分社化 → 中央の管理部門を縮小し、少人数のプロフィットセンターに分割し、それぞれ事業体として機能させ競争させる。
- アウトソーシング化 → サポート業務、コストのかかる間接部門の外注化。
- バーチャルコーポレーション → ライン業務の分野においても外部専門機関を活用し、効果的に組み合せ付加価値を生み出す。外部組織のネットワークのみにより組織活動を行う概念が生まれる。ネットワークのみにより付加価値を創造させる。

103

見・獲得型となり、「バーチャルコーポレーション」に達してはじめてネットワークのみによる付加価値の創造が可能となるといえよう。こうした組織変革の時代の流れに対応できるプロデューサー型リーダー（**図表2-16**のタイプⅣ）になるためにも、外部へ人脈を広げ、異業種研修会などに参加して外部の情報を吸収、蓄積したり、他業界の専門家・一流講師を招いて、その人を講師として幹部研修会を企画するなど、外部とのネットワークを広げていくことが重要となってきたのである。ここ数年、先達企業で実施されるようになった選抜型幹部研修の目指すものはまさにこのような要請に応えようとするものである〔三木、1998：pp137-221〕。

---

**（参考文献）**

Handy, C.（小林薫訳）、1995『パラドックスの時代』ジャパンタイムズ社
Ulrich, D., 1997, Human Resource Champions, : Harvard Business School Press
池川勝、1998「高齢化時代の人材の開発と戦力化の実際」『企業と人材』、5月20日号
梅津祐良、1998「アメリカ企業における最先端人材経営」『HRR メッセージ』、Winter
佐野洋子、1989『企業内労働市場』有斐閣
三和総研『未来型人事システム』報告
高橋俊介、1995『自由と自己責任のマネジメント』ダイヤモンド社
日本経営協会、1999『21世紀に対応したコア人材とアウトソーシングに関する調査』日本経営協会
日本能率協会、1999『戦略組織・人事コース：共同テーマ研究報告書』JMA マネジメントインスティチュート
根本孝・中嶋哲夫、1995『ライフマネジメント』中央経済社
牧野建治、1997「企業内教育の戦略的視点」『生涯学習フォーラム』、第1巻創刊号
三木佳光、1998『変革型リーダーのパラダイム』あしざき書房・総合労働研究所
連合総研（1995・1997年）「新しい働き方をめざしての提言」（電機連定期大会）

# 第2章

# 成果主義の本来のあり方

―今、何故、成果主義か―

◎はじめに―日本企業を取り巻く現状認識―

　日本経済は1960年代から1980年代まで、およそ30年間、「好景気⇒企業収益の拡大⇒賃金の上昇⇒消費性向の向上⇒大量消費⇒大量生産⇒設備投資の積極化⇒経済成長⇒好景気」の好循環のサイクルによって成長してきた。この成長経済の好循環はモノやサービスの供給者側重視の経済システムによってもたらされた。そのシステムとは、価格決定権が企業側にあるということである。このような成長経済のなかにあって、好循環に組み入れられた会社と従業員の関係は、両者が相互に依存しあう運命共同体であり、労使一体の組織のもとに、企業収益は伸び、従業員の賃金も毎年上昇を続けられたのである。会社と従業員の関係が運命共同体であったからこそ、終身雇用、年功序列人事処遇、企業内組合といった日本型雇用労働慣行がかたちづくられたのである。言い換えれば、日本型雇用労働慣行が運命共同体を形成するうえで好都合だったともいえるのである。成長経済に支えられた企業では、大量販売の必要性から営業職を、事務処理の増大から事務職を、製品や技術開発の必要性から研究職や技術職を大量に抱えることになった。

　1958年頃から日本経済は成長軌道に乗り1973年のオイルショックで崩れるま

---

　　本稿は「文教大学国際学部紀要（第13巻第1号：2002年7月）」に掲載したものに一部加筆・補正。

でのいわゆる高度成長の時期があった。その後、1975年あたりを起点として、1991年のバブル崩壊に至るまでの安定成長期を迎える。国際的にはソ連邦が消滅・東西冷戦構造が終焉する。バブルの崩壊は不良債権の発生で金融システムを大きく歪め、その後遺症は甚大で、抜本的な解決の糸口すらつかめていないのが現状である。冷戦構造の終焉は世界の安全保障構造を大きく変えた。現在、これらへの対応方向についてのコンセンサスが形成されにくく、出口の見えない閉塞感が生じている。この閉塞感は日本企業の従業員に「我々が戦後営々と築いてきた日本経済社会の仕組みは正しかったのか」といった自己懐疑を呼び起こしている。

　インターネット等の情報技術インフラの飛躍的な発展等により、世界市場を1つの市場とするボーダレス市場競争の時代に突入している。従来、多くの日本企業が享受していた規制による利益は縮小し、外国企業の日本市場への参入が相次いでいる。競争激化による価格の低落が、日本企業の利益を圧迫して市場の価格決定力についていけない企業は市場から脱落を余儀なくされている。また、世界規模での事業の最適地化・中国の世界工場化の進展により、生産・販売の海外移転が集中的に起る一方、企業間の吸収・合併、提携等の拡大が進み、いわゆる大競争時代になっている。更に、製造業の海外生産は国内産業構造を空洞化し、国内経済の低迷の主要な要因となっている。

　日本社会は世界最高のスピードで高齢化が進展しつつある。企業組織人員構成の高齢化は、第1に人件費肥大化の体質を恒常化する。日本の賃金制度がこれまでは年功序列の体系であるので、組織の高齢化は人件費の高騰にならざるを得ない。第2に、これまでの日本企業は加齢に伴って役職や肩書きが高まる制度になっているので、役職者層の必要以上の増大は、「石を投げれば役職者に当たる」といった状況を生み、意思決定の内部調整へのエネルギーが増加し、付加価値の乏しい業務に時間を使わざるを得ないのでシンプルでスピーディーな意思決定がなされないという組織の硬直化の進展である。第3に、若い時期に大きな仕事を経験するチャンスが少ないことにより若年層のモチベーションが低下している。

　こうした企業環境の中で日本は、まず、組織人員の高齢化の進展と年功的賃金制度の存在により、"企業の総人件費上昇"に歯止めが効かない状況になっていた。それが、企業の高コスト体質となり、国際的な企業競争力を減少させ

ている。次に、企業の拡大成長が難しい状況の中、与え得るポスト数が相対的に不足し、これまでの日本的経営とされた"加齢による昇進とポスト付与のマネジメントの神話"が崩壊している。さらに、キャッチアップ型高度成長経済時代の画一的・階層的な人材育成が、右肩上がりの成長が終ることで機能不全におちいり、企業成長力の源泉となる独創的な大きな戦略構想力を有する人材、高度な専門スキルを持つ人材がいないという"現状の保有人材と将来必要人材の間のミスマッチ"が拡大している。

　このような経営の問題意識を背景に、日本企業は成果主義的人事制度の導入を急激に進めているのが現状である。しかしながら、この時代に求めなければならない人事制度改革は、企業の将来ビジョンや経営戦略と一体となったものでなくてはならないと考える。日本的経営の強さは、共同体としての経営理念に基づき、「人」を最大の経営資源と捉え、「人」に視点をあてた経営システムにある。それが、従業員の高い帰属意識と求心力を生んでいた。新たな経営システムとそれを支える成果主義人事制度を探索するにあたって、日本的経営の強みを活かしながら、弱みを克服する新たな仕組みを付加していく方向を模索すべきである。

## I 日本における人事制度の変遷

　日本企業が戦後を境に目覚ましい復旧、高度経済成長、いわゆる右肩上がりの発展を遂げ、たびたびの危機をも克服し、成長し続けることができた背景には、<u>日本型システム</u>があると言われている。

　　　　日本型システムとは、たとえば、「親方日の丸、護送船団方式、一億総横並び、規制と保護、無競争、棲み分け、業界と官界と政界の鉄のトライアングル、日本型雇用慣行(終身雇用、年功序列、企業内組合)、企業系列、メインバンク制、偏差値教育」といった言葉で喧伝されている。日本型システムでは「自立よりも依存」「自律よりも他律」「個人よりも集団」「競争よりも保護」が優先されると説かれている。

　右肩上がりの経済成長を続けることができた時代においては、会社が従業員を丸抱えで面倒をみてくれる環境の中で個人の能力差は大きな問題ではなく、組織全体でのアウトプットを重視した視点で、従業員はポストを与えられ、処遇されることで自分のポストに満足し、加齢による能力の発揮を信奉していた。多くの企業においては年功序列賃金、終身雇用、企業内組合が三種の神器

と謳われた人事制度が中心であった。この人事制度は1972年OECDの『対日労働報告書』で指摘されたものである。終身雇用という用語はアベグレンの"a life time commitment"を翻訳したもので、安定的長期勤務を前提に、組織規模の拡大に伴って年令や勤続に応じたポスト付与や賃金配分の処遇を決定するものである。企業は従業員の意欲と勤勉さに依存する組織運営とモラールコントロールをしているだけで良く、どちらかというと、個人よりも一定の組織単位や集団に対するインセンティブの与え方を工夫する方が、組織全体のパフォーマンスの向上にとって重要であった。個人においても、毎年の昇給、一定期間勤続による昇格・昇進、役職の保障、計画的な生活設計、約束された将来が確信でき、それが揺るぎなき企業への忠誠心を高めることになった。

　一方、年功序列型人事制度の問題として、従業員全員の一律の昇進・昇格・昇給による賃金水準の上昇とそれによる企業競争力の低下、企業内改革意識の低下、ぶら下がり社員の増加、ハイパフォーマーのモラールダウン、個人相互の競争意識の低下、若年層のあきらめ感覚等が潜在的に発生していた。

　1955年から1965年に一部の企業において**職務給が導入**されたが、職務給は年功序列型人事制度からの移行が難しく定着することはなかった。その後、1965年から1975年にかけて高度経済成長にも陰りが見え始め、人事管理の面でも**能力主義人事の必要性**が高まり、更に、1973年の石油ショックに伴う大幅な賃上げを契機として、それまでの年功序列人事制度と矛盾のない（潜在）能力評価を基軸とした人事制度が大企業を中心として導入されてきた。その日本企業における能力主義型人事制度の代表例が「職能資格制度」で、その制度で決まる賃金が"**職能給**"である。

　　企業活動は多数の職務（JOB）から構成され、職務価値に応じて支払われる賃金（Pay for Job）が職務給である。今日の欧米、アジア諸国の賃金の決め方である。職務価値を決める第1ステップは職務内容の分析（職務記述書の作成）、第2ステップは職務評価要素（知識、経験、対人関係能力等）ごとの各職務の評価、である。

　　能力主義人事には広義と狭義の捉え方がある。広義は年功主義的人事でない全ての人事諸施策を意味する。狭義は年功・学歴・同族・学閥・平等・恣意主義の人事を排除し、処遇の決定において能力のみを基準とするものである。代表的な能力主義人事制度は図表2-29に示してあるように極めて多岐にわたる。「能力主義人事制度は企業主導で導入されるものであるが、制度の実際の運用は、従業員がどの程度関与するかによって制度の内容は異なる。従業員次第である制度、従業員が幾ら努力しても企

業が動かなければ効果のない制度など、いろいろある。この図表はそれぞれの制度を活用するにあたって、従業員側のイニシアチブがどの程度反映されているかにより整理している。図表から指摘できることは、①能力主義人事制度にはかなり以前から存在している施策が含まれている、②近年開発され、そして広まった制度もかなりみられ、最近における能力主義への動きを示している、③能力主義人事制度の導入率は概して高く、多くの企業は基本的には能力主義の推進に熱心である、ことである。」〔笹島、2000：pp48－51〕

職能資格制度を導入している企業の基本給はおおよそ次のような仕組みになっている。基本給は「年齢のほかに、入社年次や勤続年数なども考慮されて決められる年齢給」と「職務遂行能力の習得度や習熟度が査定される職能給」で構成される。この年齢給と職能給によって、毎年、定期昇給が行われる。職能給は職能資格制度の資格等級で決まり、年齢給や勤続給といった属人給に対して職務遂行能力に支給される仕事給（同一労働・同一賃金の原則に忠実な給与）と位置づけられている。職能資格制度における職務遂行能力は、年功（勤続年数による経験）を積み重ねるうちに習得され、習熟していくという前提の下に制度設計されているので、資格等級（職能給）も年功

図表2-29　主要な能力主義人事制度

| 処遇の内容 | 従業員側のイニシアチブの程度 | |
|---|---|---|
|  | 大きい | 小さい |
| 賃金 | 資格手当（技能手当）<br>歩合給・業績給<br>報奨制度 | 職能給<br>年俸制<br>ポイント制退職金<br>複数賃率表<br>段階号俸表 |
| 昇進・昇格・配置 | 自己申告制度<br>コース別人事管理<br>人材公募制度<br>勤務地限定制度 | 職能資格制度<br>管理職任期制<br>抜擢制度<br>昇格試験制度<br>専門職制度 |
| 人事評価 | 目標管理<br>加点主義人事評価<br>自己評価制度 | 人事評価公開<br>多面評価<br>評価面接制度 |
| 労働時間 | 裁量労働制度 | 拘束労働制度 |
| 能力開発 | 自己啓発助成 | 企業主導研修制度<br>海外留学制度 |

出所：笹島、2000：pp50（一部加筆）

によって上がっていく。職能資格制度の設計は能力主義だが、実際の運用は年功主義で、賃金カーブのパターンは縦軸を基本給、横軸を資格等級にすると、凸線型、凹線型、直線型、S字線型のどれかが採用されている。なお、昇格や昇給の際には、能力考課、情意考課、成績考課の三方向から人事考課が行われるが、制度設計のベースが年功にあるため、同じ資格等級内ではほとんど基本給に格差は生じない。

現在、1,000人以上の規模の企業では8割以上に職能資格制度が定着している。これは個々の従業員の**"能力"** を評価して、能力の段階に応じて従業員の資格を定める制度である。成果主義が導入され始める1990年代までの、日本企業における人事制度の根幹を成すパラダイムであり、現在も本流をなすものである。それは、"従業員の能力を処遇基準とする" "配置転換を行っても本人の能力は変わらない" "ライン役職者として処遇できないものでもライン役職者と同一の資格を与えることができる" "昇格を目指した能力開発の動機づけとなる"〔笹島、2000：pp 9 - 10〕ことから普及した。

> 職能資格制度でいう「能力」とは、仕事を成し遂げるために必要とされる能力（職務遂行能力）のことである。つまり、職能資格制度は、社員それぞれの職務遂行能力を人事考課（査定）し、その能力を何段階かの資格等級に序列化することによって人事管理していくものである。人事処遇（昇給、昇格）には必ず一般職、指導職、管理職の各々に、「等級」が「職能」「資格」に対応するよう、等級制度が設けられている。年齢等級であれば、一定年齢に達すると上位の等級に昇格する。等級ごと、資格ごとに、職務遂行能力（職能）に関する要件が定められ、この要件を満たせば、原則として昇格することになる。職務遂行能力は一般的に、業務知識、専門知識、技能、技術、理解力、判断力、決断力、表現力、折衝力、企画力、指導力、管理力等とされている。

年功序列型人事制度、職能資格の能力主義型人事制度といった従来の日本における人事諸制度は、処遇の差のつけ方には違いがあるものの、基本的理念として「人の和」を最も重視したものである。会社は、「従業員の生活保障」に責任を持つことの代償として、従業員に会社への「滅私奉公」「忠誠心」を求めた。こうした人事制度の中で、「個性の組織内への埋没」「組織へのぶらさがり社員の増加」等の問題が起きる一方、「共有する理念や価値観に基づく一体感」が醸成され、日本的経営といわれる中で、改善活動や小集団活動などの優れた活動が企業の大きな国際競争力となった。

日本経済はバブル崩壊後、長期低迷期に突入し、規制緩和、グローバル競争、スピード経営、外資系進出等の環境の激変により人事制度改革の時代を迎えている。経営環境が激しく変化する中において、従来の人事パラダイムの限界が

叫ばれるとともに、個人の仕事に対する価値観、ライフスタイルも大きく変わってきた。このような時代背景においてハイパフォーマー、ローパフォーマーの区別による総額人件費の適正配分、適正人員と適正人件費コストの維持、さらにはフロー型人材の活用による人件費の変動費化を進め、成果重視の人事制度を導入することで、世界一と言われている日本の賃金水準を引き下げることが必要となった。

この要請に応えるものが成果主義人事制度である。この制度においては、ミッションを遂行した結果としての個人の成果の質及び量を評価し、企業や部門、担当業務への付加価値貢献度に応じ、処遇が決定される。一方、個人にとっては、成果に対する評価、報酬が年功主義ベースでなくなることにより、不公平感の解消、若手社員のやる気高揚等が期待された。

平成不況脱出には産業規制の緩和が叫ばれ、国の政策も産業保護から競争促進へと変わった。また、大量生産から多品種少量生産に儲けのしくみも大きく変わる経営環境のなかで、年齢や年功を中心に行われてきた一括賃金マネジメント処遇システムは限界につきあたり、成果を評価軸にした個別賃金マネジメントシステムへの移行が始まり、職能資格制度の改革が始まったのである。

職能資格制度の問題点は"職能資格・昇格基準が抽象的で年功主義的運用""資格と担当職務内容とのギャップ""能力・業績の判定・評価制度の客観性・合理性の欠如""能力・業績を反映しない賃金""高資格保有従業員の増加で人件費負担増"等が指摘されている〔笹島、2000：pp10－11〕。能力主義型人事制度とはいうものの、職能資格制度の中核となる職能資格基準が抽象的であったため、年功型人事の既得権を御破算にできず、等級と担当職務がアンバランスであった。しかも、企業が降格・降給を現実的に実施不可能であったので、制度の運用が結果として年功型になってしまったのである。

## Ⅱ　現状における人事制度改革の意義

**人事制度の改革は、1992年から本格的に始まった**といってよいであろう。1970年代のオイルショックや1980年代の円高不況のときにも、人件費や人員の削減の対象とされたのはブルーカラーであったのに、1992年以降、人件費削減の対象にされたのはホワイトカラー、なかでも高賃金の中高年管理職層で、人事制度改革としてはめずらしいことだった。労働生産性、付加価値生産性が低いの

は管理職層のすべてではないにもかかわらず、一定年齢を定めた管理職定年制の導入など、制度の設計・運用が総じて一括集団管理で、制度の導入もその場しのぎだったのである。これでは管理者層の納得が得られなかったのも当然である。

  当時の人事制度改革のキーワードは「新卒採用・中途採用の抑制・停止」「残業規制」「休日・休暇の増加策」「役員報酬のカット」「管理職・一般社員の賃金カット」「諸手当の抑制・停止」「定期昇給の抑制・停止」「ベースアップの抑制・停止」「配置転換」「出向・転籍」「一時帰休」「役職定年制」「管理職定年制」「選択定年制」「転職支援制度」「早期退職者優遇制度」「希望退職者の募集」「解雇」などであった。賃金制度については「能力給」「職能給」「同一職能同一賃金」「職務給」「同一職務同一賃金」「職種給」「能率給」「役割給」「業績給」「成果給」「職位成果給」「年俸制」「日本型年俸制」「基本年俸」「業績年俸」「業績賞与」「割増退職金」「加算退職金」などといったものである。

　これに続く人事制度の改革へのアプローチは各社各様である。例えば、資格等級別の滞留年数の見直しや制度の能力主義的運用の貫徹、職能給に役割給・職務給の考え方の取り込み等、仕事内容を反映させる試みであったが、成果の捉え方については、大きく「付加価値貢献度」と「目標達成度」の2つに大別できる。

　第1の付加価値貢献度については、社員各自が自分の**人件費に相当する付加価値と売上高**を生み出しているのかどうかである。高度成長期には、このような人件費マネジメントが、厳格に企業経営に反映されていなかった。経済が低成長期に入り、市場は成熟して売上が伸び悩み、さらに深刻な不況で売上が減少すると付加価値も減少する。そこで、人件費の変動費化の必要性が叫ばれ、また、2002年度の春闘は「**定昇維持・ベアゼロ**」の基調で労使が合意し、昇給神話も崩壊の兆しをみせてきた。こうした経営環境にあって、減量経営を続けながら高付加価値創造の経営の仕組みづくりをどうつくるかが大きな企業テーマになっている。賃金原資が伸び悩むなかで、一定枠の賃金原資をいかに公正に社員個々人に配分するかという個別賃金マネジメントが注目されている。年功主義や能力主義に代わって、付加価値が人件費の原資であることから付加価値貢献度を成果のベースに置く成果主義が導入されてきた。

  通常、基準内賃金を「1」とした場合、賞与、付加給付を合わせた年間の人件費は「1.5～2.0」である。基準内賃金が600万円のサラリーマンの場合、人件費は年間900

～1,200万円になる。成果主義人事制度においては、企業として総額人件費がどれだけ必要か、それに相当する付加価値をどう生み出していくかについて会社と社員の間に共通の認識があることが前提条件である。付加価値から人件費に分配される割合（労働分配率）を40％、売上高に占める付加価値の割合（付加価値率）を50％、付加給付を含めた人件費を年間1,000万円と仮定すると、付加価値は2,500万円「人件費（1,000）÷労働分配率（0.4）」必要になり、売上高は5,000万円「付加価値（2,500）÷付加価値率（0.5）」が必要である。

　定昇（定期昇給）は従業員の年齢が1歳上がるのに伴う昇給で、賃金カーブに基づき自動的に計算されるものであるのに対して、ベア（ベースアップ）は労使の交渉により給与全体（賃金カーブ）の水準を底上げするものである。長引く不況と失業増のもとで、春闘相場を事実上決める自動車・電気など4業種が2002年度に「定昇維持・ベアゼロ」で合意した。業績悪化の企業では賃金原資が縮小しているので、ベアゼロは経営サイドからは当然であるし、年功序列賃金体系が崩れ始めた現在、定昇すらその意味は薄れてくる。従来の平均賃金による集団的賃金上げ率決定方式の存在意義は問い質されざるを得ない。

　第2の目標達成度については、目標管理制度による成果の把握である。この制度は目標達成のプロセスや達成度などを「成果」とするのが一般的であったからである。従業員1人ひとりが上司と面接・相談して、自らの仕事目標を設定し、目標の達成に向けて自分の仕事を管理していくシステムで、具体的には「目標チャレンジシートの記入⇒上司と面談して仕事目標の自主設定⇒半期が終えた時点で再度、上司と面談して仕事目標の進捗状況の適否、目標の修正や変更など、上司から指示やアドバイスを受ける⇒期末に目標達成度や達成までのプロセス評価」で、成果に対する評価がなされ、単年度単位の目標管理を完結するのが一般的なプロセスである。

　賃金原資が一定であれば、ある従業員が他よりもより多くの賃金を獲得するためには、より高い成果責任を達成しなければならない。成果をめぐる競争原理として「仕事目標の設定⇒達成⇒高い評価⇒社員価値の向上⇒社員満足⇒自己実現⇒個人の成長⇒一段とレベルアップした仕事目標の設定」という好循環が、個人としての生きがいや働きがいになり、ひいてはモラールやモチベーションが高まり、企業収益にもつながると考えられてきた。

　今日、多くの企業において成果主義的人事制度が導入されているが、企業が意図した人件費抑制は達成されているものの、従業員の多くは、自己の処遇に対する不満や将来への不安などから企業に対する信頼性を低下させるととも

に、自己の成果を意識するあまり、組織成果の軽視や共同体意識の希薄化いうマイナス面が顕在化しつつ、様々な問題点を発生させている。例えば、各社各様の人事制度改革については、環境変化対応型の人材育成といったレベルまで達しておらず、成長経済時代における賃金制度の見直しが主なテーマになっている。しかも、賃金制度に成果主義を反映させる際には、「経営環境の質的な構造変化」や「人事制度改革の理念」の経営幹部からの説得が必要不可欠の要件であるにもかかわらず、高度成長経済の時代に肥大化したホワイトカラー、とくに中高年管理職層の人件費を圧縮するために、年俸制などの成果主義型賃金制度を唐突に導入している傾向が強い。

　現在、サービス経済やソフト経済が進展し、デジタル経済やネットワーク経済の時代となっている。こうした時代潮流を受けて、かつてのような重厚長大の装置産業から、情報通信サービス等のサービス産業へと、産業構造も就業人口構成も大きく変化している。売上高よりも収益率（利益率）の重要性が叫ばれ、この収益率の高さが競争優位の経営を実現するので、高付加価値創造の経営がクローズアップされている。競争社会への対応のなかで、また、企業の収益力が衰えていく過程で、伸び悩む賃金原資をどう公正に社員に配分するかといった観点から、仕事の結果が問われる成果主義型賃金制度が導入されるに及んで、社員の意識にも少しずつ変化が生じてきたのである。市場では競争原理が支配するのと同じように、企業内部へも競争原理が反映されるといった意識変化である。

　付加価値の高い製品やサービスを開発するには、創造性や専門性、革新性、チャレンジ精神やベンチャースピリットに富んだ人材、異能異才の人材が必要不可欠である。横並びが重んじられたこれまでの企業社会においては、異能異才といった人材は異端として扱われ、敬遠されたが、このような人材をいかに育成するか、確保するか、ヘッドハンティングするかといったことが人事のテーマになり、こうした人材に対してどのような賃金制度を設けたらよいかといったことが人事の課題となってきた。労働市場における市場価値、転職可能性、付加価値創造性が重視されるようになって、従業員は勤務先の企業だけに通用するゼネラリストから、より高い専門知識や専門技術を身につけたスペシャリストへ、さらに国内外の労働市場でも需要のあるプロフェッショナルになることを理想とするようになってきた。

こうした人材に対する成果主義人事マネジメント手法は成長経済時代のような集団一括管理ではなく、個人の能力や成果に応じて格差を設けた賃金を支払うことを目的に行われる従業員１人ひとりを対象とした個別管理である。それは、企業収益への貢献度（成果）を指標として、生き方や働き方、賃金や福利厚生に成果を反映させるものである。企業収益と自分の職務の役割や責務をつねにセルフマネジメントしておくことによって、環境変化対応型の人材が育成されるとするものである。

　成果主義型賃金制度は、年功や能力でなく仕事の結果に対して賃金が支払われる。会社業績にどれだけ貢献したかという個人業績（成果）を人事考課の対象とする。したがって、個人業績が上がらなければ賃金は下がる。賃金は毎年上昇するという昇給神話の崩壊である。会社業績が落ち込み、今後も急回復は望めない状況の中で賃金だけが上がり続けられるわけがない。成果主義型賃金制度の下で脱落し、退社していく従業員がいることが重要で、この制度の考え方が次第に従業員に理解されていけば、社内に緊張感や競争関係が生まれ、企業全体が活性化していくことになる。

　企業がゴーイングコンサーンである限り、これまでの職能資格制度のもとでの成果主義型人事制度の導入であるので、最低限の「等級制度」「資格制度」「職能制度」が必要であるのはいうまでもない。現在、成果主義型人事制度を導入している企業は、等級制度については**職能資格等級や職務等級**が使われている。この場合の成果主義の等級制度は、社内における上下、優劣の序列をつけるのが目的ではなく、成果責任の大きさを示す指標として設計・運用されることになる。

　　職能資格等級は、職能資格制度に基づく職能要件書または職能基準書で決められた職務遂行能力（社員が保有する能力）ごとのランクである。たとえば、一般職、準総合職、総合職といった「職種」に対応して、初級職、中級職、上級職、主事、参事、参与といった「資格」が設けられる場合も多い。それぞれの資格に１級、２級、３級などの「等級」がある仕組みである。

　資格制度については、図表２-30に示した**ブロードバンディング**を採用し、基本給部分にはさほど成果責任達成度を反映させずに、賞与にウェイトを置いて、成果責任達成度に応じて支給月数を増減させていく**目標管理評価制度**が導入されている。企業によっては評価者をラインの上司たちばかりではなく、他

## 図表2-30　ブロードバンド

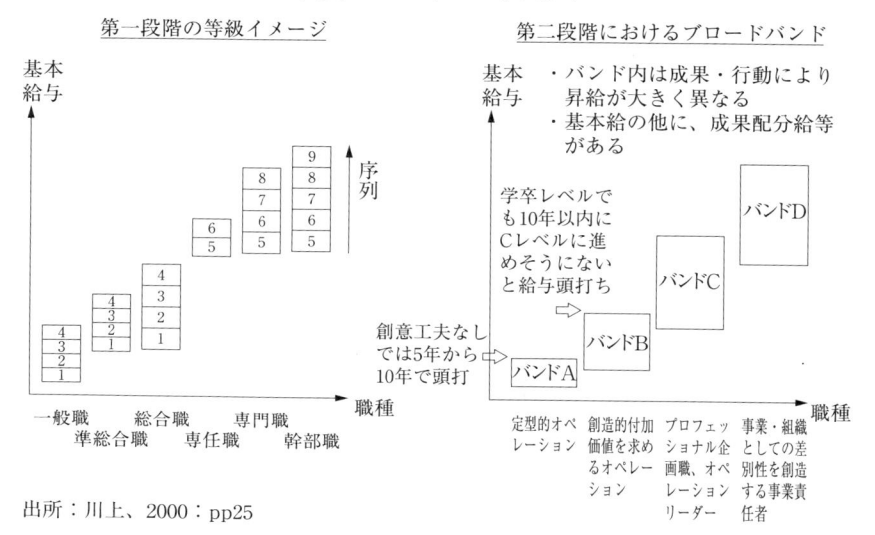

**第一段階の等級イメージ**

(基本給与／職種別の階段状の等級図：一般職、準総合職、総合職、専任職、専門職、幹部職)

**第二段階におけるブロードバンド**

・バンド内は成果・行動により昇給が大きく異なる
・基本給の他に、成果配分給等がある

学卒レベルでも10年以内にCレベルに進めそうにないと給与頭打ち

創意工夫なしでは5年から10年で頭打

バンドA：定型的オペレーション
バンドB：創造的付加価値を求めるオペレーション
バンドC：プロフェッショナル企画職、オペレーションリーダー
バンドD：事業・組織としての差別性を創造する事業責任者

出所：川上、2000：pp25

の組織の上司や部下も含めた**多面評価（360度評価）**を採用しているところもある。組織をスリム化・フラット化し、可能な限り少数精鋭型にするため、プロジェクトチーム制にすることが先達企業で考えられている。プロジェクトチーム制の賃金制度としては、チームの成果責任達成度を基準に、各メンバーのチーム貢献度に応じてチーム報酬を再配分するといった試みである。

　　処遇制度の基本は、昇格と昇給である。等級が上がることが「昇格」、同一等級内における基本給の上昇が「昇給」、昇格による基本給の上昇が「昇格昇給」である。昇給については、それぞれの等級ごとに、基本給に対する上限と下限のレンジを設け、そのレンジのなかで成果責任達成度に応じて昇給幅が決定されるという仕組みを導入する企業が増えている。これがブロードバンディングと呼ばれる、総額人件費をコントロールする方法の１つである。この方法では、基本給レンジの上限にいくほど、昇給幅が小さくなるように設計されている。さらに成果責任達成度が極端に低いときには、昇給ゼロのケースもあるという制度設計である。上限を超える基本給を得るには、次の等級に昇格しなければならない。

　　目標管理評価制度を導入している企業では、社員の仕事目標が上司との面接を通じて設定され、その目標の達成度や達成するまでのプロセスを成果責任達成度とし、それを評価対象にラインの上司による多段階評価が行われることになっている。評価の

結果については被評価者にフィードバックされることにもなっている。

THE 360-DEGREE ASSESSMENT : As a final step in this thorough, balanced approach to performance management, a growing number of organizations are creating what are commonly known as 360-degree assessment processes, in which input is gained from a variety of key people. These frequently include not only supervisors, but peers, subordinates, the employees themselves, and internal and external customers who might include people in other departments, suppliers, and contractors. In short, anyone who has a stake in or is impacted by that person's performance may be involved in the process.While such processes have the potential to provide highly accurate measures of development and performance, 360-degree assessment requires more than simply garning opinions from a few additional people. Like the rest of the performance management process, any assessment tool should measure the development of critical core competencies rather than focus on the skill and knowledge that a person has to acquire. Competencies provide the best platform for the 360-degree assessment because they are research-based, are proven to impact performance, and are behaviorally anchored. To be effective, however, these competencies must be clearly stated and understood by those involved in the evaluation. [ Flannery, T. & Plantten, P., 1996 : pp 217].

The 360-degree appraisal also can play a major role in helping the organization change its culture. Shifting to this more democratic approach sends out a very strong message to employees : They are now integral players on a much bigger team. And their effort-their performance-is critical to the success of that team. No longer can they view themselves purely as individuals, accountable only to themselves and to their supervisors. Everyone, including their peers, has a vested interest in how well they do, and ultimately a voice in judging how well they are performing.Ultimately, the 360-degree evaluation provides the people-to-people leverage that is not found in traditional performance management processes. Organizations that have implemented 360-degree assessments find that people-employees and managers become not only more productive, but also a little nicer. They are more caring, cooperative, and ultimately, more trusting. After all, they now live in the same "universe of consequence," where mutual accountability is critical to the success of the organization and everyone in it. [ Flannery,T. & Plantten, P., 1996 : pp 219]

終身雇用や年功序列賃金制度は企業と社員の関係が運命共同体であり、労使一体の相互依存関係である。従業員に対して可能な限り雇用を保障し、福利厚生などのサービスも提供する。その代償として従業員には会社に対して忠誠心を要求するという、個人の生きがいや働きがいについても丸抱えしてしまう発想に対して、成果主義人事制度は自己実現による個人の成長を会社の成長に連動させようとする発想である。この場合、企業は個人の成長を支援することによって、企業収益を獲得することになるので、「依存から自立へ」「他律から自

律へ」「終身雇用契約から新たな契約の概念による自由と自己責任へ」「結果平等から機会平等へ」と人事制度の内容が変革し、企業と個人は成果主義をベースにしたビジネスパートナーシップの関係となる。

　現行の労働基準法には、賃金および労働時間その他の労働条件についての企業の義務（従業員の権利）に関する規定は定められているが、その逆の規定はほとんどない。企業は従業員の労務提供の代償として賃金、福利厚生、その費用を負担しなければならないが、従業員が企業に対して負うべき義務の規定はない。とはいうものの、従業員は企業から提供された賃金その他の受益に応えて、仕事の結果（成果）を出さなければならない。これは従業員の義務であり、企業の権利である。

　成果に応じて賃金が決定されることについて明文化されたものはないが、権利と義務、受益と負担はコインの表裏のようになっており、これらが1つになって契約が成立する。企業と個人の間に新たな契約の概念を導入することによって、成果主義による企業と個人のビジネスパートナーシップが成立することになる。この成果責任をめぐる企業と個人の新たな関係の基盤が、自由と自己責任の原則であり、機会平等の原則である。個人に成果（企業業績貢献度）責任を問う以上、働き方には複数の選択肢を設けて自由にし、成果に相応する賃金の支払いについて企業責任とするという考え方である。

　**様々な問題点を内在化している目標管理制度**も、従業員の仕事目標の難易度や達成度、ないしは達成までのプロセスを成果として算定・評価し、それに応じて賃金を支払うという新しい契約の概念に基づく成果主義型賃金制度で設計・運用されてはじめて効果を発揮するものであるといいたい。

　人事制度に契約の概念が導入されると採用制度も、従業員を雇って仕事を与えるといったことから、まず仕事があって、その仕事のために従業員を採用することにならざるを得ない。従業員の成果義務を優先させた採用制度で、仕事に必要な人材を、必要なときに、必要な人数だけ採用する。これが、現在、契約社員やアウトソーシングの多用を促しているのである。

　　　武田薬品は1996年に目標管理制度を導入したが、さまざまな問題点が発生し、結果的に失敗した。①目標の難易度を合わせるのが困難である。能力の高い人ほど高い目標を立て、評価が低くなりかねないので、賃金などに結びつけると不公平になる。職能資格は年功なので、職能資格の高い人は難しい仕事をしているとは限らないし、能

## 章2章　成果主義の本来のあり方

力が高いとは限らない。職能資格で処遇をすると、若くて、能力が高くて、難しい仕事をしている人は高い目標を立てるが、上の方の人、能力も仕事の内容もそれほどでもない人は低い目標を立てる。要は達成可能な目標しか書かない。日本の目標管理制度の中では達成不可能な目標を書く人は変わり者と見られやすい。②全員が達成可能な目標を立てるため、風土が保守的にならないようチャレンジ目標を設定するがうまくいかない。能力の低い人のチャレンジはほかの人から見ると全くチャレンジではない。③目標と言われると学生時代を連想し、自己啓発の目標を中心に考えてしまう。④社員の大部分が目標を達成しているのに、会社の業績は上がらない。全員が目標を達成しても赤字の会社もある。そのくらい日本の人事制度では目標管理はなじみが悪いのである。1993年当時、当社の場合は業績沈滞にもかかわらずこうなっていた。⑤評価の際に「どれだけ頑張ったか」を評価しがちで、成果があがっていなくても努力を評価してしまう。〔坂口、2002：pp338-339〕

WEAKNESSES : MBO presents several potential problems, fives of which we discuss here. First, although it focuses an employee's attention on goals, it does not specify the behaviors required to reach them. This may be a problem for some employees,especially new ones, who may require more guidance. Such employees should be provided with "action steps," specifying what they need to do succesfully reach their goals. Second, MBO also tends to focus on short-term goals-goals that can be measured by year's end. As a result, workers may be tempted to achieve short-term goals at the expense of long-term ones. Third, the successful achievement of MBO goals may be partly a function of factors outside the worker's control. Should individuals be held responsible for outcomes influenced by such outside factors? While some HRM experts would say "yes" because winning is ultimately the responsibility of the manager, others would disagree. The dissenters would claim that the team's poor showing is not indicative of poor management and, therefore, the manager should not be penalized. Fourth, performance standards vary from employee to employee and, thus, MBO provides no common basis for comparison.For instance, the goals set for an "average" employee may be less challenging than those set for a "superior"employee. How can the two be compared? Because of this problem, the instrument's usefulness as a decision-making tool is limited. Fifth, MBO systems often fail to gain user acceptance. Managers often dislike the amount of paperwork they require and may also be concerned that employee participation in goal setting robs them of their authority. Managers who feel this way may not properly follow the procedures. Moreover, employees often dislike the performance pressures it places on them and the stress that it creates.〔Kleiman,L., 1997：pp 234〕

## Ⅲ 間違った成果主義人事制度

### 1 識者の指摘する問題点

　日本能率協会が2001年7月に実施した"従業員・人事担当者・専門家84名の意見アンケート調査"が成果主義の現状の問題点と今後の方向性を示している〔『人材教育』編集部、2001：pp35－39〕。これによると、従業員が指摘した成果主義に対する問題点は、「評価の公平性・透明性に疑問が残る」「長期的な視点でのチャレンジ精神を阻害する」という2つの意見に集約できる。人事担当者の指摘する問題点としては「報酬全体に対する成果反映の程度（割合）の低さ」「個人目標の抵下」、「（会社都合の）人事異動」「個人の成果のみの（極端な）重視」などである。専門家による問題指摘としては、「経営戦略と成果主義が連動してなく、企業が期待する成果が財務とも連動してないという、報酬と成果との定量的な裏づけが不明確」「個人のキャリア形成につながらない成果主義はコア人材の流出になる」という指摘である。要するに、「成果主義は個人の自立を基本にするのに、個人論理でなく組織論理が前面に出すぎている」との意見である。各種人事施策は、当然のことながら、企業が目的遂行のために主導権を握って実施するものであるが、企業の理由、悪く言えば企業の都合のみにより実施されるケースが多々あるとの専門家の意見である。

　アンケート以外の専門家の意見を参考に取り上げてみると、河合〔2001：pp13－16〕は「哲学なき成果主義を導入し、失敗に終っている会社は、その取り組み姿勢に**"制度信仰主義型""コピー型""目的勘違い型""低い志型""逃げ腰型"の5つのパターン**がみられる」と指摘、成果主義が根づく企業には「哲学、トップのコミットメント、リーダー起用・交代の仕組みがあり、導入プロセスのポイントは"上から変える""コミュニケーションを戦略として位置づける"ことである」という。

　　①「制度信仰主義型」は制度を変えることが大切であって、制度さえ変えれば格好がつき、なんとかなると考えている会社、②「コピー型」は有名企業、大企業で導入して報道された制度を、そのまま、あるいは"うちにあった形に"というエクスキューズをつけて真似る会社、③「目的勘違い型」は成果主義とは報酬に格差をつけることであり、それが全てであると考えている会社、④「低い志型」は成果主義ブームを人件費削減の絶好の機会と判断して、建前とは裏腹の目的で成果主義を導入している会社、⑤「逃げ腰型」は中間管理者層をターゲットにした成果主義導入や中高年層の

第2章　成果主義の本来のあり方

リストラなど、やりやすいところだけ手をつけ、無能な役員の排除等は避けていく会社。

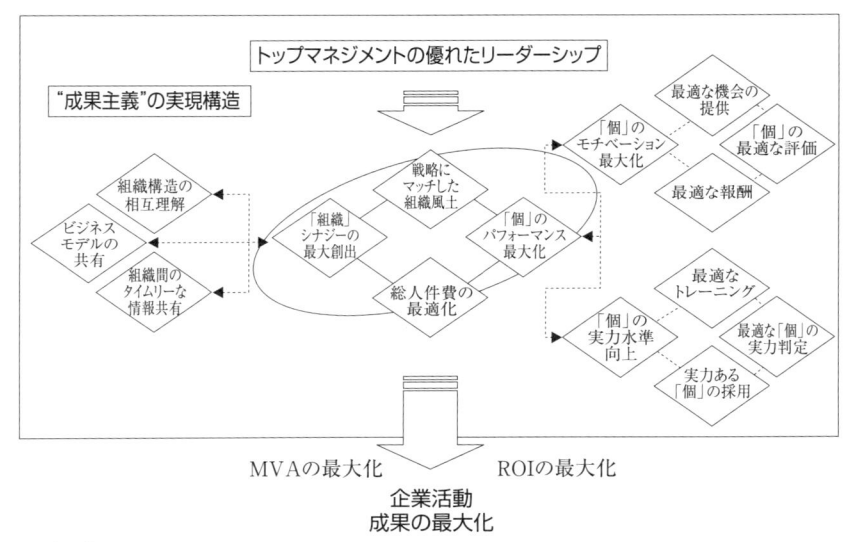

図表2-31　成果主義の実現構造

```
"成果主義"の実現構造
        トップマネジメントの優れたリーダーシップ
                    ↓
    組織構造の                        最適な機会の
    相互理解                           提供
                    「個」の
  ビジネス           モチベーション      「個」の
  モデルの          最大化             最適な評価
  共有    戦略に
         マッチした     最適な報酬
  組織間の 組織風土
  タイムリーな 「組織」   「個」の
  情報共有  シナジーの  パフォーマンス    最適な
         最大創出   最大化           トレーニング
         総人件費の                 最適な「個」の
         最適化     「個」の           実力判定
                  実力水準
                  向上    実力ある
                        「個」の採用
                    ↓
    MVAの最大化        ROIの最大化
          企業活動
          成果の最大化
```

出所：柴田、2002：pp4

　柴田〔2002：pp8-20〕は成果主義の実現構造（図表2-31）を提示し、MVA（Maket value added）とROI（Return on investment）の最大化のための視点として、「①経営戦略実行のための人事戦略（人事戦略は自社のビジネスモデルを強化するものでなければならない）、②トップマネジメントのコミットメント（トップの迷いは成果主義を実現しないばかりか混乱を招く）、③成果風土にマッチする組織風土（組織風土改革のための行動改革プログラムを意図的に実施せよ）、④効果的なインセンティブ（成果応報性を確保せよ）、⑤給与以外の制度との整合性（人事制度を総合的に整合させよ）」の5点を強調する。

## 2　現状の問題点とその分析

　専門家に指摘されるまでもなく、企業という場の中で、一定の成果をあげその見返りを享受する個人が、企業が提唱する成果主義方針あるいは、人事施策をどのように受け止め、活用し、満足・魅力を感じているのかが、個人論理に

基づく成果主義人事ということを考える際のスタートポイントである。

　この視点から認識できる成果主義の問題点は"目標設定・評価の側面"である。目標設定は「経営ビジョン⇒経営戦略⇒経営計画⇒日常業務⇒経営管理」への順になり、この一連の経営活動が好循環することによって企業利益がもたらされ、企業の存続や雇用の安定が確保できるという仕組みの確立のためのものでなければならない。このため、目標管理制度は、この経営サイクルを従業員1人ひとりがみずから管理していく設計になっている。目標管理制度はまた、目標管理評価制度とも呼ばれるように、従業員1人ひとりが設定した仕事目標の管理とその結果に対し、いかに公正かつ納得性のある評価が下せるかという制度である。つまり、目標管理制度のキーポイントは、評価制度の設計・運用の公正さと納得性である。

　このように、業務目標の設定、アウトプット、プロセス等の評価・フィードバックが一体として機能しなければ本来の成果主義は成り立たない。なぜならば、成果主義のすべてが、個人の昇格・昇進・昇給・キャリアアップ等に大きな影響を与え、充足感、働きがい感、納得感の醸成に関係するからである。ところが、目標設定において、企業のビジョン、組織目標との連動が曖昧になっており、個人或いは組織の成果の積み重ねが企業全体の成果に集約されないのが多くの企業の実態である。また、個人にとっても組織構成員であるがゆえに部分最適を求めセクショナリズムに陥り、組織・企業目標への共同参画意識の高揚を図ることが困難となっているのも問題である。

　そもそも目標設定理論と目標管理のリンキングが曖昧であることから、個人が評価してほしい面と会社が評価する面のギャップが生じ、従業員側の不公平感・不信感・納得性の欠如を助長し、成果に関して非現実的な期待の実現者として従業員が"The Culprits"になりがちである〔Robbins、1997：pp63－64〕。また顧客ニーズの多様化に伴いプロジェクトチームのメンバーの一員となることが多いが、評定権者である上司から離れて業務を遂行せざるを得ない従業員にとって、正当に納得いく評価が得られないという不信感も問題である。

　目標設定及び評価基準の曖昧さに加えて、さらに企業の都合による相対評価を組み込むことにより、その妥当性・納得性はますます揺らいでいる。組織評価と個人評価の関連が明確に出来ない以上、評価分布は相対評価にすることが企業管理のニーズに一致したものとなる。そこで、従業員側からすれば、相対

評価の実施は成果主義が名ばかりであるとの受け取り方にならざるを得ない。また、部門間に評価の甘辛があり、業績の良し悪しの判断基準に曖昧さがあれば、従業員は評価が甘く、業績の良い部門への異動希望が増え、全体最適を前提とした人員配置は言葉だけのものとなってくる。

　日常業務における仕事目標を管理しながら成果を上げるということは、日常業務の遂行の過程で生ずる問題点を解決するということである。問題が解決できれば、おのずと成果は上がる。問題点を解決するには、常に問題意識をもって問題点の所在を発見できなければならない。要するに、成果主義型賃金制度の評価は"問題意識⇒問題発見能力⇒問題解決能力"を重視するものでなくてはならない。ところが、実際には、問題があるのかないのかすら関心がなく、ひたすら定型化された日常業務に埋没している従業員が多いのである。管理職も一般社員も日常業務に追われて、自らの仕事を客観化して、"問題解決"の視点から見直すといった作業を行っていない。この状態では成果は上がらないし、事なかれ主義が横行することになるし、チャレンジ精神が欠如することになる。

　組織の中の人間のモチベーションを考察するときに、もっとも統合的なモデルと言われるL.W.ポーターとE.E.ローラーの期待理論（The Expectancy Theory）では、従業員がどの程度業績をあげられるかは、個人の「能力・資質」と「努力の方向付け（役割知覚）」の2つの要因に依存するとされる。業績をあげれば、その水準に従って、報酬が生まれると期待できる。これらの期待は、「努力→業績」と「業績→報酬」の2つの期待（**図表2-32**）に分けられるが、両方の期待を一括した「努力→報酬」は、"仕事の達成そのものから生じるやりがい、達成感、成長感などの内発的報酬（Valued Intrinsic Reward）"と"給与、賞与、昇進・昇給承認など組織の中のシステムや他者を介して手に入る外発的報酬（Valued Extrinsic Reward）"から構成される。得られた報酬に対する満足度は、報酬の絶対的な大きさだけでなく、"どの程度の水準がフェアで納得がいくものかという知覚""どのような役割を与えられているかという知覚"にも左右される。

　このモデルは日本でも妥当であることが検証されてきたが、いくつかの論点が指摘されている。

　その1の論点は、日本の従業員はどれだけの努力を投入するかを決めるの

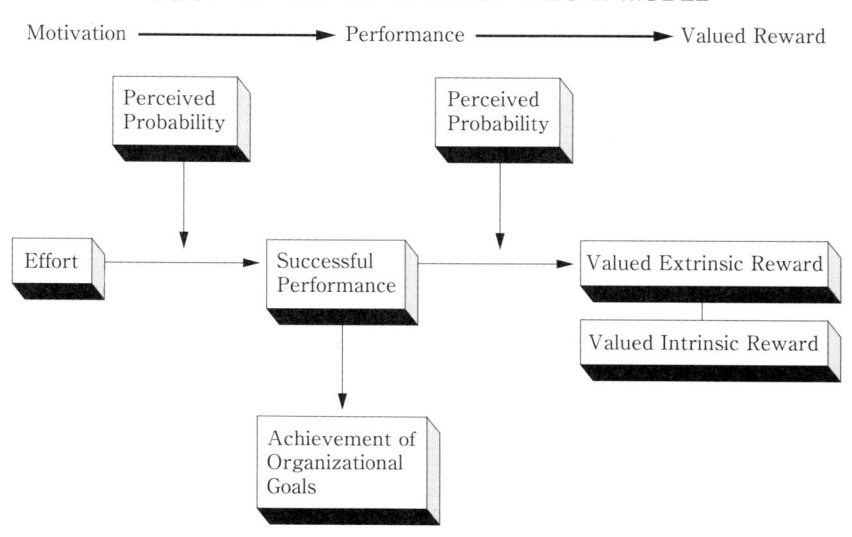

## 図表2-32　THE EXPECTANSY THEORY MODEL

Motivation ─────▶ Performance ─────▶ Valued Reward

Effort → Successful Performance → Valued Extrinsic Reward / Valued Intrinsic Reward

Successful Performance → Achievement of Organizational Goals

Perceived Probability（Effort → Successful Performance）
Perceived Probability（Successful Performance → Valued Reward）

出所：Kleiman, L., 1997：pp291

に、努力が報酬に至る時間幅を短期的に頑張るというのとは違った長期性を重視する価値観が働くというものである。また、このモデルは経済人モデル（経済的報酬によって行動は変わる）を想定したものであり、このモデルでは説明できない同一化メカニズムが日本では重視されている。サッカー選手を目指している少年はチームメンバーとフィールド練習に努力するが、この行動は必ずしも報酬への期待を計算しているものではない。これはチームが認める一流選手のようになりたいという同一化メカニズムによるモチベーションが働いているというものである。日本ではあらゆる分野で個人に差をつけない制度が良いとされており、これが集団（職場）活性化への原動力となり、従業員の集団帰属意識を生み、将来人生設計への安心感につながっていた。企業は長期雇用を前提とする終身・年功の日本的経営として長期にわたりギリギリまで従業員の評価処遇に差別をつけず、将来への期待感を持たせ続けることで、全員参加の集団的帰属意識を生み出し、それを梃子にして個々人のモチベーションの高揚を可能にしていたのである。

　その2の論点は、成果主義では個人の成果を評価するだけに止まらず、評価

の結果を本人に知らしめ、さらに育成、啓発していくことが求められるのに、終身雇用の処遇の過程では、従業員は自分の業務成果に対してどの程度企業が評価しているのかが明確にされず、従業員自らの自己評価とのギャップに苦しむことになったというものである。職能資格制度においても潜在能力重視であったので、能力の差を個人にフィードバックすることは難しかった。加えて、明らかに成果が劣る社員にもかかわらず、処遇の平等が人事の公平性といわれることで企業への不信感を増長させたのである。これらは成果に伴う魅力ある処遇格差には程遠い状態であったというほかない。

　そこで、成果主義を導入することになるが、間違った成果主義の第1は、結果主義との混同である。結果は成果の一部であり、その意味では結果主義も成果主義の一類型であるが、結果主義は、プロセスや、その過程での具体的な中間成果物などを基本的には無視して最終的な結果のみを評価の対象とするので、本来の成果主義とはいえない。たとえば、同じ業績でも、それが顧客満足度を満たしながら達成させたのか、それとも、顧客とは利害相反の中で得たものなのかは、結果主義では同じ評価であるが、成果主義においては両者は成果としての評価が大きく分かれる。

　結果主義の問題点は中間成果の軽視で、業績を第一優先にするので、短期成果志向になりがちである。成果を出すのに時間がかかる研究開発のような業務では短期成果志向では、従業員にとってはプロセス軽視になり、不満が残り、納得感・働きがい感を阻害することになるのは当然の帰結であろう。さらに、結果主義のもとで、従業員がやる気を持って新しいものにチャレンジして失敗した場合、目標未達成の評価になり、モチベーションは急激に低下する。その結果、従業員は自己防衛に走り、目標設定のレベルを低くすることになる。低い個人成果の積み重ねが低い組織成果をもたらし、企業の付加価値向上を阻害するという大きな問題を発生させることになる。

　間違った成果主義の第2はヒエラルキー組織階層の中での権限委譲が行われていないことである。従来の日本の人事管理制度においては、ヒエラルキー階層の中で成果を追求するのが最も効率的で、従業員1人ひとりが勝手な行動をとると、全体（組織）最適が実現できなくなると考えられていた。しかしながら、顧客ニーズが多様化している現在、必要な成果を引き出すためには、従業員個人の自由裁量権の範囲をできるだけ広げることが必須の条件となってく

る。あれをやってはいけない、これをやれといったように制限をしておいて、結果のみを要求しても本人の納得感は得られないからである。

間違った成果主義の第3は適材適所と人材育成を軽視していることである。成果が問われるのであれば、従業員は自らの働く場所を選択し、そこで能力を活かし、恒常的に高い成果を実現したいと希望する。ところが、間違った成果主義では、自らの能力が発揮しにくい場所で成果を問われるので、個人の業務に対するモラールは上がらない。また、成果主義は、その目的として、「会社ビジョンにあった成果志向の強い行動ができる人材の確保」にあるのに、現状では成果に対する評価の本人へのフィードバックが曖昧であり、この結果、どうすれば会社のビジョンに沿った成果が出せるのかの能力開発ができなくなっている。

このような問題点について、多くの先達企業では、改善を実施していることも事実である。たとえば、目標管理制度に"目標設定⇒評価⇒育成⇒フィードバック⇒フォロー"や"目標面接の仕組み"（図表2-33）などを取り入れ、客観性、公平性を保った成果主義の実現への一助としているケースも増えている。したがって、これら企業の事例を1つひとつ細かに分析することにより、それらの問題点への改善点を模索することはできるが、成果主義全体を有機的に結びつけた解には辿りつけないであろう。それは現状の根底に流れる成果主義の捉え方に、一義性、断片性、局所性があり、多くの施策が人件費の引き下げや変動費化を目的に実施されているからである。

このことは、言い換えれば、"企業"と"個人"の視点の求める方向性の食い違いが読み取れるということである。企業は、経営環境の激変、競争激化、

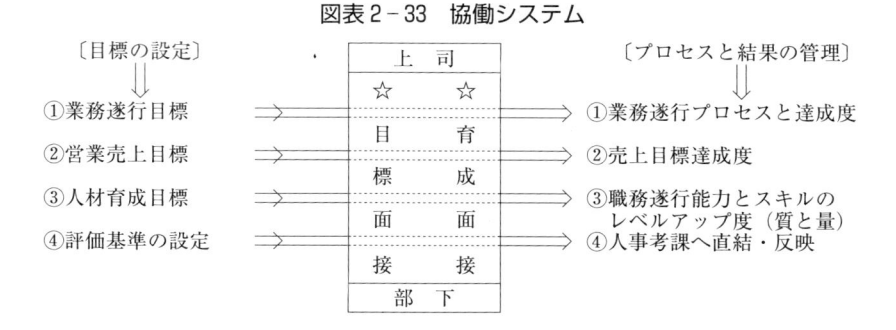

**図表2-33　協働システム**

〔目標の設定〕　　　　　　　　　　　　　　　　　　　　〔プロセスと結果の管理〕

　　　　　　　　　　　　上　司
　　　　　　　　　　☆　　　　☆
①業務遂行目標　　→　　　　　　　　　→①業務遂行プロセスと達成度
　　　　　　　　　　目　　　育
②営業売上目標　　→　　　　　　　　　→②売上目標達成度
　　　　　　　　　　標　　　成
③人材育成目標　　→　　　　　　　　　→③職務遂行能力とスキルの
　　　　　　　　　　面　　　面　　　　　　レベルアップ度（質と量）
④評価基準の設定　→　　　　　　　　　→④人事考課へ直結・反映
　　　　　　　　　　接　　　接
　　　　　　　　　　　　部　下

経営の変革ニーズで待ったなしの状況に現在追い込まれている。過去何年も続いてきた企業文化・経営体質・マネジメントスタイルの変革や人事施策の変革等を実現できないまま、優勝劣敗の二極構造の塀の上で劣敗の側に転げ落ちようとし、それを留めるために限られた資源の効率的配分（結果重視の成果主義）を個人に当てはめようとなり振り構わず必死に試みているのが現実であろう。

一方、個人においては、成果に応じた処遇自体には賛同を示すものの、成果主義を機能させる制度が未整備のままであるので、納得性に欠如し、憤懣やる方なく感じているのが現状である。企業も従業員も過去の成功体験が重くのしかかり、人事制度を抜本的に再構築することができないでいる。企業は生き残りのための環境変化への自発的適応を待っている時間的余裕もない現在、一番安易な方法として、企業の置かれている状況を個人へも理解させ、一方的に結果主義方針の徹底を促すこととなってしまったのである。

以上の考察から現状の問題点をまとめると、「成果主義の目的が曖昧なまま、あるいは偏った状態で、企業論理のみで、局所的、一義的に結果主義的色彩の強い施策を人事施策に組み込んでいる」「企業生き残りのために付加価値をもたらす人材とその人材を機能させる人事施策を明確にできないまま個人への処遇を結果主義の濃い成果主義で対応しようとしている」「企業によって異なる過去の成功・失敗体験に根ざした人事諸制度の中で、今後とも残しておくもの、変革するもの、排除するもの等の選別がなされないまま、成果主義人事制度を追加的に導入している」ということができる。

## Ⅳ 成果主義の本来のあり方

今まで述べてきたように、今日、日本企業で展開されている成果主義人事制度の多くは平均賃金の上昇が許されない企業環境の中での総人件費削減および賃金配分の適正化・公平性（高度経済成長下における年功的賃金体系が維持できなくなり、賃金の適正配分、すなわち個人の賃金格差の拡大）を追求するためのものであった。事業部制やカンパニー制を導入している企業においては、個人でなく事業部やカンパニーの収益に応じて異なる処遇体系を持つ企業も見られるが、これらは事業責任の明確化や意思決定の迅速化を目的としたものであり、人事戦略としての成果主義人事制度には繋がっていない。成果主義という言葉が企業内で語られる場合、「成果（結果）に見合った給与体系」のみに

焦点を当てたものにすぎない。本来、給与制度を含めた人事制度は長期的な経営戦略を達成するための人事戦略のひとつのシステム（ツール）であり、新たな給与体系を設計・導入する以前に、企業ビジョンとは何か、企業の事業領域や<u>コア・コンピタンス</u>をどこに求めるかという経営戦略を明確にし、そのバリューを共有化することが先決である。

> コア・コンピタンスはプラハラッド（Prahalad,C.K）とハメル（Hamel,G.）が提唱した概念で、企業の経営資源を組み合わせて、企業の独自性を生みだす競争優位性の源泉の1つである。要するに、組織における集合学習が産み出す能力であり、とくに多様な製造スキル・要素を組み合せる能力に注目した概念である。

「成果（結果）貢献度により報酬を決める」という局所的な成果主義の導入が、共同体意識を希薄化し、過度の個人主義化を引き起こした。さらに、日本的経営としばしば批判される共同体運営的企業風土の中で積み上げられてきた"共有する理念や価値観に基づく一体感"を失わせ、個々人の成果がシナジー効果を発揮して組織成果をもたらすことになっていないといった問題（会社全体の生産性を低下させてしまうマイナス効果：全体最適でなく部分最適の追求）が顕在化しているのである。さらに、現行の成果主義のあり方では、個人が自主的に働くことができる条件が欠如しており、「会社ビジョンにあった成果志向の強い行動ができる人材を育成する」ことにならないという問題をも抱えている。

したがって、成果主義の本来のあり方としては、単に「結果主義との混同の問題」「目標設定・評価における権限委譲の問題」「適材適所と人材育成の問題」といった現状における成果主義の事象的・表面的な問題点に対する解決に主眼をおくのではなく、個人が自主的に働くことができる条件を確保するとともに、日本的経営の強みである共同体意識を活用していくことで、企業成果を最大化する経営戦略と一体化した人事戦略の中で構築していかなければならないと考える。

1980年代において、海外から日本的経営の強さが注目を浴び、集団主義的行動様式や所属組織へのロイヤリティをベースとしたチームワーク重視の人事制度や長期的人材育成、QCサークル運動や品質保証活動等、日本的経営手法を海外企業が研究して取り入れていった。言い換えれば、日本企業の強みであった日本的経営手法の基本原理とは、人的資本の重視であり、チームプレーを評

価し、また企業と従業員の一体感の重視であった。確かに、没個性を強要し、平等意識を追求する中で個人を企業文化の中に囲い込むことで共同体意識を植え付けていくという従来の日本的経営手法は、21世紀企業における従業員の意識からは到底受け入れられるものではない。しかしながら、付加価値を創造し、変化に対し柔軟かつスピーディーに対応できる従業員のコミットメントの高いエクセレント企業においては、付加価値創出の源泉である人的資本を「共有する理念や価値観に基づく一体感」の中でその能力を最大限発揮させていくことが極めて重要な要素となっている〔三木、2001〕。

したがって、過去の共同体意識で不要となる面を払拭した新たなる共同体意識、言い換えれば企業理念や価値観を共有することで、一体感を醸成したチームワーク的な共同体意識を確立していく仕組み作りが21世紀日本企業の最大の課題である。個人の視点に立てば、働く側も自律性が高まり、自己実現に向けたキャリアアップ志向が増し、企業ビジョンと自己の価値観の一致をより重視し、企業に隷属するという気質から脱却して、パートナーとして「企業への信頼感」と「やりがい感」を追求していくということが21世紀日本企業の課題となる。日本企業は人事制度を中心に大きく変貌する過程にあるのが現在である〔江波戸、2001〕。

## V 成果主義実現への具体的試み

成果主義の目的である"成果志向の強い行動を引き出す"ための具体的な試みとして、成果主義人事制度を採用して成功している企業事例を参考に5項目あげたい。

その第1は、「職務制度の抜本改定（権限委譲の徹底と組織構造の改革）」である。多様な顧客・市場のニーズとその急速な変化に対応するためには、管理部門主導のヒエラルキー的組織構造を変革し、現場への権限委譲を徹底することで、顧客価値の向上に向けた行動がスピーディーに発揮されるような柔軟な組織を構築することが必要である。その基準づくりの1つが外資系企業などで採用されている「職務給」である。ファイザー製薬は課長級以上の管理職に「**机の価値**」を導入し、それを一般従業員にまで導入している。オリンパス光学工業は「**職能ゾーン資格制度**」を導入している。

　　ファイザー製薬は人事課長の年収はいくら、経理部長の年収はいくらと、ポスト（机

の値段）によって決めている。重い役目のポストについた時には思い切って年収を追加できるし、暇なポストに異動すれば機械的に年収をダウンさせている。〔岸、2001：pp18〕

　オリンパス光学工業は、職能資格を3層に区分し、能力基準を各職場で設定し、それぞれに相応しい処遇体系を構築した。全社員の資格体系を①スタッフゾーン(S)、②プロフェッショナルゾーン(P)、③エグゼクティブゾーン(E)の3つのゾーンに区分し、成果に基づいて資格を決定していこうというものである。Sゾーンとは、従来の一般職層及び育成期間に当たる若年の社員層で、担当業務について、目標レベルを上げながら、それぞれの目標を達成していく実務能力を磨くことが求められる社員層である。Pゾーンは、目標を達成するための専門能力を身につけ、業務の最前線で中核的な役割を担うことが期待されている一般社員層である。業績によって職務給の査定幅がさらに大きくなり、これとともに、業績賞与で処遇するという給与体系が導入されている。Eゾーンとは、課長職から事業部長など部門長が属する。経営管理に貢献できる高度なマネジメント能力や専門能力が求められ、MBO（目標管理）の考え方に基づいた年俸制が導入されている。〔日本能率協会、第18回能力開発総合大会（1999・2・4）〕

　その第2は、現場に権限委譲された組織で働く従業員の成果の評価単位を「プロセスを含む協働取り組み成果」とするものである。成果を指向する行動を評価することが成果主義の本質的な目的であり、そのためには単なる個々人の結果（業績）だけでなく、チームやグループといった単位での協働取り組みのプロセスをも評価する。「会社目標→部内・部署目標→個人目標」の連関が明確であれば、個人成果の積み重ねが組織成果となり、その合計が企業価値となるが、個人目標の設定とその達成評価の精緻化には限界がある。これを無理にあえて精緻化すると、組織におけるメンバー相互協力や暗黙の役割分担で円滑化されている組織運営が崩壊する。顧客満足・付加価値創出・スピード経営が企業の競争力に大きく影響を及ぼしていく企業環境においては、様々な技術や情報を駆使していかなければならず、個人の知識やスキルに依存して付加価値を創出していくことはきわめて難しくなり、「共有する理念や価値観に基づく一体感」の中で、個々人のスキルを相互に活かし、協働のシナジー効果を発揮させることが重要となる。つまり、個々人の貢献度を個人目標と関連付けて評価していくことが難しいということである。

　そこで、チームやグループといった単位に対して評価することも加味して、個人の納得感とやりがい感を醸成することが必要であるとの認識が重要になっ

てくる。自分の評価に不満のあるときに「360度アセスメントと評価異議申し立て制度」を確保している日本IBM、メディコン、プライスウォーターハウスクーパースコンサルタントが参考になるであろう。成果評価に個人業績を加え、会社全体、チームの業績を加味するのはSAPジャパンである。

　日本IBMでは360度アセスメントとして、社員に自分が評価してほしい人を最高6人まで挙げてもらう。部下が3人、同僚が1～2人、他部署が1～2人という構成が望ましく、所属長がリストを見て、確かに仕事の上で結びつきが強いという確認が取れれば評価者が決定される。仕事上はあまり関係ない者を評価者として選出していた場合などは、上司には変更権がある。一次評価者の評価に被評価者が渋々でも納得すれば、納得した旨署名をすることになっている。つまり、不満なら社員は署名しないので、評価者の課長や、さらにその上司の部長は被評価者が不満であることがわかる。被評価者から異議申し立てがあった場合、部長からするとそれは部下である課長の「評価眼への評価」の尺度ともすることができる。〔岸、2001：pp20〕

　メディコン（医療機器の会社）は異議を申し立てるための委員会をつくっていて、社員は評価に対する異議を唱えることができ、関係ない部門の部門長クラスがヒアリングをする。〔岸、2001：pp20〕

　プライスウォーターハウスクーパースコンサルタントは、社員の評価の結果を社内のイントラネットで公開し、社員は見ることができるようになっていて、他の人の評価と比べて自分の評価に疑問を感じたら、異議を申し立てることができる。そして、応対した担当者はどのような異議があったか、これにどう答えたということまで、イントラネット上に書き込むことにしている。〔岸、2001：pp20〕

　SAPジャパンの報酬は、ジョブグレードに基づく基本給と、業績によってダイナミックに変動するボーナス、コミッションといった変動給で構成されている。業績評価は、個人業績と会社業績、組織業績で決定される。個人業績は、目標管理、スキル、コンピテンシー、能力開発の4つで測られる。売上はチーム全体の総力によるものであり、その果実はチーム全体に配分されることも重視している。〔SAPジャパン、2001：pp30〕

　その第3は、職務給に内在するいろいろな問題を克服する試みとしての競争優位を生むコンピテンシー（図表2-34）である。それが「行動能力コンピテンシーの基準書の作成」である。コンピテンシーはハーバード大学の心理学者ディビット・マクレランドが最初に提唱した概念（21項目）である〔Flannery, T. & Plantten, P.、1996：pp92〕。コンピテンシーは企業の数ほど存在するといわれるほど、基準となる項目は定まっていないが、保有（潜在）能力よりも発揮

第 2 部　革新企業の戦略人事

図表 2 - 34　The Resource-Based View

The Resource-Based View: Relationships Between Assets, Capabilities, and Competencies

$$\begin{pmatrix} \text{Tangible Assets} \\ + \\ \text{Intangible Assets} \end{pmatrix} \times \text{Capabilities} = \text{Competencies} \longrightarrow \text{Competitive Advantages}$$

Assets combined with capabilities produce competencies that can yield competitive advantages.

出所：Miller, A., 1998：pp119

図表 2 - 35　Competencies

- Knowledge — Information that a person has in a particular area
- Skills — Behavioral demonstration of expertise
- Self-Concepts — Attitudes, values, and self-image
- Training — A general disposition to behave in a certain way
- Motivation — Recurrent thoughts that drive behavior

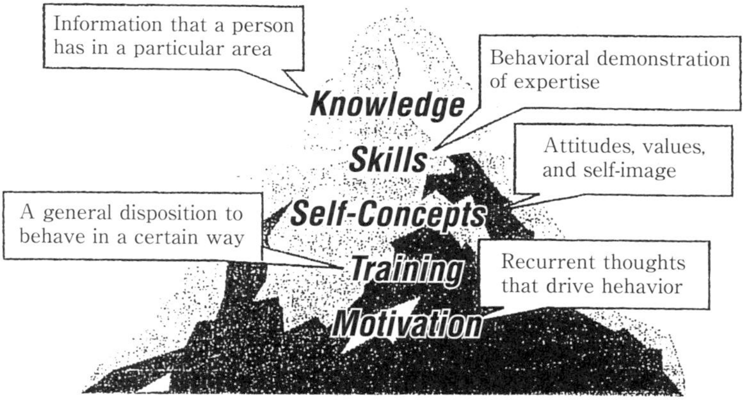

出所：Flannery, T. & Plantten, P., 1996：pp93

（顕在）能力を評価するところは一致した見解である（図表 2 - 35）。大久保〔2000：pp61〕はコンピテンシーへの期待として「能力の言語化、人事システムの一本化、労働市場との連動、成果主義のサポートツール、コストダウンのきっかけ」の 5 項目を指摘する。殊の外、世界各国の先達企業でコンピテンシーが注目されているのは成果主義の究極の姿がコンピテンシーの基準書であるからである。川上〔2000：pp22〕は「コンピテンシーの研究は、もともとハイパフォーマーの事例研究から始まったものである。何が高い成果につながる鍵なのかは、当然、各企業において、その成功要因は違うはずである。その成功要因を明確に抽出し、それを会社に示すことがコンピテンシー導入の最も重要な意味なのである」と、常に自社における成功要因は何であるかを突き詰めて

## 章2章　成果主義の本来のあり方

いく姿勢の重要性を強調する。このベンチマーキングのハイパフォーマー・モデルとは別に、将来の研究開発戦略上必要とされる能力要件を武田薬品ではコンピテンシー（成果に向けて行動化された能力）と解釈し、自社版のコンピテンシー項目基準書を社内で書き上げ、自社の期待する社員像のイメージを明確に示すことで、人材の開発につなげている〔柳下、2001〕。NECは2000年に組合員約3万人を対象として、社員にはこうあってほしいという経営理念や倫理規範を行動指針や能力要件に具現化したコンピテンシーに着目した人事システム「**プラクティスファイル制度**」を導入した。

> NECのプラクティスとは、「成果向上のために必要な具体的な行動やスキル」のことで、いわゆる「コンピテンシー」と同義のものである。プラクティスは、「プラクティスファイル」という「行動基準書」の形で各社員に明示されている。このプラクティスファイルは、①プラットフォームプラクティス②プロフェッショナルプラクティスで構成されている。前者は、NECとして全社共通に尊重すべき価値や行動の基準を示したもの、後者は、職種・部門ごとに必要とされる成果に結び付く行動やスキル・ノウハウの基準を示したものである。賃金についても「基本月収」に一本化しており、各職群や資格区分にふさわしい賃金水準の範囲を「月収バンド」として定め、月収バンドの範囲で人事考課に応じて昇給する仕組みである。上司と部下の双方向面談による「2WAYマネジメント」により、プラクティスの達成度合いを測る「能力・キャリアレビュー」と、目標管理に基づいて個人業績を評価する「業績レビュー」の2本立てで行っている。〔NEC、2001：pp22-23〕

GEはキャリアバンドを決めるのにコンピテンシーを使っている。バンディングには3つのアプローチ（**図表2-36**）があり、その1つがコンピテンシーである。コンピテンシーとブロードバンディングの関係について、川上〔2000：pp25〕は、その第1段階は、組織内の各個人のコンピテンシーの特徴を正確に把握し、コンピテンシーモデルに人を合わせていく上司のマネジメントが求められ、第2段階は人に仕事の進め方や取り組み課題をあわせていくやり方である、と指摘する。ソニーは役割を中心とする「**バリューバンド**」を部長以上に導入している。

> ソニーは従来の部長級、副理事、理事の職能資格的な意味をもつ5つのランクを、同じ5つであるが、役割を基準にしてバリューバンドにした。これは求められる能力・専門性、遂行の難易度、期待される貢献・アウトプットの3つで評価し、役割の大きさで格付けし直したものである。この役割価値は本人が申告し、それを基に担当役員が本人と面接して、成果、業績を踏まえて点数をつけ確定していくものである。〔岸、2001：pp18-19〕

第2部 革新企業の戦略人事

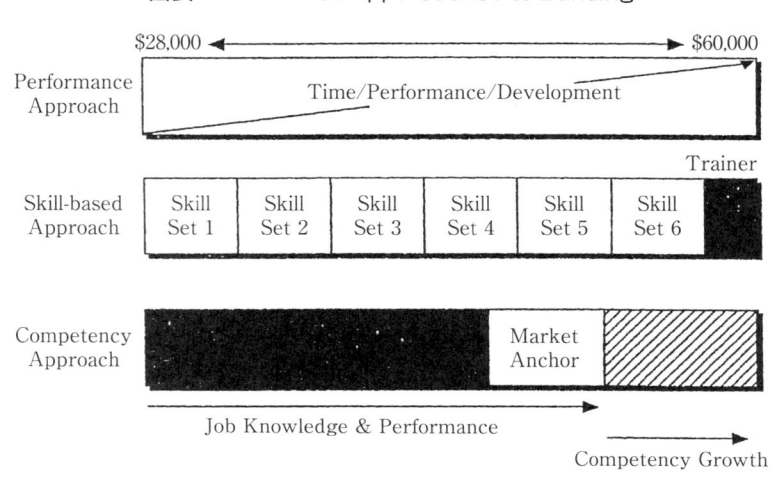

図表2-36　Three Apporoaches to Banding

```
                    $28,000 ←――――――――――――――→ $60,000
  Performance      ┌─────────────────────────────────┐
  Approach         │     Time/Performance/Development │
                   └─────────────────────────────────┘

                                                    Trainer
  Skill-based      ┌─────┬─────┬─────┬─────┬─────┬─────┬──┐
  Approach         │Skill│Skill│Skill│Skill│Skill│Skill│  │
                   │Set 1│Set 2│Set 3│Set 4│Set 5│Set 6│  │
                   └─────┴─────┴─────┴─────┴─────┴─────┴──┘

                                              Market
  Competency       ┌──────────────────────────┬──────┬─────┐
  Approach         │                          │Anchor│/////│
                   └──────────────────────────┴──────┴─────┘
                   ←――― Job Knowledge & Performance ――→
                                                ←― Competency Growth ―→
```

出所：Flannery, T. & Plantten, P., 1996：pp102

　その第4は、「職務の選択と自律的なキャリア形成」である。付加価値創造が競争力の中核となる21世紀企業においては、付加価値創出の源泉である個人の能力を最大限発揮させる自律的な仕事の仕組みが必要である。個人の価値観が与えられた仕事の遂行からキャリア指向に変化する中、個人の価値観・働きがい感を尊重していくことが、企業・個人にとって最も効果的な選択となる。自己のキャリア形成、自己実現、ライフワークを最大限尊重し、職務を自分自身で選択できる仕組みを構築することが必要である。**ベネッセコーポレーションの職務完全希望制**の場合、チームあるいはグループのメンバーの定める定員以上の希望者がいたらリーダーが選考する。つまり、従業員は自分のやりたい職務が実現できると思うチームへの参加希望を申し出できるが、希望する仕事が社内に存在しない場合には、静かに会社を去ることで、社内での雇用ミスマッチが解消されると共に、自律型人材の能力発揮につなげていくというものである。**シチズン時計は管理職を社内価値と市場価値**の両軸で評価している。

　　ベネッセコーポレーションは、12月に来年の会社の大きな事業の方針と部門で求める人を印刷した資料をつくり、全社員に配布する。社員は年末年始の休みの間に自分の行きたい部門、したい仕事を考え、1月にそれを提出する。会社が特別戦略部門と

して担当者を任命するような部署は別として、基本的には社員の公募を元に異動が行われる。つまり、社内公募に応じないと、異動がないということになる〔岸、2001：pp20〕

　シチズン時計は市場価値を3つから測定する。それは「その人が転職する時にいくらの値段がつくかという基準」「同業他社の基準」「ジョブサイズ」で、世間相場や自分の評価を知らずに過ごしていた社員に大きな刺激となっている。また、これを導入することで役職定年制度が不要になった。〔岸、2001：pp19〕

　その第5は、「新しい共同体意識の再生」である。従来の日本的経営の強みであった「囲い込み方式」による共同体意識は成果主義の導入によりもはや崩壊しつつあるが、自律型人材や個人の価値観の尊重と共同体意識は相反するとみなすのは誤った認識である〔"人材教育"編集部、2000(a)、"日経ビジネス"編集部、2002〕。会社のビジョンにあった成果志向の強い行動を引き出す仕組みとして、チームやグループ、のれん分け、在宅勤務、出身母体を有効活用する独立転身、社員と企業が相互に利益を得る"WIN-WIN関係の確立"が求められているのである。ここで想定するチームやグループ等は従来のヒエラルキー的組織構造ではなく、戦略的な観点から職務を区分した組織単位であり、個々のチームや個人はさらに事業単位に統合され、事業部門目標の達成に向け、有機的に結合し運営されるものである。そこでは、権限が大幅に委譲され、運営は自律的になされ、成果の把握や報酬配分もそのなかで決定、成果志向の強い共同体意識が醸成されているので、個人の働きがいに応えることができることになる。

## ◎おわりに─学習プロセスを重視する Diversity Competency─

　欧米では、成果主義の成果の把握は個々人の"人事考課（merit rating）"か"目標の達成度（output）"のいずれかで行われ、"部門業績"は結果給（result pay）とされて成果主義の範疇には含めない。しかし、日本では21世紀に生き残れる企業は、日本の社会・文化にフィットした業績評価を実現するばかりか、グローバルな戦略に合致した人材マネジメントを最も重視し、尊重しなければならないのである。それが日本の成果（コンピタンス）主義導入の意味であり、米国で発展している人材マネジメント（Leadership Competency model）を、日本で発展している部門業績を重視する財務・販売・物流・製造といった

人材マネジメント（Functional Competency model）に融合させ、付加価値創出の源泉は"学習集団内の個人"であるとするコア・コンピテンシー・モデルを構築することが課題である〔アーサーアンダーセン、2000：pp114-123〕。

米国においても学習プロセスを重視する **Diversity Competency** をマネージすることが重要なことと認識され、それが"Diversity Competency Model for Individuals（図表2-37）"として提唱されている〔Cox,T. & Beale, R., 1997：pp1-10〕。これからの人事戦略は、ますます個人としての「自律・自立性」をいかに活かし、最大限に能力を発揮させていくかに主眼を置き、その個々人の成果の積み重ねが企業付加価値創造に結びつく人事制度の仕組みづくりをすることにおかなければならない。人事制度の変革は「企業ビジョンにあった成果志向の強い行動を引き起こし、企業価値の最大化を図っていく」という原点を絶えず確認し、徹底していくことがなによりも重要である。

図表2-37　Diversity Competency Model for Individuals

| Work, Tasks, and Responsibilities | Development Phase 1 | Development Phase 2 | Development Phase 3 | |
|---|---|---|---|---|
| | Awareness → | Understanding → | Action Steps | |
| Communications | | | | C |
| Performance evaluation and feedback | | | | O |
| Employee development | | | | M |
| Conflict resolution | | | | P E T E N C Y |
| Group(team) decision-making | | | | |
| Selection(hiring and promotion) | | | | |
| Delegation and empowerment | | | | |

SOURCE：This figure is adapted from one first used by Taylor Cox, Jr., in a presentation to the Human Resource Partnership, University of Michigan, September 1992.

出所：Cox, T. & Beale, R., 1997: pp7

What we discovered as a result is that we do not think of competency to manage diversity as acquiring a list of skills ; rather, we define diversity competency as "a process of learning that leads to an ability to effectively respond to challenges and opportunities posed by the presence of social-cultural diversity in a defined social system."〔Cox,T. & Beale,R., 1997 : pp 02〕

---

## （参考文献）

Cox,T. & Beale,R., 1997, Developing Competency to Manage Diversity, Puf Group West
Flannery,T. &Plantten,P., 1996, People performance,&Pay, The Hay Group
Kleiman,L., 1997、 人力資源管理（英文版：Human Resource Management, West Publishing Company），機械工業出版社 （China machine Pres）
Miller, A., 1998, Strategic Management, The McGraw-Hill Companies
NEC、2001、「管理職に課せられた責任（WHAT）とプラクティス（HOW）を機軸とする人事処遇制度を導入」『人材教育』10月号
Noe,R. Hollenbeck,J.,Gerhart,B.,Wright,P., 1997, Readings in Human Resource Management, The McGraw-Hill Companies
Robbins,S., 1997, Essentials of Organization Behavior, Prentice-Hall.Inc.
Spencer,L. & Spencer, S., 1993, Competence At Work, John Wiley&Dons,Inc.
SAPジャパン、2001「職種や責任の違いを考慮に入れた報酬制度を整備」『人材教育』10月号
Ulrich,D., 1997, Human Resource Champions, Harvard Business School Press
アーサーアンダーセン、2000『人材革新マネジメント』　生産性出版
アーサーアンダーセンビジネスコンサルティング、1997『ミッションマネジメント』生産性出版
アーバンプロデュース、2002「完全実力主義人事制度：アマダ、カネボウ、日本テレコム、小田急百貨店のケーススタディ」『人事マネジメント』2月号
内田研二、2001『成果主義と人事評価』講談社現代新書
江波戸哲夫、2001「日本企業は変貌する」『世界』6月号、7月号、8月号、9月号
大久保幸夫、2000『能力成果と楽しむ社会』日本経済新聞社
大田隆次、1999(a)『アメリカを救ったコンピテンシー』　経営書院
大田隆次、1999(b)「欧米に見る"成果主義"の変遷」『WORKS』44号
奥本秀宏、2002「成果主義"運用の鍵"は何か（インタビュー）」『WORKS』44号
河合大介、2001「正しい成果主義　間違った成果主義」『人材教育』10月号
川上真史、2000「コンピテンシー導入と成果主義人事のポイント」『成果主義に基づく人事処遇制度と運用の実際』企業研究会研究叢書　No.112
岸永三、2001「先行企業から学べ！成果主義がうまく機能する運用のヒント」『人材教育』、10月号
"企業と人材"編集部、2000「特集：自律型社員を育てる」『企業と人材』、5月5日

号、

熊沢誠、1997『能力主義と企業社会』岩波新書

酒井正敏、2000「多用な手段を駆使して高い人材を採用する（レポート）」『企業と人材』10月5日号

坂口克己、2002「武田薬品におけるコンピテンシーで評価するハイブリット型の職務評価制度」『成果主義に基づく人事処遇制度と運用の実際』企業研究会研究叢書 No.112

笹島芳雄、2000『人事・労務管理の新潮流』労働法令協会

"人材教育"編集部、2000(a)「特集："自立する"仕事人が伸びる組織」『人材教育』7月号

"人材教育"編集部、2000(b)「特集：人と会社を救うコンピテンシー」『人材教育』8月号

"人材教育"編集部、2001「成果主義"私はこう思う"肉声アンケート」『人材教育』10月号

柴田励司、2002「21世紀人事のグランドデザイン」『成果主義に基づく人事処遇制度と運用の実際』企業研究会研究叢書 No.112

高橋俊介、1999『成果主義』東洋経済新報社

豊田義博、2002「機能する成果主義（司会）」『WORKS』44号

成田秀明、2000「採用、人事考課にコンピテンシーを活用して人材を育成・定着（レポート）」『企業と人材』10月5日号

"日経ビジネス"編集部、2002「特集：働き方見つけた―個人と会社の新しい関係」『日経ビジネス』4月29日号

日本能率協会、1999『第18回能力開発総合大会報文集（2月4日）』

松山一紀、2000「人事管理理念としての自己実現」『産業・組織心理学研究』13巻 No.2

三木佳光、2001「エクセレント・カンパニーの"革新志向メンタル状況"の一考察」『文教大学国際学部紀要』第12巻第1号

宮本眞成、2002「成果主義に基づく給与制度の考え方と制度設計のポイント」『成果主義に基づく人事処遇制度と運用の実際』企業研究会研究叢書 No.112

牟田太陽、2000「コンピテンシーを活用し真に求められるビジネスを目指す（レポート）」『企業と人材』10月5日号

村井優子、2002「成果主義の好循環をめざす」『WORKS』44号

柳下公一、2001『わかりやすい人事が会社を変える』日本経済新聞社

労務行政研究所、1998『職能資格制度に関する調査』労務行政研究所

山口俊一・鶴田浩一、2000『成果主義人事入門』中央経済社

渡辺一明、1999『先進事例に見る成果主義人事制度のしくみ』日本実業出版社

# 第3章

# 個人が活きる企業人事の当来＊

―主体的行為による「仕事の人格化」―

◎はじめに

　企業を取り巻く環境が大きく変化を遂げ、働く個人の意識や考え方が多種多様なものになっている。これに対応した企業の人事制度の内容や役割も大きく変わろうとしている。昨今、各企業において成果主義の名のもとに様々な人事施策が展開されているが、実際にはなりふり構わぬ総枠人件費削減を目指すという、縮小均衡的なものがどうも主流になりがちであった。人事制度の中心となるべき評価制度についても、公平性・客観性の向上を目指して限りない努力が繰り返されているが、これぞ決め手という制度はなかなか現れず、「評価は永遠の課題」といういささか自嘲的な言葉も聞かれる状況である。しかしながら、こうした成果主義人事制度を模索し続けていてはリストラによる人員削減の中で社員の疲弊感は高まるばかりであり、中長期的発展は期待できない。

　このような企業経営のあり方に対して、第2部第2章で、従来の日本的年功主義でもなければ、アメリカ的成果主義でもない、第3の道とでもいうべきシステム：学習プロセスを重視する Diversity　Competency の重要性を提示した。

　　　ダイバーシティ・コンピテンシーとは「組織目的に向けて全てのメンバーが協働する方法と実践、企業文化を再構築する組織変革の能力」と定義される。近年の雇用形

---

　本稿は「文教大学国際学部紀要（第14巻第1号：2003年7月）」に掲載したものに一部加筆・補正。
＊本稿の内容が、現在、一般的になってきた（到来）ということでなく、"近未来では当り前として当然にくるべきこと"という意味で「当来」というタイトルにした。

態や就業形態の多様化によりダイバーシティの範囲が拡大し、その認識なしには経営管理ができないという多様性のマネジメントが重要な経営課題となっている。

そのキーワードは「個人の自律・自立性」である。企業価値を高めるためには、1人ひとりが高い自律性（準拠集団内で他者と自己との調整を図り、自己実現の達成）を有しながら能力を最大限に発揮し、個人のやりがい・働きがいを涵養する自立性（自己の存在を他者に知らしめる）を確立して、新たな付加価値創造や業務効率化を推進する人材へと成長することが重要である、と主張した。

これまで述べてきたような考え方やそれに基づく制度が反映された会社や社員の姿は、実際にはどのようなものになるのかを、200X年における架空X社におけるA氏の姿を通して、そのイメージを描き、そのストーリーを促進させる時代潮流、仕事の充実度指標、自律的キャリア形成のあり方を本稿で探っていきたい。

## I　イメージストーリー：A氏の姿

A氏（35歳）は、大学卒業後、総合建設X社に就職、今年で13年目を迎える営業部門のマネージャーである。X社のトップは業界ナンバーワンからオンリーワン企業へ経営戦略を変更し、自律型社員への人材育成を全社的喫緊の課題として人事制度を改革しているが、多くの社員は"与えられた職務を上司の指示どおり行えばよい"との意識を払拭できないでいる。その中にあって、彼は、半年前にそれまでのスタッフ群からさらにキャリアアップを目指してプロフェッショナル群への移行を選択した。評価ポイントが一定に達した場合、プロフェッショナル群への移行を選択することができる仕組みとなったからである。スタッフ群では最初の10年間だけ基本給が自動的に昇給するシステムであるが、その後の定期昇給はなくなっていた。彼は、自分のプロフェッショナル能力基準に相応する年俸給査定で給与はかなりアップしたが、プロフェッショナル群では、そのポジションに相応しくないと評価された場合には即座にポスト解任を言い渡されるので、それだけ自己責任が強く要求されることになった。

X社は、早くから個人の能力を活かす評価制度として、**時代潮流の職業観の多様化・高度化**を重視し、人事の価値基準を能力主義や成果主義という単一化

## 章3章　個人が活きる企業人事の当来

した形で個人に押しつけるのではなく、職務の特性に応じた価値基準と1人ひとりとの調和をはかっていくことが不可欠であるとしている。また、個人が何によってモチベートされるかは十人十色であり、それぞれに報いることができるフレキシブルな仕組みが望ましいとしている。

　人は職業生活の中で、様々な夢や希望を自己実現のプロセスとして実現しようとする。その中には、高い地位や名声を得ること、独立して企業を起すことなど、いわゆる野心や大望を抱く者もいれば、社会への貢献に寄与するといった使命感に燃える人もいる。もちろん、愚直に職務に忠実に専念して人並みの地位と報酬を得るといった現実的な目標を立てている人もいる。一方、雇用の面では、急速なグローバル化に伴い、流動性が高まってきている。また IT産業を始めとして、自ら起業（独立）することも一般化しつつある。さらに、デフレの深刻化のなかで新卒採用を大幅に抑制する代りに、即戦力として中途採用を多用する企業も増加している。環境変化に雇用を敏速に伸縮対応するため、ストック型の正社員からフロー型の契約社員、派遣社員、パートタイマーなどへ切替える企業も増えている。今後、年功序列の崩壊、退職金や年金制度の改革など、条件に応じて勤め先を変えながらキャリアを形成するスタイルが広がると考えられる。モチベーション向上のためには個人毎の固有のメンタリティーに則った職業観を許容することが必要である。

　個人別の評価軸の設定にあたっては、1人ひとり個人の能力別にゼロベースから決定するよりも、仕事の特性に応じて**ある程度の類型化（ポートフォリオ化）** しておくと、どの評価軸を適用すべきかを考えるための枠組みが提供されるので、効率的である。X社では組織マネージャーが「成果評価（目標管理評価）」「職務評価（ジョブサイズ評価）」「能力評価（コンピテンシー評価）」「技能評価（スキル評価）」「結果評価（出来高払い評価）」「市場評価（エンプロイアビリティ評価）」の複数の評価軸の中から、個々の社員毎に合致していると思われるものを個々人に提示（提案）し、社員が自らのメンタリティーに照らしてその評価軸を受けるかどうかを決断する制度を設計した。上司と部下の両者の意向が合致しない場合には協議を行うが、あくまでも決定権は社員個人にあるとの考え方を採っている。もちろん、評価軸は1つとは限らず、複数を組み合わせることにしている。

　1つのモデルとして、リクルートワークス研究所のX、Y、Zの3軸人材ポートフォリオがある。X軸は「創造」と「運用」で、働く人が企業戦略への達成に貢献するあり方には、新しいものやことを創造して貢献する場合もあるし、既存のシステムを丁寧に運営したり、商品を売ったりして貢献する場合があるとする軸である。Y軸は

「組織成果責任」と「個人成果責任」で、働く人の戦略達成への貢献は、すべてが組織成果の最大化を目指すとはいえ、その評価がまず個人のアウトプット評価で行われる場合と、組織戦略達成への貢献が直接的に測られる場合があるとする軸である。Z軸は「無期契約」と「有期契約」で、企業の人件費コストの観点、個人の価値観、労働市場のあり方を考えると、正規従業員という雇用契約形態のみでは、働く個人からの貢献を効率的に引き出せるとは限らないので、期間に定めのない雇用契約の場合と、期間限定の雇用契約の場合があるとする軸である。この3軸の組合せによる人材ポートフォリオは①エグゼクティブ（「無期契約」×「創造」×「組織成果責任」）、②マネージャー（「無期契約」×「運用」×「組織成果責任」）、③スペシャリスト（「無期契約」×「創造」×「個人成果責任」）、④オペレーター（「無期契約」×「運用」×「個人成果責任」）、⑤アソシエイツ（「有期契約」×「創造」×「組織成果責任」）、⑥コントラクトマネージャー（「有期契約」×「運用」×「組織成果責任」）、⑦コントラクトスペシャリスト（「有期契約」×「創造」×「個人成果責任」）⑧テンポラリーオペレーター（「有期契約」×「運用」×「個人成果責任」）である。

　ポスト後任指名制度では課長以上は自分のポストに適材の3名の候補者をリストアップすることになっているが、社内における空きポストについては、基本的には公募制によって人事異動が進められ、イントラネットで社内外に広く募集がかけられている。その他に、自己申告制度、社内FA（Free Agent）制度もあり、それらをA氏と同期の幾人もの社員が活用して新たな職場を獲得している。例えば、その1人はX社が撤退を決めた不動産開発部門にいたためポスト解任となったが、社員向けの新しいツーリスト事業部門（社内ベンチャー）の公募で採用され、2年前から新しい職場でこれまでの経験を活かした旅行ビジネスモデルの構築に挑戦している。A氏も、中国の海外現地法人でのゼネラルマネージャーの公募があれば応募するつもりである。応募資格要件の1つに社内講座の受講があったこともあり、彼は福利厚生ポイントの一部を中国語研修補助に回しており、中国語のブラッシュアップにも怠りない。

　因みに、研修にポイントを使う場合には賞与に積み増してキャッシュで受け取るよりも50％も高いポイント換算扱いの会社主催の研修の受講を奨励する仕組みが整備されている。会社が社員に対して一律に行う研修はほとんどなく、大半は自己選択によるものなので、ほとんどの社員が何らかの研修にポイントを活用している。各自が個人の能力アップを目指すのは社内では当然のこととして受けとめられており、彼も自己研鑽には積極的に取り組み、将来へのキャリアアップに余念がない。

彼は、成果評価をベースとした目標管理制度で評価をうけることを選択し、上司のB部長の**目標管理面接**を受けた。3カ月に1度行っている業務内容のレビューである。目標管理面接制度には年に一度の360度評価も制度化されている。これは直属の上司以外、社外も含め少なくとも5人を指名しその人達からのアセスメントも加味される制度である。課長以上になると目標管理シートがWeb画面に掲載される。彼は、B部長との面接で定量目標を十分上回ったことに対する評価とともに、さらに業績向上のためのチャレンジ目標について活発な意見交換が行われた。彼は中国へのX社新建材製品の輸出が増加していることもあり、その将来については手応えを感じているところから、現地に新たな現地会社を設立し独自の受注拡販ルートを作るべきとの意見を述べたところ、部長からは、良いアイディアだがカントリーリスクを考え、他社との合弁会社を作りリスクの分散を考えるべきこと、その際のパートナーとして現地Y社あたりはどうかとの助言を受けた。早速、イントラネットでY社と取引のあるセクションの担当者に連絡した結果、どのようなアプローチが考えられるかの検討を行うことになった。

　目標管理（MBO：Management by objectives）が日本に入ってきたのは1965年前後であるが、複雑で使い難いという声が管理者層から出され、MBO管理シートが机の引き出しに入れ放しという状況が続き、頭の中にMBO書類を模写して日々の仕事を進めていたといっても過言ではない。この期間のMBOの思考プロセスと実行過程において、事業の規模拡大と内容深化、それに呼応した社内組織の状況対応柔構造化と人材マネジメントの高度化が進み、MBOは「参画による経営（MBP：Management by participation）」から、更に進んで「変革による経営（MBI：Management by innovation）」へ変質することとなった。その中核を担ったのが、"MBOは上司と部下の面接に始まって面接に終る"という目標面接制度である。これにより、上司と部下が持っている知識・スキルを出し合い、相互で目標を設定して業務を遂行し、成果を達成する「協働システム」の形成を目指した。

　目標面接制度の代表的な事例がニコン社である。当社の目標面接制度の狙いは①上司が部下に担当すべき職務を与える、②良好なコミュニケーションの下に各個人がチャレンジ精神を持って目標を達成する、③上司はその目標の実現に向けて指導し、部下はその職務を遂行する、④上司は職務遂行の結果を目標に照らして評価する、⑤評価結果を面接を通し、職務遂行の過程を含めて、各個人にフィードバックする、⑥より高い能力と成果の獲得を目指して次期の職務配分と目標設定がなされる、の6つである。当制度は"チャレンジ面接（成績評価）""ステップアップ面接（能力評価）""プ

ロフィール面接（自己申告）"の3つの面接制度から構成され、上司が部下に一方的に指示命令するという性格のものでなく、各職場・各個人の自律性を尊重し、上司と部下とのコミュニケーションをベースに（到達）目標を設定、チャレンジ精神を醸成するとともに評価結果のフィードバックにより、評価の納得性を高め、1人ひとりの能力開発・育成に繋げていくものである。〔日本経営者団体連盟広報室、1994〕

　各社が行っているこのような目標面接制度の機能を整理すると、1）個性と創意の尊重：各個人の最適な育成・活用・評価・処遇、2）チャレンジ精神の醸成：目標設定を通して各個人が自己の役割を認識し、チャレンジ精神を具現化、3）職場における自律主義：職場におけるコミュニケーションの拡大による職場の意思の統一、の3つになる。

　個人の能力を活かすといっても、仕事は1人でできるわけではない。個人の能力を活かす人事制度が導入された当初は、ともすれば個人主義が鼓舞されチームワークがないがしろにされていたが、各人がグループ（職場）の能力開発を重視するようになるにつれて、社員1人で仕事を行うことの限界が正しく認識されて、他の社員の能力を尊重し、それを活かし合うことでより大きな成果を生み出すということが社員全員の共通の認識となってきた。実際、評価においても、「いかに他社員の能力を活用しているか」という項目のウェイトが高い仕組みになっている。

　社員の雇用形態もここ数年著しく様変わりして、正社員（コア社員）、契約社員、派遣社員、パート勤務等、多様となった。彼の周囲の先輩の幾人かは自己啓発の機会がほしいということから、敢えて、毎日勤務しなくてもよいスペシャリスト系の契約社員に身分を換えて成果貢献の年俸契約で給与を大きく拡大させている。

　このような個人を活かす企業風土の醸成を十分に意識した社長は、今年の新入社員に対して2時間にも及ぶ訓示を行った。その内容（**図表2-38**）はコーポレート・アイデンティティとセルフ・アイデンティティについてであった。A氏は企業とのかかわりからみた人材のタイプでは、ベンチャー型であるので、社長の訓示にいたく感銘し、**Employablity**（雇用され得る職業能力＝転職を可能にする市場性のある職業能力＋当該企業で継続雇用可能能力）を高めるための自己啓発投資を昨年の2倍にしようと決意を新たにすることになった。

　　　エンプロイアビリティは「市場性のある職業能力」であるが、社員を他社でも通用する人材として育成すべきかどうか、企業担当者間で議論が分かれるところである。

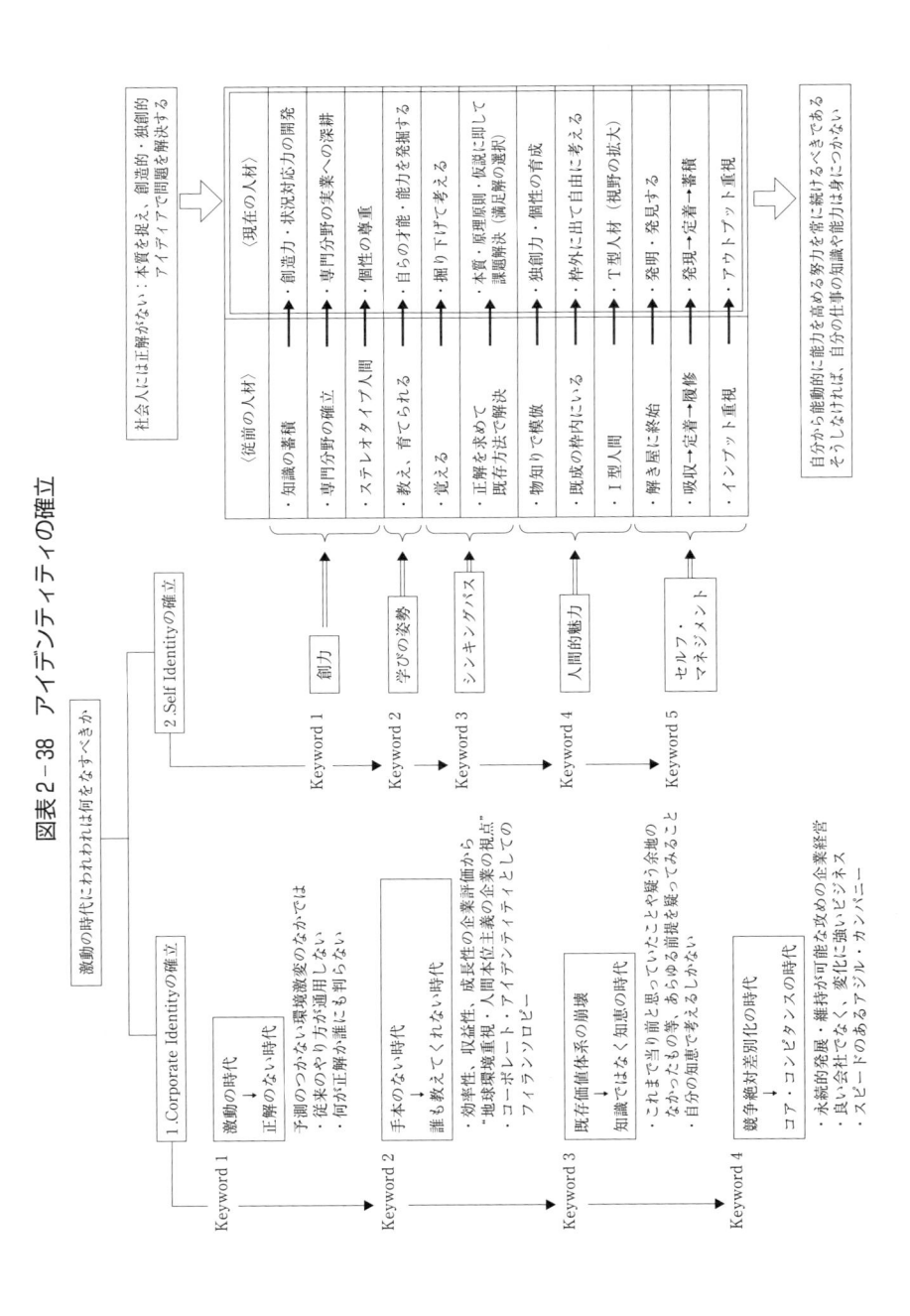

第3章 個人が活きる企業人事の当来

## 図表2-38 アイデンティティの確立

激動の時代にわれわれは何をなすべきか

**1. Corporate Identityの確立**

- Keyword 1　激動の時代 → 正解のない時代
  - 予測のつかない環境激変のなかでは
  - 従来のやり方が通用しない
  - 何が正解か誰にも判らない

- Keyword 2　手本のない時代
  - 誰も教えてくれない時代

- Keyword 3　既存価値体系の崩壊
  - 知識ではなく知恵の時代
  - "効率性、収益性・成長性の企業評価から"地球環境重視・人間本位主義の企業の視点"へ
  - コーポレート・アイデンティティとしてのアイデンティロジー
  - これまで当り前と思っていたことや余地のなかったもの等、あらゆる前提を疑ってみること
  - 自分の知恵で考えるしかない

- Keyword 4　競争絶対差別化の時代
  - コア・コンピタンスの時代
  - 永続的発展・維持が可能な攻めの企業経営
  - 良い会社ではなく、変化に強いビジネス
  - スピードのあるアジャイル・カンパニー

**2. Self Identityの確立**

- Keyword 1　創力 → 〈従前の人材〉知識の蓄積／専門分野の確立／ステレオタイプ人間 → 〈現在の人材〉創造力・状況対応力の開発／専門分野の実学への深耕／個性の尊重

- Keyword 2　学びの姿勢 → 教え、育てられる／覚える → 自らの才能・能力を発掘する／掘り下げて考える

- Keyword 3　シンキングバイアス → 正解を求めて既存方法で解決 → 本質、原理原則・仮説に即して課題解決（満足解の選択）

- Keyword 4　人間的魅力 → 物知りで模倣／既成の枠内にいる／I型人間 → 独創力・個性の育成／枠外に出て自由に考える／T型人材（視野の拡大）

- Keyword 5　セルフ・マネジメント → 聞き屋に終始／吸収→定着→履修／インプット重視 → 発見・発想する／発現→定着→蓄積／アウトプット重視

社会人には正解がない：本質を捉え、創造的・独創的アイディアで問題を解決する

自分から衝動的に能力を高める努力を常に続けるべきである そうしないければ、自分の仕事の知識や能力は身につかない

145

これを受けた日本経営者団体連盟教育特別委員会は"当該企業の中で発揮され、継続的に雇用され得ることを可能にする能力"を加えた「雇用され得る職業能力」という広い概念を提唱している。

　彼の将来の夢は自分で会社を起すことであり、一生X社で働くつもりは今のところない。ただ、社内で自分のアイディアを事業化することを提案することも可能であり、社内の諸経営資源を活用させてもらいながら夢を実現するのも悪くないと思っている。

## Ⅱ　ストーリーを促進させる時代潮流

### 1　これまでの人事制度：年功序列を価値基準とする役割行動（役職）の重視

　人事制度はそれ自体が独立して形成されるのではなく、その時代の経営環境に対応して構想・実施されるものである。戦後からバブル崩壊までの約40年間の経営環境としては、市場は基本的に未成熟あるいは未飽和の状態で継続的な拡大基調にあり、その中で日本企業は右肩上がりの規模の拡大成長を遂げてきた。また、国家的目標である国内産業育成の名のもとで、市場には様々な規制が設けられ、海外企業はもとより国内他業界企業からの参入も困難な状態であった。

　その結果、競争といっても相手は業界内の日本企業のみという、閉じた世界での限定的なものにとどまっていた。さらに、市場や競争条件等が変化するスピードは遅く、量的にも小さく、方向性も同質連続的であり、十分予測可能な範囲内のものであった。個人の側に視点を移すと、生活観や価値観はかなり画一的であり、生活水準の格差もあまりない状態であった。個人の欲求は物理的な充足が優先されがちであり、就業に対するニーズもマズローの欲求5段階説の安定、安心、帰属といった比較的低次元のレベルにとどまっていた。「規模の追求」を可能にするためのピラミッド型の管理体制、機能別組織編成を可能にする人事制度が導入されていたのである。

　大量生産システムを可能にするために、様々な能力や個性を有する個人のばらつきを組織として平準化し、誰がやっても一定水準以上での均一な業務遂行がなされるように、一連の業務の流れを分業する体制がとられた。マニュアルの整備等により業務を単純化・定型化することで、結果として業務全体の生産性・効率性を最大限に高めることが図られた。長期安定的に人材の確保と全員

のモチベーション維持をはかるための平等主義的あるいは生涯丸抱えの終身雇用制度の仕組みが有効に機能した。

　そこでは個人の能力の突出を許さない、全体秩序の維持が人事制度運営上の絶対的条件であった。組織における全体最適を徹底的に追求する組織能力を最も効率よく最大限に引き出すための仕組みづくりが、人事戦略の中心的命題であったのである。

　経済が成長していた段階においては、毎年一定率の給与のベースアップが確保できるので、個人の欲求はかなりの程度満たされ、安定した生活が保障されたことにより、安心して自分のすべてを企業に捧げることができたのである。さらに、個人のニーズ自体もさほど成熟しているわけではなかったので、企業が決めた方向性と序列に画一的に社員を当てはめるという集団主義マネジメントが、個の尊重のマネジメントに比べはるかに大きな効果をあげたのである。つまり、集団的なモラールを高め、全社一丸となって全社員が頑張ることで企業の競争力を高めたのである。

　第2部第1章でも記述したように、集団主義の人事制度は"全体秩序の維持"と"社員の長期的で安定的な能力発揮の促進"を命題として構築された。具体的には、終身雇用制のもとでの年功を価値基準（序列）とした人事管理や長期間の昇進競争で、社員のモチベーション維持・持続がはかられた。終身雇用を前提とする年功序列は就業年齢という誰から見ても疑念のない基準による序列を、長い会社生活をかけてゆっくりと昇進していくことから、当然のこととして、そこでの評価は本人には開示（フィードバック）されなかった。若年層の処遇格差は処遇の低い社員のモチベーションの維持や持続に問題をもたらすことから全体秩序維持のために、およそ最初の10年間の処遇格差を最小のものとする人事評価制度が設計されたのである。

　年功序列は、日本の封建的な儒教文化や、運命共同体、家族的経営の思想とも非常に親和性高く結びつき、戦後から40年以上にわたって日本企業躍進の原動力となった非常に強力なエンジンである。これは単なる人事制度という枠組みを超えて、まさに日本の根幹的な価値観、仕組みとして定着、機能していたのである。例えば、終身雇用や高学歴化、平等な社会の実現で若者のリスク感覚が変わり、過去40年間、日本の殺人者率は若者を中心に激減し、世界で最も安全な国となっていた。

第 2 部　革新企業の戦略人事

　1973年のオイルショック以降においては、徐々にその欠点である人件費効率の悪さや変化対応力の低さなどが露呈し、大企業を中心として職能資格制度を価値基準とする能力型人事管理へと移行していくことになった。しかし、その運用は年功的に行われ、実態としては年功序列の修正版にとどまっていたのである。

　年功序列の人事制度のもとでの能力主義は、従業員に組織人（会社人間）になることを余儀無くし、階層別資格と役職が極めて厳格な意味での立身出世の証であったし、権威の象徴であった。そこでは、いかに組織人として命令・任命された役割行動（従業員が獲得した資格と役職）を遂行する"役割意識に固執偏重する"ことで、**スタンレー・ミルグラムの「罰の実施の意見と行動の実験」、フィリップス・ジンバルドの「監獄実験」**の結果にみられる"役割になりきる心理"が個人の論理を押し殺し、組織への滅私奉公という自己犠牲の精神を顕著に発揮することになっていたのである。これまでの日本人は組織人として、タテ型の人間関係の資格・役職（虎の威を借る狐）の実体のない権威で、"組織（会社）のため"を大義名分に、上司の指示に絶対服従の掟、部下を思うままに操る専制人事管理になっていたのである。

　　スタンレー・ミルグラムの「罰の実施の意見と行動の実験」は、2 人一組になって、どちらかが先生役、生徒役となって、先生が生徒に記憶の問題を出し、もし答えが間違っていたら罰として生徒に電気ショックを与える。間違える度に、罰の電気ショックは強度を15ボルトの間隔で450ボルトまで一段階ずつあげていく。15ボルトは"かすかなショック"、135ボルトを超すと"強いショック"、375ボルトを超すと"危険で、凄いショック"、420ボルトを超すと"生徒役がどうなるかわからない、生命に危険なショック"である。実験結果は、先生役の被験者は実験の前には"強いショック（135ボルト）の一歩手前でやめる"との意見（個人の自主基準）を持っていたが、実際には、実験者の「最後まで実験を続けなさい」という指示（組織の上司の基準）に従い、実験を続け最後まで電気ショックを送り続けたというものである。〔斎藤、1998：pp 43－47〕

　　フィリップス・ジンバルドの「監獄実験」は、大学の地下室を実験用の刑務所に改装し、被験者である学生の半分を囚人役、半分を看守役にした"役割取得行動の観察実験"である。囚人役・看守役のそれぞれに現実味を持たせるために、囚人役の学生を路上で、あるいは自宅の前で逮捕した。看守役はカーキ色の制服を着用、濃いサングラスをかけ、命令用の笛を首にかけ、手には棍棒を持ち、腰には監獄の鍵束をジャラジャラさせた。初日、看守役は所定の指示を完全に遂行した。ところが、2 日目、

3日目になると、役割を逸脱しての厳しい処置を囚人役に行うようになったのである。自分で勝手に規則を強化したり、制限を新たに設けるなど看守としての役割をエスカレートしていったのである。その虐待を受け続ける囚人役は、看守の学生たちの残酷なやり方に文句をつけるどころか、看守役に従属し、あけすけにへつらう者も出てきた。大半の囚人役の学生は気力を失いふさぎ込むようになり、ひどい発作を起す学生もでてきた。これ以上実験を続けていると囚人役の被験者の精神的混乱を生じかねないということで、急遽3日で実験は取りやめになったというものである。〔斎藤、1998：pp53－57〕


## 2　ブームとしての成果主義の導入

　現在、日本経済はかつてないほどの長期の停滞期に遭遇し、そこからの出口はいまだ見えていない。リストラによる人員削減や年金削減など将来への不安が広がり、消費者心理低迷とも重なり合って、デフレスパイラルの状態に入っている。市場は飽和もしくは縮小状態になっており、企業の勝ち残りを賭けた峻烈な競争が行われている。市場や競争条件等の変化するスピードは加速し、量的にも非常に大きく、不安定な状態となっている。変化の方向性も、従来のような一方向的でなくランダムな方向に非連続的に変化するようになり、事前予測が極めて難しくなってきている。産業・企業はグローバル競争力を身につけるため、規制緩和と参入障壁撤廃のもとでの経済合理性をルールとする市場の厳しい洗礼を受けることになった。

　個人においても、生活観や価値観は徐々にではあるが確実に多様化してきている。殊の外、若年層を中心に従来のような社会や企業が定めた一律的な価値観、定まりのモラールに抵抗感や違和感を感じる人たちが増えてきており、それを組織に馴染めないごく一握りの人たちとして異端視することができない状況となっている。個人の欲求はマズローの自己実現レベルに向けた質に関するものや精神的な充足感をより強く求める傾向となってきている。

　このような経営環境は、"従来からのマニュアルでは対応しきれない創造性、革新性、独創性が重要視されることであり、これらは従来の全体主義的人事制度からは本質的に産まれない" "個人は多様化しているので、企業としてそれへの対応を怠ると、モチベーション低下のみならず、優秀な人材の確保が困難になってきている" "変化をチャンスとするような新たな人事制度でないと企業は生き残れない" 等、様々な視座からの変化をもたらすことになった。

大きな流れとして集約できることは、①組織への忠誠心を求めるものから職務への責任感を求めるものへの転換、②組織と個人との関係については、従来の人材を囲い込む思想のもとに個人が組織に従属する関係から対等なものへの転換、③従来の終身雇用・年功序列を中心とした仕組みから、出入り自由な場としての組織を前提とし競争原理を主軸に据えた仕組みへの転換、である。能力主義の普及と言うよりも、単に能力があるだけではなくそれをベースにした真の実績・貢献度による評価への転換である。

　現在行われている人事制度改革では、示しあわせたように、成果主義と自己責任原則に基づいた「自律した社員像」が描かれている。それは、企業がすでに年功主義を捨て成果主義人事制度の導入を宣言していることであり、その傾向が今後ますます加速することは環境変化の予測からも明らかである。

　また、ライフスタイルの変化からも、個人（労働者）の意識が変わってきている。高齢社会の到来・現役年齢の延長で、中高年になってもスキルの更新の必要性に迫られることになった。若年層は成果主義の浸透が進む中で、学生時代から自己のキャリアを意識することになり、働き方も仕事を自己実現の場とする人やマイペースで働きたい人など多様な仕事観で多様な就業形態をとることが当り前のようになってきた。いずれの世代も、「自己責任」において自分のキャリアを考え、仕事を選択する（しなくてはいけない）という意識が今後とも高まることは必至である。

　とはいうものの、現在の成果主義ブームも、第2部第2章で記述したように、従来からの横並び意識から脱皮できないでいることが多い。成果主義は"成果がもたらす価値に応じた対価が得られるという仕組みによって高い成果を生みだそうとする意欲・行動を起させる動機づけ"が本来の意味であるが、短絡的に報酬の多寡を決定するものであると考えられがちである。客観性を重視するあまり制度を詳細に作り込み過ぎることによるフレキシビリティの喪失や、社員のメンタリティーとの整合性といった本質的議論をしないままコンサルタントに任せきりにしてしまうといった問題があげられる。

## 3　今後の人事制度：自由と自己責任原則

　戦後のどの時期をみても経験したことのない社員の自律化が企業経営にとって喫緊の課題となってきた現在、企業が画一的に押し進める成果主義では社員

の納得性を得ることは困難であり、運用もしづらい点が多くなる。原点に立ち返り、個人の能力を十分に引き出すためには、多様な個人の能力に対応できるフレキシブルな仕組みを考えることが重要になってくる。個人の側から見れば、自己選択が行えるだけの自主性を養い、それを発揮することが求められる。明確な目標のもとでの成果の反映は、基本的には自己の判断に委ねられるものであるので、これが可能になって、初めて社員は自らの意識変革の必要性を実感できることになる。

　企業が個人に対して求めるものは"会社を信じて努力し、定年までの人生を会社のために尽くしてほしい"というものでなくなり、"10〜20年の企業存続でさえ確証することは難しいので、できるだけ短期成果主義でいきたい"という人材流動化促進のスタンスに変化しつつある。そこで、「自由と自己責任」の人事制度の考え方を提示し、それを終身雇用のアンチテーゼとしているきらいがある。現在の企業サイドからみた「自由」とは"自ら選んだ役割とキャリア"、「自己責任」とは"成果評価の伴わない年功的処遇の終焉を受け入れる"ことであり、個人にとって建前としては否定しづらい原則であるがゆえに、かなり巧妙に成果をノルマとして押し付けられているといったところであろう。

　今後、組織がネットワーク化し、多元的帰属関係や関与の自己選択というきわめて自律的な組織行動が求められることは、「終身雇用の手厚い庇護がなくなった時に、戸惑い、さまよい、あきらめるのでなく、自らの進み行く先を決定し、自分が選んだルートとスピードで進んでいくしかない」ということである。例えば、目標設定時に、上司が仕事の役割期待を明確に伝え、"その役割に対して何ができるのかを考え、自ら課題設定する"ことを部下に求めることを意味する。上司はそれを支援するために、節目節目の評価において評価理由を本人にフィートバックし、それを受けた本人は次の節目に向けて課題設定する。自分の実績をオープンな場に持ち込んでの自己評価や、チェック形式で判定するセルフアセスメント、360度評価などを組み込んだ"気づきのコミュニケーション"が個人に自己責任を意識させた今後のキャリアを自分でコントロール（個人が権限と責任をコントロールするリスクのセルフコントロール）するきっかけをつくれることになる。

　企業という目的集団の中に自由と自己責任原則を持ち込むときに、自律した個人と企業の新たな関係の構築が必要で、自律的なキャリア形成が重要になっ

てくる。現在の企業を取り巻く環境と組織・人事に対する考え方の変化（図表2-39）が一時的なものでなく構造的なものであり、21世紀の競争ルールや質の変化をもたらす時代潮流を示すものであるので、企業も新たな経営パラダイ

図表2-39　企業を取り巻く環境の変化

|  | 以　前 | 現　在 |
|---|---|---|
| 市場の特徴 | ・大量消費社会<br>・高度成長→バブル | ・消費者ニーズの多様化<br>・国際化／IT革命 |
| 市場対応戦略 | ・市場の普遍的な最大ニーズを探り、大ヒット商品を大量に提供（大量生産戦略） | ・市場ニーズの多様化・複雑化に対応するサービスをスピーディーに提供<br>・国際的にも優位性を持つ商品を提供（価格性・機能性） |
| 企業の求める優位性 | ・他社より1円でも安い商品作り（国内ナンバーワン企業） | ・他社に無い価値の提供（オンリーワン企業） |
| 適応した組織戦略 | ・計画通りに仕事を進め、スケールメリットを活かすことのできる統制の取れた組織<br>・ミス・無駄の少ない組織 | ・市場にスピード感を持って対応することができる、柔軟性と機動力を持った組織<br>・国際的にも通用する高い生産性を持った少数精鋭組織<br>・高い付加価値を生める組織 |
| 企業が求める人材像 | ・人間関係を大切に、和を乱さない人材<br>・上司の指示・命令に従うことができる人材（従順で管理しやすい組織人）<br>・効率の向上を目指し、組織を機能的に管理することができる人材 | ・高い専門性を持った人材<br>・会社の目指す方向に理解・共感し、そこから自分の考え・方向を明確に打ち出していける人材（自律的に仕事を進めていくことができる人材）<br>・会社および職場に対して強い仲間意識を持てる人材 |
| 人材開発の基本方針 | ・会社が育成の機会を与える<br>・会社が最後まで面倒を見る | ・自ら成長する<br>・自分自身がキャリアを形成 |
| 人材開発の方向 | ・より大きな組織を統括していく人材として管理職の階段を登る（立身出世型人材開発） | ・自分の志向・適性に応じて、個々に役割貢献レベルのアップを目指す（役割向上型人材開発） |
| 個人と会社との関係 | ・自分のキャリア生活の全てを保証してくれるところ | ・自分自身がキャリア開発していく上での機会を提供してくれるところ |

出所：塩津、2000

章3章　個人が活きる企業人事の当来

図表2-40　個の自律

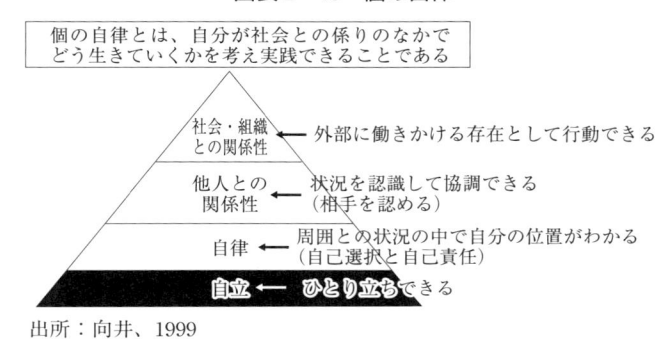

個の自律とは、自分が社会との係わりのなかで
どう生きていくかを考え実践できることである

- 社会・組織との関係性 ← 外部に働きかける存在として行動できる
- 他人との関係性 ← 状況を認識して協調できる（相手を認める）
- 自律 ← 周囲との状況の中で自分の位置がわかる（自己選択と自己責任）
- **自立 ← ひとり立ちできる**

出所：向井、1999

ムの構築に迫られており、必然的に独り立ちできる**自立を前提とした「個の自律」**に転換せざるを得ない。

　自立と自律は同音であり、一般的には厳密に区別して使われていないが、その内容は明確に異なるものである。自立とは他者（準拠集団）とは無関係に個としての独立性を保つことである。自律とは目的意識と責任感をもって他者との関係の中で個としての独自性を確立することである。日経連が提言〔日本経営者団体連盟教育特別委員会、1999〕していることは、個人の視点からみると個の自律が人材要件のコアとなる考え方で、個の自律（図表2-40）は、独り立ちできる自立を前提として「自分自身の自律（多様な選択肢の中から自分で選択し意思決定したことに対する自己責任）」「他人との関係性における自律（他人の価値観や意見あるいは異質性を認めたうえで自己主張したことに対する自己責任）」「組織・社会との関係性における自律（自己と社会や組織とのバランスをとりながら、その一員として成果・貢献を果していく自己責任）」の3つがあると考えられている。そして、企業と個人の関係を「従来型（企業と従業員の相互依存型）」「雇用流動型（従業員自立型）」「変化対応型（従業員自律・企業支援型）」の3つに分類している。

　個の自律という概念は、「自分が主体となって課題設定を行い、自己管理していく」〔日本経営者団体連盟教育特別委員会、1999〕（図表2-40）ということであるので、キャリア形成はあくまでも個人のライフプランの中で個人が主体的に考えていくものである。企業はそれを支援することで、個人の成果アップを期待するとともに事業の発展に個人が積極的にコミットしていく状態を目指すことになる。従来、企業主導で行ってきた階層別・年次別研修を中核とする人材育成は社内に通用する人材教育であったが、今後は個人のキャリア形成プランにそった採用、育成、配置、処遇、評価、選抜、転職、退職も含めての

キャリア形成支援が企業の役割となってくる。要するに、個人は入社したときから企業の中でどういう仕事をし、企業に何を貢献するかの価値を提供し、自らの市場価値を広げていくことになる。何をもって働き甲斐、生きがいと考えるかは、個人の年齢、環境等の条件によって変化することになるので、各フェーズ（世代）ごとに個人が価値観をしっかり持って自分のキャリアを考えていくことが求められる。キャリアは"仕事によって築かれた人生の足跡や業績"であり、豊かな生涯は充実した職業活動なしには達成できないという**キャリア概念の進化**である。

> キャリアという言葉は、キャリア・デベロップメントに係る使い方が一般的で、その研究には生涯発達心理学の枠組みを参考にするものが多い。例えば、シャイン（Schein,E.H.）はキャリア・アンカーの提唱者であるが、キャリア・ダイナミックスという概念で、個人のキャリアは複雑に絡み合いくつかの要因のダイナミックスによって決定されると提唱した。エリクソン（Erikson,E.H.）は精神の変化の過程を個人の生涯に亘って展望し、発達理論の過程にアイデンティティの概念を提示した。アイデンティティは心理学では"同一性"、社会学では"存在証明"、哲学では"主体性"と訳されているが、一般的には、「私は誰なのか」という問いに答えることであるということで、個人の出生まで遡る過去から現在までの自分自身の精神的な一貫性を問うものから、他者との関係における自分の主張の確立を問うものまで多岐に解釈されている。端的な言い方をすれば、これらは生き方（life career）を主題とするものであるが、近年のキャリア論は職業や仕事に係らせたもの（work career）へと変化（進化）させてきている。職業との関連では、スーパー（Super,D.E.）のキャリアステージ理論がある。
>
> スーパーは、若年層からミドルエイジ（40歳前後）にいたる時期に、キャリア形成に係る成功感を繰返し経験すれば更なる成長の可能性が約束されるが、その逆は責任とリスクを回避する保守的な防御意識に苛まされると指摘した。ミドルエイジでは、近代精神医学の巨人であるといわれているユング（Young,R.）が人生という長い旅路を太陽の動きになぞって40歳を"人生の正午"と表現した。職業人生行路という文脈でいえば、ミドルエイジは転機（移行期：transition）でもあるという認識である。トランジションについてはニコルソン（Nicholson,Nigel）のモデルが人口に膾炙されている。

## Ⅲ 仕事を通しての充実した生涯

仕事を通しての充実感をどのような時に実感するのかを考えた場合、同じ事象でも、人によって価値観やスタンスの相違からその受け取り方は様々である。筆者が研究主査として指導した『仕事を豊かにする価値研究会（メンバー

章3章　個人が活きる企業人事の当来

図表2-41　企業との係りからみた人のタイプの層別

| 人のタイプ (個人の係り 価値研究) | 企業別特徴 | | 個人としての指標 (キーワード) | 会社としての指標 (キーワード) |
|---|---|---|---|---|
| | ← 能力・貢献度大 利点（メリット） | 能力・貢献度小 → デメリット | | |
| A 組織順応型 （企業／個人） | 〔会社心中型〕 ・安定感がある ・長期的計画が 立てやすい ・企業を活用できる ・ステータスがある （チームバリュー） | 〔ぬるま湯型〕 ・緊張感がない ・外部がまるで見えない ・守りの姿勢になりがち ・創造的業務でない ・制約が多い | ・上司からの評価 ・職場の適性度 ・ポスト（権限） ・経済的な待遇 | ・人件費効率 ・安定雇用 ・計画的育成 |
| B 自主発展型 （企業／個人） | 〔相互依存型〕 ・外部との接点がある ・視野が広がる ・情報収集が広がる ・緊張感が出る ・マンネリ化を防げる ・両面から活用できる | 〔無気力型〕 ・信用性に欠ける ・企業として 管理しづらい | ・自由度 ・自己の達成度 ・外部評価 | ・外部情報の活用 ・企業のアピール ・マンネリ防止 |
| C 実力勝負型 （企業　個人） | 〔欧米型・契約型〕 ・個人の能力、個性が 要求される ・ギブアンドテイクの 社会である ・契約社会である ・選択の自由が得られる | 〔無責任型〕 ・保障がない（不安定） ・自己主張がしやすい ・プロジェクト型の選択が できる ・先行投資が必要である ・攻撃的である | ・成功報酬 ・実力評価 ・仕事に対する満足度 （達成度） | ・ベスト人材の調達 ・契約コストメリット ・裁量労働制の検討 |
| D 独立型 | 〔ベンチャー型〕 ・選択の自由が大きい ・評価が直接的である ・個人の能力水準が 要求される ・経営的センスがある | 〔孤立型〕 ・リスクが大きい ・先行投資が必要である | ・自己実現 ・個の確立 ・直接的評価 ・時間の自由度 ・対人関係 | ・能力を発揮できる ・個性の確立 ・新しい仕事づくり ・権限が大 ・リスク大 |

出所：仕事を豊かにする価値研究会、1995

は落合晴海、木津広美、竹田寿彦、戸田寸波子、中嶋和子、平野絵里子、細谷サヨ子、上野孝、河田トモ子の9名、敬称略）』では、従業員を企業（組織）との係りの大きさからタイプ別に層別し、それぞれの特徴と充実度の尺度（図表2-41）、企業としての対応等について考察した。Aタイプは組織順応型で、いわゆる会社人間である。その特徴から能力・貢献度の優劣でさらに層別すると、モーレツ社員といわれるように仕事一途に会社に尽くす"会社心中型タイプ"と会社にどっぷりと漬かり安住している"ぬるま湯型タイプ"の2つの両極に分けられる。Bタイプは自主発展型で、会社とのつながりが大きいが、ある程度外部との接点もある。業務を遂行するうえで社外の情報などを積極的に活用することができる"相互依存型タイプ"と目標を見失った"無気力型タイプ"の両極に分けられる。Cタイプは実力勝負型であり、企業との接点が小さく、社外の活動などに重きを置くものである。外部で培った知識や技能を会社で発揮する"欧米型（契約型）タイプ"と、生計を営むため仕事は単に給料をもらうためと割り切るアルバイト感覚の"無責任型タイプ"の両極に分けられる。DタイプはA～Cタイプとは異なり、個人が主体となって、そのまわりに係りのある企業や組織が存在しており、独立した個人事業主などがその典型である。会社の中においては子会社の経営や新規事業を任されたり、それを積極

図表2-42　人のタイプと仕事の充実感

|  | 〈A〉組織順応型 | 〈B〉自主発展型 | 〈C〉実力勝負型 | 〈D〉独立型 |
|---|---|---|---|---|
| 達成度 | ④組織内で受身的になっているため、達成感が得られにくい | ③企業内目標・個人的目標の両方から達成感が得られる | ②目標が明確なため、達成感が得られる | ①評価が直接、自分に返ってくるため達成感がより得られる |
| 能力向上 | ②計画的支援が得られるため能力向上しやすい環境である | ①社内・外部両方を活用して能力向上を図れる | ③ある程度の先行投資・自己投資が必要 | ④能力向上した段階、そこから先は自己投資が必要 |
| 余暇の利用度 | ④職場環境に左右されるためなかなか難しい | ③ある程度の自由がきくマイペース型である | ②能力が伴うが、ある程度自分で計画することができる | ①自分で計画を立てることができる |
| 評価・処遇 | ④評価が集団的に行われる。階級が多い | ③自己評価・組織内の評価が一致しにくい | ①契約的な性格が強いため評価指標が明確である | ②不特定多数の相手から評価を得られる |
| 環境・風土 | ④強制的・保守的・平均的な風土作り | ③自分で作る世界と与えられる世界と2つの環境がある | ②条件交渉ができる | ①環境・風土の改善が自分なりにしやすい |
| その他感動 | ④集団の一部としての立場なので感動はなかなか得られにくい | ③自分の満足度と企業からの評価と両方から感動が得られる | ②目標が明確なため、その達成により感動が得られる | ①評価が直接的なため感動が得られやすい |

出所：仕事を豊かにする価値研究会、1995

的に買ってでるような"ベンチャー型タイプ"と組織内で力を発揮できない"孤立型タイプ"の両極に分けられる。

この4タイプ別の特徴と仕事充実度の指標（個人と会社としてのキーワード）をもとに、「達成度（個人の業務目標達成度、新規業務の挑戦件数、日常業務の改善件数、提案の提出件数など）」「能力向上（新規資格取得件数、社内外研修参加・受講件数など）」「余暇利用度（有給休暇取得回数、連続休暇の取得回数、残業時間削減率、ライフワークへの取組度合、ボランティア・趣味等の会合参画度合など）」「評価・処遇（評価基準の公平性・客観性、業績・成果に対する評価制度、目標管理制度、評価の本人へのフィードバックなど）」「環

境・風土（職場環境の改善、情報共有化、異質人材の許容、開かれたコミュニケーションなど）」「感動その他」という"仕事の充実感"の構成要素との関係を考察したのが**図表2-42**である。この図表の見方は、例えば仕事の充実の構成要素である仕事の達成度の場合、①の数字を付したD独立型タイプは結果がすべてという観点から、もっとも達成感の実感を得やすいことを示し、④の数字を付したA組織順応型タイプは仕事に対して受け身的な傾向があるので4つのタイプの中では相対的に達成感が得られにくいことを示している。以下、能力向上はBタイプ、余暇の利用度はDタイプ、評価・処遇はCタイプ、環境・風土はDタイプ、感動その他はDタイプがもっとも仕事の充実感を得やすいということを示している。

　人は経験や成長する過程で、企業との係り方がA→B→C→Dというようにタイプが変わる人もいれば、逆にC→B→A→Dと変化する人もいる、またタイプが変わらない人や2つや3つのタイプを行き来する人など変化のパターンは様々である。そして、個人としての仕事充実の向上策として挙げられているのは、「組織順応型」では"創造力・探究心の育成""仕事にメリハリをつける""燃える仕事を発見する努力をする"、「自主発展型」では"会社に責任転嫁をしない""業務の目的を常に知る""相互信頼、相互補完の関係確立"、「実力勝負型」では"主体性をもった行動力を身につける""他流試合をする意欲をもつ""自ら業績管理をする"、「独立型」では"リスクを恐れない精神力をもつ""社会の流れを素早くキャッチする"であった。各タイプに共通するものとしては"どのタイプを目指すかのビジョンを持つ""業務のスケジュール管理を行う""業務目標を立て、成果は自己評価する""アピールする特技を持つ""社内外に人的ネットワークを持つ""生涯に亘って取り組めるライフワークを探す""長期的な観点で自分の夢を企画書に纏める""常に問題意識をもち、前向きに取り組む""勤務時間の一部を改善活動や戦略立案の時間に当てる"であった。

　企業が従業員の仕事充実感向上のためにとるべき施策は、「経営トップの基本姿勢」として"長所を伸ばせるシステムづくり""男女の性差別をしない""個人の能力を会社がPRする機会をつくる""会社にどのようなタイプの人間が必要なのか明確なビジョンをもつ"、「経営者の課題」は"トップ自らが強力なリーダーシップを発揮する""末端までの士気を高めるため経営内容をガラス

張りにする""社員の自主性を高めるため権限委譲を促進する"、「選択の自由度」としては"職場選択のメニューを広げる""自己の適正発見の場を与える""採用制度を多様化する""人のタイプ別に契約条件を整備する"、「評価システム」では"公正な評価を行う（給料、昇進、待遇、適材適所等）""マイナスでなくプラス評価基準の人事制度を整備する""人のタイプ別にきめ細かな評価基準を設定する""部下が上司を評価するシステムをつくる""社員の貢献度をポイント制で評価する"、「能力開発システム」としては"社員の個性、才能を引き出す教育システムを開発（年次別・階層別研修の見直し）する""教育、研修の受講選択権を社員に持たせる""個人の能力開発への資金援助を積極的に行う"であった。

## Ⅳ 自律的キャリア形成のキーワード―主体的行為による「仕事の人格化」―

キャリア形成は、与えられた役割期待を果す具体的施策のことである。**仕事は劇であり、自分はその演技者**である。定義された役（責務）がなければ、仕事は単に仕事のための仕事となり報われないものになってしまうことになる。

　　　Pine, B. Joseph & James H. Gilmore〔1999〕は "The notion that employee turnover stems from hiring under-or-overqualified candidates for jobs often obscures a more fundamental source of employee dissatisfaction and defection : casting mis-qualified people in roles ill-suited to their capabilities in the name of getting the best and the brightest. To get the best talent for the role being cast, casting should match individual skills to appropriate roles. To effectively stage[drama = strategy], a company must have the right[cast = people] to implement that strategy"との説明している。

役割期待を果すことが、筆者が提唱する「主体的行為による仕事の人格化」の確立である。主体的行為者（図表2-43）とは、自分のなすべきことを知っている人である。主体的行為の実現にいたる努力は、変化を常態とする環境と主体的自分との係り合いを考察し、自分としての世界観・人生観を確立し、自分は本当に何をしたいのか、自分はこれから何をすべきなのか、といった"自分の価値観に合致したチャレンジイングな目標の自己設定"ができなければならない。

主体的行為者になるためには、個人が所属組織（企業）の事業ビジョンを的確にとらえた上で自ら果したいと考えている役割をTPOを踏まえて正しく認識し、組織課題の中から自分のチャレンジ目標を汲み上げていくことが大切と

第3章　個人が活きる企業人事の当来

図表2-43　主体的行為者

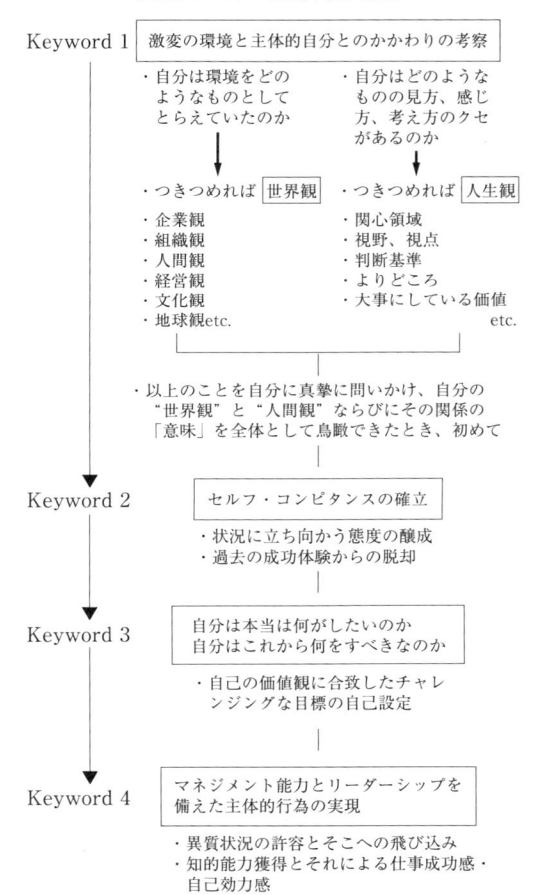

Keyword 1　激変の環境と主体的自分とのかかわりの考察

・自分は環境をどのようなものとしてとらえていたのか
・自分はどのようなものの見方、感じ方、考え方のクセがあるのか

・つきつめれば 世界観
・つきつめれば 人生観

- 企業観
- 組織観
- 人間観
- 経営観
- 文化観
- 地球観etc.

- 関心領域
- 視野、視点
- 判断基準
- よりどころ
- 大事にしている価値
etc.

・以上のことを自分に真摯に問いかけ、自分の"世界観"と"人間観"ならびにその関係の「意味」を全体として鳥瞰できたとき、初めて

Keyword 2　セルフ・コンピタンスの確立

・状況に立ち向かう態度の醸成
・過去の成功体験からの脱却

Keyword 3　自分は本当は何がしたいのか　自分はこれから何をすべきなのか

・自己の価値観に合致したチャレンジングな目標の自己設定

Keyword 4　マネジメント能力とリーダーシップを備えた主体的行為の実現

・異質状況の許容とそこへの飛び込み
・知的能力獲得とそれによる仕事成功感・自己効力感

なる。それは、企業の期待と個人の意識を明確に共有する機会を持ち、双方向でやりとりをしながら決定していくプロセスを現場中心ですすめていくことにほかならない。企業は個人に対して、"将来に向けての個人の見通しをつけさせるモチベーション""常に企業経営の実態に合わせた自分の役割期待の変化への対応を取らせる意識付け"が必要になる。さらに進めて、個人は会社が要求する能力の不完全性や陳腐化の加速性を考えて、自らの人的資本の分散投資的なリスクヘッジの観点から一面的な役割期待をうけたキャリアだけではな

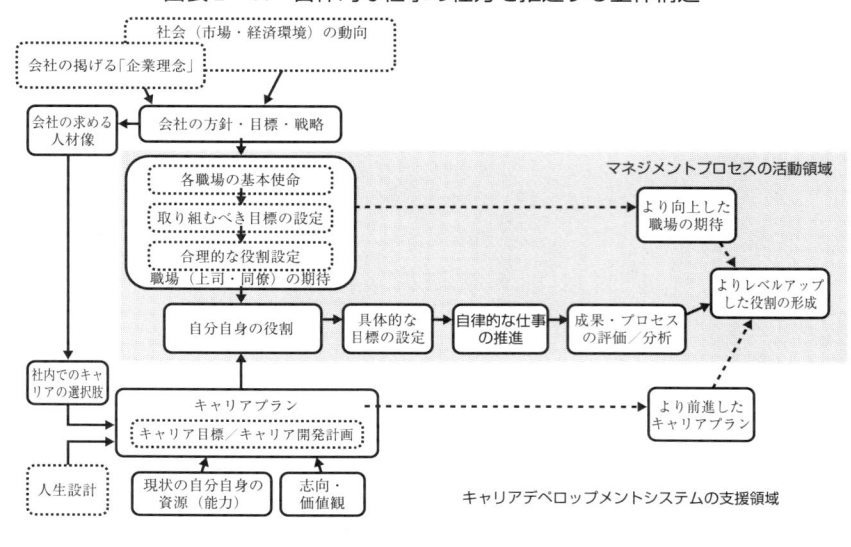

## 図表2-44 自律的な仕事の仕方を推進する全体構造

出所:塩津、2000

い、自分の多面的なキャリア形成(他社でも通用するエンプロイアビリティ＝市場価値)が必要である(**図表2-44**)。

　市場価値の自覚の第1歩は社内市場の中の役割期待に呼応したキャリアをもつ社内市場価値であり、それの高い人は、社外市場価値を高めるのが容易である。360度評価、コンピテンシーアセスメント等、情報の公開や上司とのコミュニケーションの仕組みをつくり、役割期待に照らした自分の能力の棚卸をすることである。要するに、自分の能力の棚卸とは「自己評価(自分はこう思っている)」とは違い、「自分の実績(これができる、これはできない)」を判断していくことである。

　「働く」という問いに対して、"生活費を得る手段""時間の切り売り""自分の能力の対価が給料"という回答でなく、"仕事を通して夢やロマンを実現させる「知的な刺激と興奮」をもたらすプロセス"といった回答が望まれる。仕事は義務として行うよりも、良い意味での"のめり込み(inclination)"があり、興奮して夢中になって、我を忘れて没頭する状態が生起できれば時間の経過が苦にならず、あっという間に仕事が終えたと感じる。物理的時間は時計の時間

で誰に対しても同じであるが、伸びたり縮んだりする生活時間は心理的・生理的時間のコンテキストで、個人個人で違うものである。それは個人が生きている人生のステージから生まれる時間感覚である。仕事に心が燃えるかどうかは、仕事の種類や内容、本人の性格や能力のレベル、どの段階のキャリア・ステージにいるのかによっても異なってくるとはいうものの、基本的には可能な限りの最高なレベルの自分を追い求める本人自身の意欲（努力）と工夫の如何である。能力の差は小さいが、意欲の差は大きい。ある仕事に取り組んだら、中途半端でやめず、とことん喰らいつく。たとえ失敗に終わったとしても、その努力が本物であったならば、それに費やした努力は時間の浪費でなく、自分の能力向上の時間である。失敗を繰り返すことがあったとしても、それらによって、理論や技術やノウハウが蓄積され、また、人間の魅力の幅が広がってくる。最高の自分を仕事の中で見つけ出すことが"仕事の人格化"である。

　仕事の人格化は仕事を"自己実現の手段""自分のすべてを映す鏡""組織人としての責務"と考えることから生まれてくる。自己実現の手段とは、仕事を「自分のやりたいことを十分にやり、こうありたいと思う自分の姿（将来像）を実現する」ことである。そのためには、与えられた状況の中で、可能な限り最大限の能力を発揮し続けること、言い換えれば、「能力の幅と深さを広げ、掘り下げる努力をすること、困難な課題に挑戦する」ということを意味する。

　自分のすべてを映す鏡は、「仕事の成果の中に自分の意思・意欲の強さや仕事に対する誠実さ、粘り強さ（性格や育ち）ならびに仕事に関する知識、実務能力、キャリアが反映されている」ということである。いかなる条件下にあっても、肯定的、積極的な態度で仕事を遂行し、何がなんでもやり抜く精神のタフネスさと粘り強さで、不可能を可能にする"その人ならではの仕事の仕方"で一定の成果を上げているイメージである。未経験な仕事に直面したとき、過去の経験からいってできそうもないとか、やめておいたほうが無難であるとか、できない理由ややらない理由をいろいろ考える人は仕事に自分を反映することなどありえない。"できる、やってみる、あきらめない"の精神で、高い目標や困難な仕事に取り組み、それを能力発揮のチャンスとすることが、仕事は自分のすべてを映す鏡の意味である。

　組織人としての責務は、「仕事に直接かかわりのあるデータ、情報、知識を有し、それらを統合し活用するための理論・ノウハウ・技術を身につけ、対人

第2部 革新企業の戦略人事

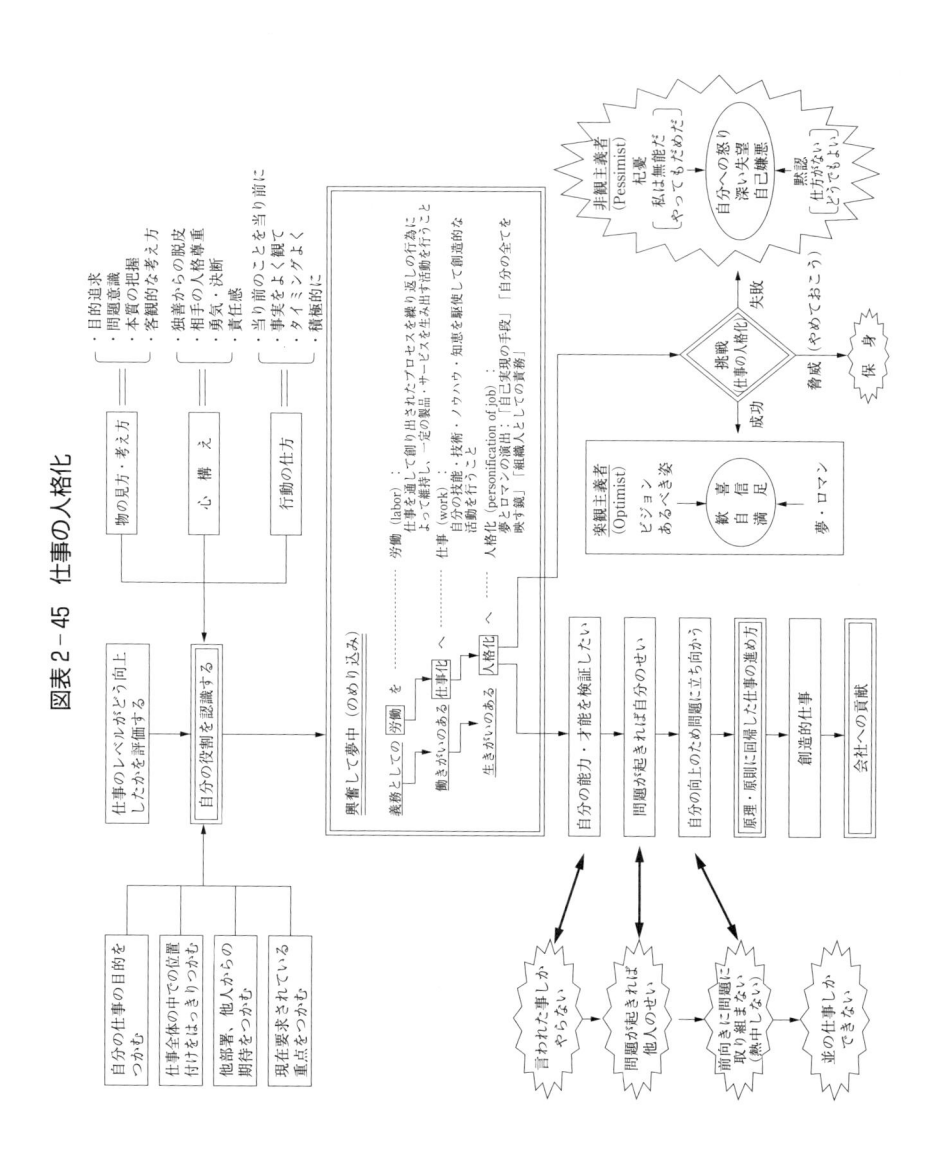

図表2-45 仕事の人格化

コミュニケーションや人間関係のスキルに裏づかれた人的ネットワーク（役割分担）を通じて仕事を遂行する過程から生まれてくる責任」である。「自分の役割を認識する」ことが「自主的な仕事の進め方」を促し、それが、「原理・原則に回帰した仕事の進め方」となり「創造的な仕事」を通じて「会社への貢献」を達成することに連結する。

この3つのことから「仕事はお金を貰って勉強する機会」「仕事の出来ばえが自分自身を表現している」ということになり、これが"仕事の人格化"（Personification of the job）（図表2-45）の考え方である。

スターリン時代の強制収容所（ラーゲル）に捕われている**1人の男の1日の限界状況下の強制労働が、「いかに、それが仕事化し、人格化していくか」**を理解できる事例として、ソルジェニーツェン『イワン・デニーソヴィチの一日』（木村浩訳、新潮文庫版、1962年11月）の中の文章の一部をここに掲載しておきたい。

　……シューホフは昨晩から寒けとも節々の痛みともつかないが、なんとなく気分がすぐれず、因人の起床の鐘が午前5時に鳴っても起きられず、その罰として看守室の床掃除を命ぜられた。……

　『仕事というものは、一本の棒きれのようなもので、いつも両端がある。人さまのためにするときにゃ——その内容が大切だが、馬鹿どものためにするときにゃ——見てくれで十分だ。そうでもしないことには、もうとうの昔に、みんなくたばってしまったにちがいない。これはわかりきったことだ。』

　……まだ、日の出の時刻になっていない。暗闇の零下27度の酷寒の中を工場建設工事の現場へ、自動小銃をかまえた護送兵の監視つきで駆り出されていく。班長がシューホフとキルガスを呼んでいった。……

　『「（略）昼から二階の壁にブロックをつむんだ。去年、第6班の連中が投げ出したところだ。が、今はそれよりさきに機械室をあたためなくちゃならん。何しろ、あそこには大きな窓があいてるからな。先ず、それをふさぐことが先決だ。（略）先ずあたためんことには、犬みたいに凍えちまうからな。分ったな？」』

　……二人は、屋根ぶき用の厚紙を看守の目を盗んで、苦労して調達してきた。……

　『あと2時間のうちに、暖房をなんとかできなければ、みんなのたれ死にするばかりだ。（略）シューホフは先ず手袋をはめた両手をポンポンと叩いてから、パイプをつなぎ、つなぎ目をとめていく。（略）そのうちに、邪念はすべて頭の中から消えてしまった。シューホフはもう何も想いださず、何も気にしなかった。今はただもう、煙突の曲がり目をうまくつなぎあわせ、煙のもらないようにと気を配るだけだった。』

　……2階のブロック壁はやっと積みはじめた段階であった。……

　『シューホフの目にはもう自分の担当している壁しかなかった。つまり、腰より少し

第 2 部　革新企業の戦略人事

高目に階段状に積まれた左隅から、キルガスの壁に接している右角までだ。彼は先ずセンカに氷をかき落とす場析を教えてやり、それから自分でも手斧の峯と刃の部分を使いわけながら、勢いよく氷かきにかかった。氷の破片は四方八方にとびちり、顔にもかかった。彼は考えごとも忘れて、無我夢中で働いた。いや、彼の頭と目はただもう、厚い氷層の下にかくれている、ブロックを二重に積まれた暖発電の正面外壁に集中されていた。まえにこの壁を積んだ石工がだれなのか知るよしもないが、とにかくなげやりな仕事ぶりだ。しかし、今やシューホフはそのやくざな壁を着々と直していった。さあ、この凹みは 1 段でなおすのは無理だ。モルタルを厚目にしても 3 段はかかるだろう。なに、このくらい出張ったところは、2 段もあればなんとかなるだろう。そして、シューホフの頭の中では、壁はもう 2 つに区切られていた——左隅からここまではおれの持ち場、ここから右へキルガスのとこまではセンカの持ち場。きっと、あの隅っこのところでは、キルガスが見るにみかねてセンカに手をかしてくれるにちがいない。そうシューホフは考えた。キルガスにしたって、その方が楽になるというものだ。いや、2 人が隅っこで手間取っているうちに、おれはこっちの壁を半分以上積めるだろう。まあ、おれたちはおくれをとることはあるまい。』

『ブロックはどれひとつをとっても、みんな形が変っている。縁のかけたもの、ゆがんだもの、いや、とびだしたものもある。だが、シューホフは一目でその特徴をのみこんで、そのブロックがどんな具合に寝たがっているか見抜いてしまう。いや、壁のどの部分がそのブロックを待ちこがれているかまで、見破ってしまう。』

……しかも驚いたことに、彼の作業班は一日働いた後、5 段目のブロックを積み上げる仕事がもう少しで片づくことを知ると、他の班は作業を終えて工具を返しに行っているにも関わらず、その完成に向けて猛然と突進するのである。集合に遅れれば遅刻したものはチェックされ、営倉へ叩き込まれる決まりになっている。にもかかわらず、人員の点呼が始まっても彼らは働き続ける。ようやく 5 段目が積み上がって仕事の終わりがくる。……

『「畜生、やっと終わったか！」とセンカが叫んだ。「さあ、いこう！」モッコをかつぐと、タラップをおりていった。しかし、シューホフは、たとえいま譲送兵に犬をけしかけられたとしても、ちょっとうしろへさがって、仕事の出来ばえを一目眺めずにはいられなかった。うむ、悪くない。今度は壁へ近づいて、右から左からと、壁の線をたしかめる。さあ、この片目が水準器だ！ぴったりだ！まだこの腕も老ぼれちゃいないな。』

## ◎おわりに—人事諸制度のリセット—

今までの人事制度は、企業の成長を信じ、組織目標の達成に個人を埋没させて努力すれば今日より明日はもっとよくなるという年功的処遇の考え方に基づいていた。しかし、自律的キャリア形成が、企業と個人との関係を新たなものにし、自己の客観化と冷静な自覚のうえに成り立つものであれば、それを支え

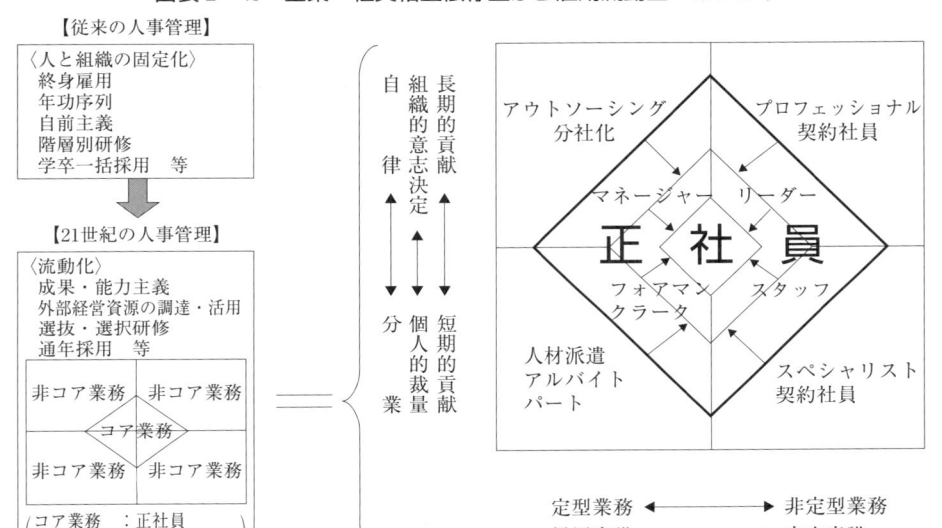

章3章　個人が活きる企業人事の当来

### 図表2-46　企業・社員相互依存型から雇用流動型へのシフト

【従来の人事管理】
〈人と組織の固定化〉
終身雇用
年功序列
自前主義
階層別研修
学卒一括採用　等

↓

【21世紀の人事管理】
〈流動化〉
成果・能力主義
外部経営資源の調達・活用
選抜・選択研修
通年採用　等

| 非コア業務 | 非コア業務 |
|---|---|
| コア業務 | |
| 非コア業務 | 非コア業務 |

（コア業務　：正社員
　非コア業務：外部人材活用）

自律 ←→ 分業
組織的意思決定 ←→ 個人的裁量
長期的貢献 ←→ 短期的貢献

アウトソーシング　プロフェッショナル
分社化　　　　　　契約社員
　　　マネージャー　リーダー
　　　　正　社　員
　　　フォアマン　スタッフ
　　　クラーク
人材派遣
アルバイト　　　　スペシャリスト
パート　　　　　　契約社員

定型業務 ←→ 非定型業務
帰属意識 ←→ 自立意識

　る人事制度は今までのそれを逆にセットしたものになるであろう。
　人事を革新するためには、制度の改革だけでなく、人事パラダイムの転換が必要であり、そのパラダイムは"画一からの脱却（仕事の人格化）"である。その方向は次の2点に集約できる。
　その第1は「画一をベースとした組織能力から多様性をベースとした個人能力へのシフト」、第2は「従属関係を強要する企業主導の組織論理（社内秩序管理型人事）からパートナーシップを重視する個人主体の個人論理（職務・人材に応じた選択性と自己責任のモチベート型人事）へのシフト」である。具体的には「企業・社員相互型から雇用流動型（図表2-46）へのシフト」である。これらは"企業主導でない自己責任の研鑽""階層別・年次別研修でないコア人材の選抜研修""人間関係重視型でなく契約を重視したキャリア開発"への人事施策を要請するものである。
　従来の確実性の時代の企業活動は、いわば競技大会におけるチーム単位の試合のようなものであった。チーム全体の中での一部分を担う選手（個人）は、監督（組織トップ）から与えられた動作、指示（目標）を、一糸乱れぬ統制のとれた運動（業務遂行）によって実行したのである。そこには、躓く石や穴、

泥濘はなく、過酷な雨風もなく、リーダーの詳細な指示通りに動いていれば、最高の成果が得られたのである。しかし、今日はまさに不確実性の時代であり、企業を取りまく環境は激しく、しかもとまることなく刻々と変化している。チームは体育館から荒々しい野外の石や穴やぬかるみが数多くある場所に放り出された。そこでは周囲の状況は刻々と変化し、リーダーの指示とは異なる事態が、突然目の前に現れ、その結果、穴に足をとられている参加者もいれば、早く進み過ぎて立ち止まっている者もおり、将来、どのような展開になるのかは誰も分からないような競争状態である。

　このような状況下における人事制度のパラダイムシフトは「様々な価値観や異質・激変の経営環境にオールラウンドに対応できる多様性の認識・許容」から始まる。多様性の認識・許容は、企業と社員の関係を、ピラミッド型組織の縦関係（上下関係・主従関係）から水平型組織の横関係（パートナーシップ）へ、さらに進んでネットワーク協働関係へと転換させていくことといえる。これは革新型目標管理（MBI：p.143参照）に適した自律・自己責任の関係の**オーケストラ型組織**となるであろうし、複雑多主体システム（ポリエージェントシステム）〔髙木、1995〕でもあり、フォード、米国陸軍などが組織革新を研究・実践し始めているネットワーク組織（逆ピラミッド組織）の協働関係への転換にほかならない。そして、米国の最先端の経営者研修では、オーケストラが21世紀の理想とされる組織形態であるとし、さらに進んでコンダクターの必要のないオーケストラが未来の企業の組織として研究の対象とされている〔NHK、2002〕。

> 　ピラミッド型組織はトップのパワー依存型に成らざるを得ない。トップに立った人間が死ぬほど頑張ることが要件である。このことはトップの好みに合わせて、情報の取捨選択がなされるが、人間が論理的に物事を判断できる時間的余裕を保持できた時代に有効であった。ところで、オーケストラではメンバーは、自分、隣者、パート、そして全体の「音」のすべてを聞きながら自分の音を調整して、自律的に演奏を行うのであるが、コンダクターの指揮に従っている。この音を仕事に置き換えれば、オーケストラ型組織となり、経営トップはコンダクター、各部門はユニットあるいはパートとして位置づけられ、各社員はそれぞれのユニットリーダーまたはパートリーダーによってフレキシブルにマネジメントされる。〔本山、1998〕

## 参考文献

Bernd H. Schmitt, 1999, Experiential Marketing, The Free Press
Pine, B. Joseph & James H. Gilmore, 1999, The Experience Economy, Harvard Business School Press
NHK、2002「NHKスペシャル：変革の世紀（最終回）」10月放映
アーサー・D.リトル社経営イノベーション・プラクティス、2000『キャリア競争力』東洋経済新報社
グロービス・マネジメント・インスティチュート、2001『キャリアを考える技術・造る技術』東洋経済新報社
高木晴夫、1995『ネットワークリーダーシップ』日科技連出版
桑名一典、1975『24時間の使い方』実務教育出版
斎藤勇、1998『人はなぜ、足を引っ張り合うのか』プレジデント社
仕事を豊かにする価値研究会、1995『仕事を豊かにする価値研究報告書』鹿島道路
塩津真、2000「自律型社員とその開発プロセスを考える」『企業と人材』5月5日号
杉村芳美、1997『「良い仕事」の思想』中公新書
日本経営者団体連盟教育特別委員会、1999『エンプロイアビリティの確立を目指して』日本経営者団体連盟
日本経営者団体連盟広報部、1994『目標管理制度事例集』日経連
三木佳光、1997『プロ・ビジネスマンの仕事術』あしざき書房・総合労働研究所
三木佳光、2000「人材経営の戦略的視点」『文教大学国際学部紀要』第10巻第2号
三木佳光、2001「エクセレント・カンパニーの"革新志向メンタル状況"の一考察」『文教大学国際学部紀要』第12巻第1号
三木佳光、2002「今、何故、成果主義か」『文教大学国際学部紀要』第13巻第1号
向井三貴、1999「企業と個人の対等な関係に向けて」『企業と人材』10月20日号
本山雅英、1998「オーケストラ型組織デザインの提唱」『企業と人材』4月5日号
平野光俊、1999『キャリア・ドメイン』千倉書房

# 第4章

# 企業内大学が主流の時代の到来

―長期刷込み方式の選抜型研修の導入・定着―

◎**はじめに**

　ソニーの出井伸之会長は、米国サンバレーの"メディア会議"やスイスの"世界経済フォーラム（ダボス会議）"に出席し、欧米の現役経営者と親交を深めるにつれ、現在の日本企業の社長就任年齢では遅すぎると痛感したという〔吉田、2002：pp 7 〕。スティーブ・ケースは42歳で AOL タイムワーナーの CEO、パルマーは44歳でマイクロソフトの CEO、カーリー・フィオリーナは44歳でヒューレット・パッカードの CEO にそれぞれ就任している。2001年に GE のウェルチが後継 CEO に指名したイメルトは44歳であった。日本で最先端の革新経営を率先して試みるソニーは、**年功序列の日本的経営スキーム**を払拭した後継者選抜のパラダイムが形成されていると言われながら、出井会長が社長に就任したのは57歳であった。

　　日本の企業経営者の多くは、いわゆる年功序列によって長い年月をかけて社長という地位に登り詰めてくる人が多い。長年の経験なり社内人脈の上意下達を可能にする社内調整型の老齢経営者が圧倒的である。この経営手法では根回しにかなりの時間と精力が必要なため、激しい変化に対応したスピーディーな創造的破壊を進める現状打破型の若手経営者が育たない。そこで、企業の変革の動きは米国に比べて10年は遅れていると言われている。

---

　本稿は「文教大学国際学部紀要（第14巻第2号：2004年2月）」に掲載したものに一部加筆、補正。

# 章4章　企業内大学が主流の時代の到来

　現在、日本企業は新時代が求める経営者とこれまでの社内教育で育成された人材との乖離に気づき、次世代経営幹部（部長・課長にまで適用）を計画的・組織的に育成する戦略的経営幹部養成の仕組みを構築しはじめている。これからの企業経営は製造、販売等の個別問題を組織内問題として解決する「状況対応問題解決型リーダー」から、予測と洞察力に基づく状況判断と市場創造の「変革型リーダー」へ、バトンタッチされることになる。

　経営幹部への選抜の必要条件は、日本は経験主義であり、きわめて限られた専門領域で長期間に及ぶ実体験（経験）によって獲得するもの以外は認めないが、米国は育成主義であり、プロフェッショナルである経営者としての模擬体験（経験）を組織的・計画的に付与していくことが可能と認識し、MBAに設けられた役員養成コース（エグゼクティブ・プログラム）への参加が重要なものとなっている〔ヘイ・コンサルティング・グループ、1998：pp78-82〕。日本企業でも、こうした米国型経営幹部養成への教育投資は1980年代後半に既に試みられていた。それが現在のわが国における企業内大学（Corporate University：以下CU）創設の動向に繋がっている。その経緯を振り返るとともに、本来あるべき日本企業のCUのあり方を本稿で探っていきたい。

## I　1980年代後半～1990年代初期：社外で通用する支援型リーダーシップ研修

　日本の経済力が発展してきたのには、いろいろな要因を挙げることができる。総括的には、教育水準の高さ、技術吸収・応用力、国内産業優先、国民性としての勤勉さ等が相乗効果を発揮してきたといえるが、最大の原動力は企業が絶えず技術力とマネジメントの向上に大きな努力を費やしてきたことにあった。第2次世界大戦後の"欧米に追いつき追いこせ"が実現し、1985年頃の日本の製造業は半導体を中心にエレクトロニクスなどのハイテク技術で優位性を保ち、日本が世界の工場として他国を寄せつけない圧倒的な強さを確立していた。しかし、航空・宇宙技術・バイオテクノロジーなどの最先端技術分野の優位性はなく、いわゆる開発技術のみに強く、基礎研究には極めて貧困といったことで、この分野のテクノ・ヘゲモニーの欠如が1980年代後半の課題であった。

　この時期に研究所を海外に設立する企業が多く見られたが、最大の課題は日本国内中心の日本企業が、グローバルなマネジメントにうまく適合できて成功

するのか、ということであった。言葉を換えると、世界に冠たる世界の製造工場という国内生産・輸出中心の企業活動だけでは、先進国としての経済的地位を確保していくことができないという問題意識であった。テクノ・ヘゲモニー問題が議論されたのがこの時期である。<u>高度情報化社会の時代</u>に果して日本企業が技術面での優位性で世界にリーダーシップを発揮し得るかどうかが"技術立国を目指す日本の国家的課題"であったといっても言い過ぎではない。

> 高度情報化社会は、距離・時間・位置の価値変化（1時間：人4km、1800年汽車40km、1950年飛行機400km、1970年JET機1000km）、情報伝達の即時化（光のスピード）、市場における多数者同時参加（供給者主導から消費者主導へ）等を背景に、日本の産業構造が製造業をベースにソフト化・サービス化の方向を加速化すると議論された。その形態は工業化社会（マス：機械の生産力）の時代とは大きく異なった知識化社会（個人：人間の生産性）に移行していくという指摘であった。戦略資本は資本から知識へ、主要生産物はハードからソフト・知識へ、技術は機械技術から知的技術へ、コア人材は技師・技術者・半熟練労働者から科学者・技術開発者・専門職へ、組織はピラミッド型からフラット・ネットワーク型へ、権限は命令・官僚指向から受容・民主指向へ、経済原則は規模・範囲・収穫逓減からスピード・連結・収穫逓増へ、統治範囲は国家から地域・地球社会へといったことが課題であった。これは現在でも変わることなく連綿として継続して進展している時代潮流である。

製造業、つまり"ものづくり"は人間生活を支える基幹的な産業であるが、最近の人工頭脳化されたロボット技術による省力化や発展途上国への技術移転は当時でも進んでいたが、それは生産技術や生産管理技術の集約されたものであり、それら技術との関連なしに基礎研究や開発・応用研究の発展はあり得なかったのである。技術を創造・開発する人材育成が企業にとっての最大課題であり、国家的課題でもあったのが1980年代後半であった。そのために一企業の枠を超え、他企業との連携によって研究開発を進める形態が主流となり、それに参画できるための、社外で通用する高い専門能力を保有した専門職としての人材育成が必要になっていた。そのことは、一企業内で通用する人材では能力不足であるということであった。それまで、企業には専門職制度が設けられていたが、これは企業内年功序列制度の処遇のためのものであったので、人材育成・処遇システムとしては全くと言っていいほど機能していなかったのである。

企業組織は工業化社会のピラミッド型が崩れ、より弾力的に外部に開かれたものが求められたので、マネージャーの役割は組織の長であることには変わり

はないが、プロジェクトマネージャー的な支援型リーダーシップが必要とされたのである。そこで、Aクラス人材育成のマネジメント研修は国内のマネジメントスクール、国内および欧米の大学を主としたビジネススクール（MBA）への留学であった。

国内マネジメントスクールの研修派遣は、たとえば、HOYAでは慶応大学マネジメントスクール（高等経営講座：部長クラス・毎年1名、経営幹部セミナー：部次長クラス・毎年2名、幹部開発セミナー：次長課長クラス・毎年2名）、野村マネジメントスクール（経営戦略講座：新任取締役・毎年1名）、企業研究会（経営者能力開発講座：部次長クラス・毎年1名）であった。他の上場大手企業でも争って派遣していたので、現在では想像もつかない逆の現象である研修生の受け入れ枠の獲得に峻烈を極めたのである。このような状況は、慶応大学・早稲田大学のMBA留学でも同様であった。これに加えて、上場大手企業は米国を中心に海外のMBAに毎年、新たに1名から10名を留学させていたのである。

企業内スクールとしての"管理者研修"の整備・実施も顕著な動きで、1980年代後半の「マネジメント研修」の実態は社外で通用する高い専門能力の量と質が企業活動の原動力となるので、経営計画（戦略）に連動した"人材育成"が主流であったのである。紙幅の制約もあるので研修名だけをあげると、「東芝：戦略的CDP」「日本ユニシス：NEXT 4」「オムロン：ゴールデン'90S 構想」「富士ゼロックス：マネジメント・スクール」「HOYA：経営研究会」「ジャスコ：大学＆大学院」「シャープ：経営大学」「花王：マネジメントスクール」などが代表例である。技術スキル研修として「コニカカレッジ」「三菱電機：工学塾」、セールススキル研修として「リコー・セールスカレッジ」も話題になっていた。

「東芝：戦略的CDP」は、東芝の経営理念・経営ビジョンの具体的実現のために、3G（Growth、Group、Global）の経営戦略に基づき、全社人事委員会などの検討を経た全社的人材育成の基本計画が作成されていた。そして、中・長期育成計画からCDP（Career Development Program）に連結させ、CDPを通して具体的・個人別人材育成が実行されていたのである。1990年にスタートしたシャープの経営大学（**図表2-47**）では、12回の最後回を課題研究成果の発表と担当役員の講評・個人面接にしていた。しかし、これら各企業の研修は企画

## 第2部　革新企業の戦略人事

した意図どおりの成果は得られていなかった。あくまでも研修ということであった。

## Ⅱ　1990〜1998年：「変革型リーダーシップ研修（選抜・長期刷込み）」の導入・定着

　1980年代から1990年代初期にかけてのAクラス人材育成のマネジメント研修は、国内のマネジメントスクールへの派遣、**国内及び米国の大学を主としたビジネススクール（MBA）への留学**であったが、これらは期待した成果があげられなかった。

　　国内・海外MBAへの留学派遣費用は、授業料の他に仕事をさせないで2年間給与

**図表2-47　シャープ経営大学**

研修の狙い：経営幹部としての「幅広い意志決定能力」の養成を図る
　　　　　　事業革新、戦略経営、経営組織、経営計数、経営法務、人事労務、情報システムについて、理論・実践両面から研究し、当社経営への適用を図る

|  | 研修内容 |  | 研修内容 |
|---|---|---|---|
| 第1・2回 | ①当社の経営課題及び各事業活動の現状と課題を把握<br>②他社見学により進んだFA技術や生産方式を研究<br>③自部門の課題発表、討議により研究と実践を結びつける | 第7回 | 第73回冬季経営者大会（日本経営開発協会）に派遣し、国際・政治・経済・社会のトレンドと当面する経営課題に対する今後の考え方や具体策を研究 |
|  |  | 第8回 | 経営計数をテーマに収益管理の仕組み、原価管理の仕組みと経営分析のやり方を研究 |
| 第3回 | 事業革新をテーマに企業文化・企業家精神・リストラクチャリング戦略的マネジメント・技術トレンド・新規事業開発について研究 | 第9回 | 経営法務をテーマに生産・販売・人事労務・工業所有権・国際関係に関連する法律を研究 |
| 第4回 | 経営戦略をテーマに、考え方と進め方を研究 | 第10回 | 人事労務をテーマに人事戦略・モチベーション・リーダーシップ・労使関係・異文化を研究 |
| 第5回 | ①他社見学により情報の収集と活用・システム化を研究<br>②注目すべき街の傾向を相互の研究発表と専門家の調査研究により把握 | 第11回 | ○10回にわたる研修内容に基づいて、10年後の当社ビジョンを共同研究<br>○創作体験により感性を磨く |
| 第6回 | 経営組織をテーマに組織論・ネットワーク形成・組織活性化・国際経営組織について研究 | 第12回 | ○課題研究成果の発表と討議<br>○担当役員の講評<br>○役員面接 |

出所：企業研究会、1991

## 章4章　企業内大学が主流の時代の到来

を払う。機会損失費用（給与の3倍稼がないと企業としてはペイしない）も加味すると、給与の4倍の支出となる。これに教材費も企業は負担するし、渡航費や海外での生活費の一部も支給することになる。このような巨額の費用負担と2年間かけての勉強（休暇）に見合う分の貢献を企業に復帰した後に期待できるかといえば、短期的にはとても回収できない。そこで、帰国後の処遇・配置は、鹿島では"2年間も仕事を離れて贅沢な勉強をしていたので、建設現場でしばらく働いてもらう"というのが一般的であった。マネジメント手法を学んで企業に復帰してきたMBA修了生は、これまでの勉強の成果を発揮できなく失意と苦渋に悩むのが当り前であり、場合によっては転職を真剣に考えることになってもおかしくないことになっていた。ある企業では、帰国後に転職させないために修士号を取れないよう卒業目前に帰国させることまでしていたという。MBA留学生を企業の中で有効活用できるための処遇・配置ができないのであれば、MBA派遣は再考したほうがいいとの反省が生じたのも無理はない。

シャープの経営大学にみられるような先駆的なマネジメント研修の試みが既にいくつかなされていたが、米国などMBAへの留学派遣の効果の反省から、日本企業で初めて本格的な選抜型と長期刷込み型（企業理念や価値観の徹底的な頭脳への染み込ませ）を併せ目指したマネジメント研修を実施したのは、筆者が企画から運営を全責任担当した<u>KMS（カジマ・マネジメントセミナー）</u>である。

　　もし、国内・海外MBAへの留学派遣と同じ教育成果をあげることのできるマネジメント研修が企画できるとすると、留学派遣費用で数倍の社員を教育できることになる。社内で手造りの研修であったKMSの費用は、企画・実施運営の専従者の人件費1,500万円（男性1名1,000万円、女性1名500万円）、研修費2,000万円、研修生は仕事に従事しながらであるので研修旅費1人50万円とすると、海外MBA留学生2人で30人の国内マネジメント研修が可能との試算で実施を重役会が承認したものである。

KMSは日本能率協会「能力開発優秀企業賞」を受賞したものである。その内容は拙著『変革型リーダーのパラダイム』（あしざき書房・総合労働研究所）の第7章に詳述してあるので、それを参照していただきたい。

鹿島は、1980年代後半、スケールメリット追求型経営から新しいタイプのビジネスモデルの創造に経営戦略を転換（グローバル化と情報化の2大トレンドを活かした競争力の再構築）するに当たって、それを担う真のビジネスリーダーが求められた。経営管理面での<u>管理者像は従前のものでない新しいもの</u>を描いた。

　　経営管理の面から見ると従前の管理者は部下に任せる権限委譲が必要とされていたが、これから求められる管理者は部下と一緒になって試行錯誤することでなければな

らない。それは従前の管理者は部下より常に全てにおいて優れていたが、これからは現場や新規業務並びにIT関連知識などあらゆる面で部下よりも優れているとは限らないからである。要は、自己啓発による今日要求される能力の具備と異質な部下達の相互啓発の触媒機能（セルフリーダーシップ）の発揮が必要であるということである。管理者の役割は経営管理における例外管理は重要でなくなり、絶えず変化する環境の中で、チャレンジ目標をいかに設定できチャレンジ精神による管理をいかに行えるかが重要になった。

新しい管理者（経営幹部）を育成するのがKMSで、その基本コンセプトは①横並びの教育メニュー（標準化されたプログラム）でなく個別ニーズに合わせる、②上層管理者（役員候補者）を対象とし、少数選抜・重点教育投資で超エリート（後継者）を育成する、③大学等外部機関、各界超一流人物（本物）を積極的に講師に登用する、である。言い換えれば、KMSはスキル向上を目的とした一元的な企業内教育からの脱却である。"経営戦略に基づく経営方針の策定とそれを実現する体系的な教育の仕組み"として、2000年以降、カジマ・コーポレート・ユニバーシティの機能と役割を持たせる構想（**図表2-48**）であったが、筆者が大学に転職したことで、この構想は頓挫することになった。

日本企業においては、これまで経理処理の慣行として社内研修費は福利厚生費と性質を同じものとする考え方で、「短期（長くても4～5日）の階層別・年次別全社員一律義務教育」が理想とされ、選抜型のエリート研修は社員を不平等に処遇する最たるものとして一部先達企業を除くと企画・実施されていなかった。

こうした状況のもとで、これまで、現在及び将来の経営幹部育成のマネジメント教育は研修生にマネジメントの知識とスキルを付与する「個人学習」を主体とするものであった。KMSはこれとは対極にある先駆的実験として実施され、その効果が確認できたので、9年間にわたって第1期から第8期が実施されたのである。KMSは、研修生の個人学習の枠を越えた研修生相互啓発を通じ、研修生に新たな知識や価値観、新たなマネジメントの視点を産み出し、組織（鹿島）が新たなマネジメント価値創造を可能とする「組織学習」を促すものである。鹿島という組織に頼ることなく職業に準じた倫理観に裏づけられた"卓越した専門性"と"グローバルな視野"、そして志・理想・夢とロマンの精神的姿勢とポジティブ思考の"人間的魅力"を有する**"プロフェッショナル"**の育成を目指したものである。

第4章　企業内大学が主流の時代の到来

図表2-48　鹿島ユニバーシティ事業構想

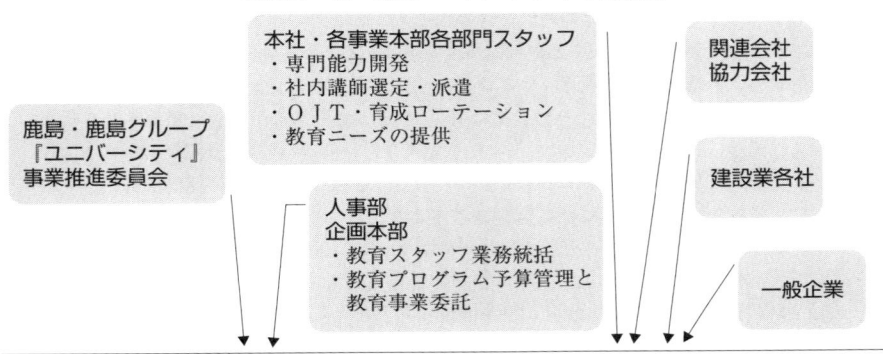

- 鹿島・鹿島グループ『ユニバーシティ』事業推進委員会
- 本社・各事業本部各部門スタッフ
  ・専門能力開発
  ・社内講師選定・派遣
  ・OJT・育成ローテーション
  ・教育ニーズの提供
- 人事部 企画本部
  ・教育スタッフ業務統括
  ・教育プログラム予算管理と教育事業委託
- 関連会社 協力会社
- 建設業各社
- 一般企業

クリエイティブライフ
『鹿島ユニバーシティ』　(For Human Potential)

| 事業内容 | 第1年度<br>(1999年) | 第2年度<br>(2000年度) | 第3年度<br>(2001年度) | 第4年度<br>(2002年度) | 第5年度<br>(2003年度) |
|---|---|---|---|---|---|
| 1．鹿島社内集合研修の受託<br>（会場の手配、研修立合い、各種研修の事務処理　等） | FS | 受託開始 | 受託事業展開 | | |
| 2．鹿島グループへの教育事業展開<br>（関係会社・協力会社等）<br>(1)新入社員教育・管理者研修<br>(2)人材開発部門支援サービス<br>（教育体系・教育計画事業・研修企画・実施のサポート） | FS | 一部事業展開 | FS | 一部コンサル展開 | |
| 3．鹿島研修施設管理受託 | FS | | | | |
| 4．建設業各社・一般企業への教育事業展開<br>【建設業諸団体・建設省・労働省等の協賛を必要に応じて得て開催】<br>(1)公的資格受験講座<br>　・1級・2級建築士受験講座<br>　・1級・2級建設業経理事務士受験講座<br>(2)建設営業基礎知識・基本スキル研修<br>(3)人材開発部門支援サービス<br>(4)教育ツール（テキスト等）の開発・販売<br>(5)人事諸制度の構築サービス | FS（関係会社への展開） | FS<br>FS<br>FS<br>協力会社への展開<br>協力会社への展開 | 鹿島・鹿島グループ展開<br>鹿島・鹿島グループ展開<br>鹿島・鹿島グループ展開<br>FS | | |
| 5．自己啓発プログラム事業展開<br>（通信教育・公開講座・教養講座等） | | 制度整備 | 試行 | | |
| 6．鹿島ビジネスマネジメント大学<br>（KMSの拡充版） | 第1期 | 第2期 | 第3期 | 第4期 | 第5期 |
| 7．公的資格対応 | FS | 鹿島対応 | 関連会社・協力会社への展開 | | |

出所：KMSテキスト

マックス・ウェーバーによれば、「欧米のビジネスプロフェッショナルの源流はプロテスタンティズムにもとめられ、神の代理人である"グットマネージャー"の才能を活かした"天職"に励むことが天国に至る道である」と説いている。KMSでは、"人間的魅力"の基盤は志・理想・夢とロマン・倫理観・歴史感覚に裏づく精神的姿勢の確立と思考方法の整備で、その展開はHowの発想からWhat（why）発想へ（本質を捉え、的確に行動）、視野の広さ（変化を先取りし、創意を持って対応）、プロフェッショナル・ビジネスマインドである。若年層では業務の専門能力の獲得に努め、その後に人望を集め、最終的には見識を高めることにおいた。"グローバルな視野"は異文化理解を基盤として、その展開は世界的エクセレント企業の要件を認識することである。具体的には企業理念・組織・行動運営面の日本的ビジネス慣行の普遍性の検討・見直しの中でリーガルマインドを養成するとともに一貫性・公正・公平・自己主張を確立することである。卓越した専門能力の獲得は実際知識の拡大が基盤で、その展開は学際・業際的発想、シーズとウォンツの発想、形式知（知識・理論等）と暗黙知（体験・感性等）の融合である。

現在では、日本企業はマネジメント研修として**海外MBAへの派遣を極力削減**する、とともに上級幹部育成のみならず、若年層まで長期刷込みの選抜型研修が一般企業に定着・普及している研修方式となっている。

　　MBA取得者を採用する米国並びに外資系企業の処遇姿勢と終身・年功人事制度の日本企業におけるMBA留学派遣者に対する処遇姿勢に基本的な差異があるために、日本企業ではMBA留学派遣を見直して極力削減しているのが現状である。米国企業・外資系企業はMBA取得者を意思決定の中枢に配置、経営の専門家（参謀）として、経営能力を駆使したリーダーシップを期待する。少数の選抜に勝ち抜いてきたエリートとして、彼らの経営能力と経営スキルを高く評価し、高給に見合う貢献(成果)を当然とし、企業が高給に処遇しないと転職チャンスを与えてしまう人材として処遇する。これに対して、日本企業では、国際感覚を持つ将来の幹部候補かもしれないが、それだからこそ転職リスクのある人材であるので、経営中枢に配置するのでなく、外国語に堪能な国際要員として海外渉外部門等に配属し、泥臭い仕事をさせて、彼らの企業忠誠心の踏絵とするのが慣例であった。バブルがはじけた現在、MBA留学派遣の見直しがなされるのは当然の成行きである。

KMSは39〜52歳の部長・所長層から優秀な人材を選抜（各期30名前後）、役員候補として教育することで、期間は1年間、通常業務に従事しながら、月2〜3日の合宿研修（主として、休日・土曜・日曜）、年間概算300時間以上、30日以上の研修である。主要カリキュラムは「一流講師による講義」「課題図書と研修生相互推薦図書」「戦略的ビジネスゲーム」「異業種他社交流」「ビジネススクール方式のケーススタディ」「研修成果を経営実践に活かす"課題研究"」

「研修生相互啓発としての"私のレクチャー"や"Eメールのチャットスタディ""シュミレーションワーク""現場・現実、現物のフィールドスタディ""ロールプレー"」等である。

　修了条件は全重役を前にしての「自社に対する経営施策提言（グループ）」である。KMSは、Off・JTであるが、毎月開催の合宿研修であるので、職場で培った現場の知識をKMSという研修の場に持ち込み、それらを組織学習し、それを現場にフィードバックする知識創造のスパイラル〔野中・竹内、1996〕を重視していたのである。これも日本企業において、単なる個人の自己啓発の研修の枠内に留まらず、**ダブルループ型の組織学習**を経た後、現実の経営戦略課題に繋げる本格的な初めての試み（トリプルループラーニング）であった。

　　　行動は既存のパラダイムの枠内で行われ、行動結果はそれに基づいて評価、修正・変更され、問題がなければ知識として記憶される学習が「シングルループラーニング（パラダイム強化型学習）」であるが、そのパラダイム自体の妥当性・適切性を問い質し、必要とあれば、それを修正・変更したり、新たに創造したりする学習が「ダブルループラーニング（パラダイム転換型学習）」である。

　もちろん、KMSの修了条件を経営施策提言とすることに対しては、経営戦略・企画部門の幹部社員から自部門の社員の能力の蔑視として極めて強固な反対があった。しかし、年を重ねる毎に、そこで、プレゼンテーションされたビジネスプランが優秀で実効性があると評価されたものは即座にプロジェクトとして会長・社長が発足させたので、これも企業革新に必要不可欠のものになった。現在、日本の企業で選抜型研修を取り入れている企業の多くは上級マネジメント研修ばかりでなく、若年層まで選抜型研修を取り入れるとともに、そこまでにもアクションラーニング（実践直結型研修）として、個人でなくグループやチームによって組織的に学習するプロセスを重視した"自社課題への提言"を修了条件にするようになっている。

## Ⅲ　1999年：人のリストラ元年――日本的終身雇用経営モデルの終焉――

　1960年代はコスト競争、1970年代は品質競争が企業優位性を決定したので、この時期は市場シェア獲得競争の時代であった。1980年代は顧客シェア獲得のための多品種競争の時代であったが、1990年代はまさに失われた10年といえる

バブル崩壊後のリストラの本格化時代を迎えることになった。それでも1990年代前半は顧客満足競争の時代で、後半になってコスト構造・事業構造・マーケット構造のリストラの本格化の時代となる。**労働市場をめぐる構造変化**の加速化がより顕著になったのは1990年代後半以降である。

> 労働供給側は、新規学卒者の減少、高学歴者・高年齢者・女子労働者・転職希望者・パートタイム労働者・派遣社員・ホワイトカラー職種労働者・外国人労働者の増大、職業選択・職業意識の多様化等である。労働需要側としては、事業・組織拡大の限界、新規事業要員の内部調達の困難、ホワイトカラーの増大と生産性向上との乖離、企業内余剰人員の顕在化、時短推進による要員増加、高度情報企業への転換と要員のアンバランス等である。

そして、1999年に「人の」リストラ元年を迎える。この年と前年度に発表された人員削減計画は、概数ソニー4年間17,000人、NEC3年間連結従業員15,000人、三菱電機3年間14,000人、日産2年間3,000人（次年度改定3年間10,000人）、三菱重工4年間連結従業員7,000人、東芝6,000人（1998・1999年）、日立4,000人（1998／9〜1999／3）等であった。まさに"戦後の日本の終身雇用体制の栄華"は1999年を境にして沈んだのである。日経連夏季セミナーで、"雇用重視の従業員囲い込みの人間尊重を相変らず唱えている従来型経営者は退陣すべし"と強調したある大学教授の発言が話題を呼んだのは2000年8月である。

要するに、企業に就職（就社・愛社）すれば、正社員という資格で、職場に出勤し、職務を遂行すれば役職は年功で昇進し、給料も右肩上がりで上昇したのであるが、今日では、この逆の傾向が時代潮流となってきたのである。

最近では中高年が企業リストラで失業・転職を余儀なくされているが、若者でも就職して3年以内に辞めるのが高卒では約5割、大卒でも約3割で、出稼ぎ職とでも揶揄できる転職は珍しいことではなくなった。正社員に代わり、契約社員・派遣社員・パート・アルバイト・アウトソーシング・外注代行など非正規社員が増加している。職場のモバイルコンピュータ化、テレワーク、在宅勤務等も携帯電話やインターネットといったITの目覚しい革新・爆発的な普及で可能になっている。高度知識社会における従業員に要請されることは、自立（運命共同体意識から脱却した独自性）と自律（協働できる異質性）を身に付けることである。

ドッグイヤーといわれる激変の時代には、知識の陳腐化が極度に加速化し、

ストック知識はすぐに役立たなくなり、フローベースの知識獲得に絶えざる自己投資が必要になってきた。企業は個人に対しては、"仕事を通じてのフローベースの知識の獲得とそれを梃子にした自己成長ができる場（舞台）"を提供することが最大の責任といえる。その舞台は"実体験である修羅場を経験することでプロフェッショナル人材に育つ道場"となるものでなければならない。これまでの企業は従業員の終身キャリアの全てを保証してくれるところであったので、個人が企業の価値を受け入れることで成り立っていた。企業は異質性を排除し同質性を個人に要求していたのである。しかし、今日では、従業員自身がキャリアを開発・形成していく舞台を企業が提供し、その舞台で異なる価値観を持った人々とお互いに価値観をすり合わせしつつ協働し、1つの配役を立派に果す役者になりきることで、一皮も二皮も剥けた自己成長が可能になる時代となってきたのである。

　舞台としての会社は、従業員を自立・自律した個人として認めて成り立つ柔軟でしなやかな社会制度とならなければならない。日本的経営は現在大きく方向転換してきている。企業が個人にとって"仕事の人格化"を顕現させる最大の魅力づくりの場となることが非常に重要な要件である〔三木、2003〕。舞台は物理的空間としてでなく、心理的空間で、共感と信頼に基づく個人・集団・組織の関係性が創発される場である。

　従来の人事管理から21世紀型人事管理への顕著な兆候としては、1）労働時間スポット買い人材の比率のUP、2）能力のスポット買い人材の比率のUP、3）企業のコア人材（正社員）の比率のDOWNである（図表2-10）。これらは、これまでの日本的終身雇用モデルの反省から生じたものであり、反省とは1）長期帳尻合せの人事システムからの決別（図表2-1）、2）マネジメント重視からリーダーシップ重視へ（図表2-22）、3）社員昇進ステージの一定のタイミングで受講する全社員一律研修の見直し（階層別・職能別研修の偏重からの脱皮：具体的には受動的・補助的・分散的・組織主導的・講義中心の研修からの脱皮）である。

　米国では1970年代あたりから日本企業の優位性の研究がなされ、その結果、TQC、QCサークルに代表される"当り前のことを当り前に行う"ことが日本企業であることに気が付いた。要するに、日本企業は組織運営・生産管理の原理原則を現場の人達の信頼を基盤にして忠実に製造現場に適用することで、従

業員各人のスキルと知識を仲間と共有し合うことを可能にしていたということを米国企業は学んだのである。日本企業の強さの源泉は組織集団としての信頼性のある職場であるとの結論を重視し、米国が"科学的管理に基づく経営管理"から"組織と個人の良好な関係づくりの動機づけ理論として1950年代から1960年代にかけて登場したコミットメント"への重視を目指すことになった。当然のことであるが、**動機的側面よりも認知的側面からのコミットメントの重視**である。

> コミットメントは(1)経済的交換関係から(2)価値の内部化へ、そして(3)社会交換関係へとシフトする一貫した流れをもったプロセスである。これら(1)から(3)をコミットメントのレベルと位置付けることによって、各アプローチの相互補完関係が明らかになる。また、コミットメントには動機的側面と認知的側面があり、認識される環境の拡大に応じて、動機的側面よりも認知的側面が強く現れるようになる〔西脇、1998〕。

米国のトップマネジメントは日本企業のお家芸ともいえる目と目を見合わせ、ボディーランゲージに訴えながら率先垂範を実施することで従業員とのコミットメントを行うことを目指した。しかし、米国は少なくとも1985年頃までは、必ずしも日本企業がお手本であるということはなかった。ところが、日本の国際競争力の絶頂期にあった1980年代後半に、米国企業は不況の只中にあったので、当時のヒューレット・パッカードのヤングCEOを中心に、トヨタ生産方式に代表される日本の生産管理手法だけでなく企業内教育を含む人材育成についてベンチマーキングを行った。そして、日本的経営のノウハウを米国企業にアクティブに改革適応（昇華）させるレポートを纏め、1990年代には当時のGEのウェルチCEOを筆頭に人材育成に取り組み、現在の産業の競争優位性に辿り着いたのである。そして、現在、**米国の企業内教育の現場では1,000を超えるCUの役割が主流**となっている。

> マイスター〔2002：pp39-40〕は「米国での最初のCUは、1953年のGEリーダー研修センター（クロントンビル）で、1960年代にはディズニー大学、マクドナルド・ハンバーガー大学が有名である。1988年に全米で400あまりにもなったCUは、今日、全世界でおよそ2000も存在しており、このペースで増え続けると2010年には3700校を超えてしまう」と予想している。

> 慶応大学花田研究室『CU研究調査報告書』（2000年3月）によると「CUとは"経営戦略に基づく戦略の策定とそれを実現する体系的な教育の仕組み"で、CUの歴史

## 第4章　企業内大学が主流の時代の到来

**図表2-49　コーポレート・ユニバーシティ、日本従来型研修センター、米国従来型研修の違い**

|  | コーポレート・ユニバーシティ | 日本従来型研修センター・部門 | 米国従来型 |
|---|---|---|---|
| 組織戦略 | 戦略的教育 | 終身雇用を前提とした教え込む教育 | 部門目標に合った教育 |
| 組織戦術 | 全体最適 | 均質化・一体感 | 現場最適 |
| 構造 | 機能的に集中 | 構造的に集中 | ラインに最適化 |
| 主体 | 独立した部署<br>教育資源を適切に集中 | 人事部主体 | 事業部ごとに教育 |
| 教育戦略<br>教育方法 | 組織戦略にリンク<br>外部教育機関の活用<br>統一カリキュラム | 課業に密着した教育<br>社内で統一された伝統的内容を使う | スキルギャップを埋める教育<br>一般的になったスキルとOJT |
| 予算のかけ方 | 投資 | コスト | コスト |
| 個人の意識 | キャリア自律 | 業務の一環 | キャリア自立 |
| 評価方法 | 投資に見合うかどうかを評価 | 特にしてこなかった | 自己責任で受けた教育を成果に反映させる |

出所：「コーポレート・ユニバーシティ研究調査報告書」
2000年3月　慶應義塾大学湘南藤沢キャンパス　大学院　政策・メディア研究科
花田光世研究室

は意外と古く、モトローラ社やウォルトディズニー社は既に40年程前から持っていた。しかし、CUが急激に増えたのは1994年以降で、米国の従来型研修や日本の従来型研修とは異なるものであった（図表2-49）。多くの米国高業績企業がスキル向上を目的とした一元的な企業内教育から脱却しようと試みていること、また企業競争の激化、市場の変化、優秀な人材の確保の必要性などがCU普及の要因となっている。1998年にはCUの数は1000を超えてまだまだ増えていく傾向にあり、その流れは製造業からサービス業に至るまで広がっている。CUの形態は3つに類型化でき（図表2-50）、それは①本業強化型（従業員底上げ教育、リストラ断行の中で優秀な人材をリテインするための教育。例：南カリフォルニア水道会社）、②ドメインチェンジ型（組織におけるビジョンの浸透などの組織変化への理解や従業員を変革に向かわせ、既存の組織には存在しなかった新しい事業ドメインに必要な儀式の提供。例：パシフィックエクスチェンジ社）、③新規事業育成型（技術革新、情報化などの環境変化への対応をし続けるため、新規事業育成に向けて教育改革に取り組む）である。いずれにおいても、運営のポイントは、①トップの関与・関心と教育重視の意思、②組織ミ

図表2-50　コーポレート・ユニバーシティの3つの形態

| 導入分類 | 本業強化型 | ドメインチェンジ型 | 新規事業育成型 |
| --- | --- | --- | --- |
| 背　景 | 規制緩和 | 経営不振 | 環境変化 |
| 組織戦略 | 本業重視 | ドメインチェンジ | 新規事業の構築 |
| コーポレート・ユニバーシティの目的 | モチベーションの向上<br>人材の再教育 | 意識改革<br>教育強化 | 組織への起爆剤<br>創造へのドライバー |
| 外部教育機関の活用目的 | 標準スキル獲得の支援 | 既存にない知識の吸収 | コラボレーション |
| 企業例 | 南カリフォルニア水道会社<br>日本マクドナルド | パシフィックエクスチェンジ<br>富士ゼロックス | ナショナルセミコンダクター<br>ベネッセコーポレーション |

出所：「コーポレート・ユニバーシティ研究調査報告書」
2000年3月　慶應義塾大学湘南藤沢キャンパス　大学院　政策・メディア研究科 花田光世研究室

ッションに対応した教育の提供、③最高教育担当者（CLO：Chief Learning Officer）の設置と教育部門の集中による効率化（外部機関・他社との連携による教育プラットフォームの構築、付加価値創造という視点からの人事評価）、④知識の自律型共有メカニズム（現場への活用、個人のキャリアデザインと組織の変革、自立・参加型の教育、標準化と受講選択肢のある教育内容の提供、教育の継続性としてのトレーニングオーガニゼーションづくり）にある。」と報告している。

　CUは各企業が自社の実情を十分に反映させた社内実務・マネジメント教育制度である。CUをメディアとして捉えた企業戦略を全社的に周知・徹底させたり、OJTを代替する専門性の高いカリキュラムを効率的・体系的に構築すること等が可能となった著名企業であっても、デルやサンのように研修所を持たずにバーチャルな教育環境を整備しているところも多い。

　日本の主要企業は過度のコミットメント重視からイノベーション重視への改革を目指し、1997年頃から企業内CUの設立に血眼になっているが、多くの企業はその重要性に気付き始めたばかりで、既に5～10年米国企業に遅れているのが現状である。人材開発のもう1つの柱である<u>ビジネススクールも日本でも新しい試み</u>を行っているが、欧米に比較してマネジメント人材育成に国際競争力を持つほどに至っていない。

一橋大学のビジネススクールが国際企業戦略研究科を新設、留学生を3分の2にするといった試みも出てきたが、国際競争力をもつほどでない。例えば、フランスの欧州経営学院（INSEAD）では企業幹部の教育機会であるエグゼクティブコースに毎年6,000人参加するが、同国籍の人が5％を超えず60を超す国籍の人が学び、教える側も30以上の国籍の人がいる〔高橋、2003〕。

## Ⅳ 現在：企業内大学の創設の時代

これまでの「入社年次別・階層別・全社員一律型社員教育訓練プログラム」は、現在、人的資源マネジメント（Human Resources Development Management）へとパラダイムを転換している。その全体構造（図表2-51）は"学習する組織"と"協働する個人"で、パラダイム転換を要請する要因の第1は、知識社会・知識経営の到来である。既存知の陳腐化が加速し、組織全体が新しい知を共有・蓄積・活用・創造する"学習カリキュラム"の重視である。第2は、潜在能力である組織の要求するCapabilityに基づく個人のAbilityの重視から、顕在能力である組織の要求するCompetencyに基づく個人のEmployabilityの重視である。第3は、ITの人材育成への活用としてのデータベース、eラーニング、

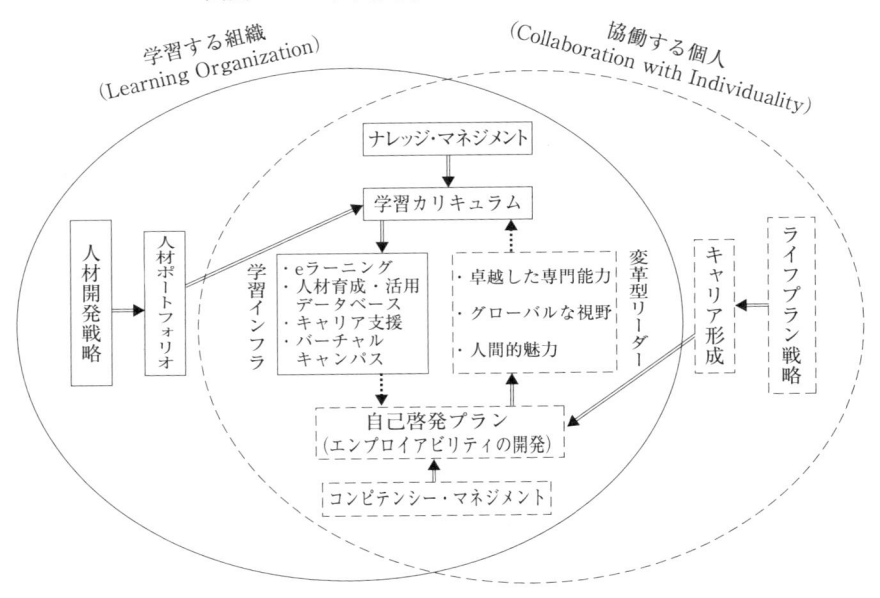

図表2-51 人的資源マネジメントの全体構造

バーチャルキャンパス、組織のキャリア支援施策といった学習インフラストラクチャー整備の重視である。第4は、"人間的魅力""グローバルな視野""卓越した専門能力"である。(p.176参照)

　これら人材育成のパラダイムの転換がCUとして呼ばれ、2つのタイプに分けられる。その1つが企業内研修を中心とする研修センター及びそのプログラム全体を総称してCUという場合である。その代表的なものとしては「トヨタインスティテュート」「NECユニバーシティ」「日立総合経営研究所」「ソニーユニバーシティ」である。トヨタインスティテュートは2002年1月設立、グローバルリーダー育成スクールとして上級(Senior Executive Development Program)、中級(Executive Development Program)、初級(Junior Executive Development Program)、ミドルマネジメント育成スクールとして製造事業体コース(Manufacturing Management Course)、販売代理店コース(Sales & Marketing Course)を実施している。NECユニバーシティは1997年設立、一橋シニアエグゼクティブプログラムと独自プログラムの組合せであるGBL Pool-1、NEC経営アカデミーであるGBL Pool-2、NEC特別MBA講座であるGBL Pool-3を実施している。日立総合経営研究所は経営基礎教育モデルとMDPを2000年に、テーマ研修を1999年に、上級経営幹部研修を2001年に企画・実施している。ソニーは日本国内の基幹人材と海外法人の後継者育成という2つの流れを1990年代半ばに統合し、ソニーユニバーシティという基幹人材育成体系を構築している。

　第2のタイプは上級管理職やエグゼクティブのプログラムを限定して、それをCUと称している企業である。次世代経営幹部を組織的・計画的に育成していくためには、"自助努力・自己責任による成長と直属上司による育成"からの脱却が必要である、とするものである。新しいパラダイムは"①経営幹部(トップ)主導の早期選抜・早期育成、②経営経験(修羅場)の提供、③長期にわたる刷込み"である。その具体的な研修手法が、先達日本企業を中心に推進・展開されている"厳選少数選抜型ビジネスエリート育成研修"である。その代表的なものは、「キャノン経営大学院」「FUJITSUユニバーシティ」等である。キャノン経営大学院は2001年に設立、事業部長クラスを中心に日米欧から6人ずつ合計18人(非公募選抜)が6カ月間、仕事は継続して受講する。内容は、講義は全て英語、トップマネジメントから提示された3つのテーマに対し、日

第4章　企業内大学が主流の時代の到来

米欧各地域より2人ずつ計6人でチームを編成、ビジネスモデルを提案するアクション・ラーニングを行っている。FUJITSU ユニバーシティは2002年4月設立、アドバンス・コースである GKI（Global Knowledge Institute）は年2回、次期事業部長候補者10人（富士通7～8人、海外関連会社2～3人）をユニットとして3カ月間実務を離れ、全て英語で海外集中研修を実施し、所属部門の戦略的課題についてトップマネジメントと社外専門家のコーチングを受けながら、グローバルな視野での解決に取り組む。

　この他に、上記2つのタイプのどちらかに分けることができる日本企業内大学としては、「オラクル・ユニバーシティ」「ベネッセ・コーポレート・ユニバーシティ」「アサヒスーパー塾（Ⅰ）＆（Ⅱ）」「大和証券グループ：大和経営アカデミー」「東レ経営スクール」「三菱商事：MC経営スクール」「松下電器：グローバル経営幹部育成研修」「コマツ・ビジネス戦略研修」「ユニ・チャーム・ビジネスカレッジ」「ニチレイユニバーシティ」「ユニクロ社内大学」「松下電器・変身大学」「三洋電機・スキルアップ大学」「大阪ガス・組織経営者塾」「森永ミルク大学」「コニカ：選抜技術者フォーラム」「日商岩井：NIC経営スクール」「ダイキン e-カレッジ」「富士ゼロックス：SLP, CVM, VH」「東芝：e-ユニバーシティ」「伊藤忠商事：経営者スクール、成長戦略のためのワークショップ」など枚挙にいとまがないほどである。

## Ⅴ　人材育成の今日的フォーカス

　企業のすべての階層においてリーダーシップ能力が問われ、リーダーは生まれた素質（資質）でなく、後天的に養成できるということで、多くのリーダーを輩出することが人材育成の課題となっている。21世紀型企業の経営トップは、その年齢を40歳代、遅くても50歳代に求めることにあり、その育成を頂点とする社員教育体系のキーワードは「コンカレントデベロップメント（ビジネスモデルと連動した人材開発戦略：人材ポートフォリオ）」と「個の自律・自立を促すライフプラン戦略（キャリア形成）」である。そして、「学習する組織としての Human Capital」と「持続的競争優位としての RBV：Resource Based View（社内経営資源に基づく視点）」が加わる。

　ガービン〔2003〕は"学習する組織は知識を創造・修得・移転するスキルを有し、既存の行動様式を新しい知識や洞察を反映しながら変革できる組織"と

定義、"自己変革（仕事の概念とやり方を改める）なければ知識の獲得は単なるポテンシャルを向上させる程度でしかない"と強調する。自己変革を促す学習とはHOWの知識の背景にある因果関係や論理合理性を洞察するWHYの知識の獲得にあり、環境変化（予測不可能事態）への適応能力の獲得のプロセスにほかならない。

シャイン〔2003：pp55-56〕は"学習に人を駆り立てられるのは、心の奥底に生存不安と学習不安があるからである。既存の何かを新たな何かに置き換えるための学習は苦痛であるので、あらゆる学習は基本的には知の強制獲得（洗脳）によるものである。組織が学習のために権力と強制を利用する行為が続けられるのは学習する内容の正当性がある場合である"と強調する。競争優位から学習優位へのエクセレント企業の戦略転換は、どのような組織のDNA組み換えを組織構成員に正当性を有する学習として強制（洗脳）できるかであり、それが企業の焦眉の戦略課題になってきたといえよう。

マイケルポーターの競争戦略に基づく競争優位は競合他社に対するもので、外部環境に焦点を当てた考え方であり、外部環境の変化とともに時が経るにつれて効力を失い風化するが、自己変革を促す学習組織はいかなる環境変化にも対応できる能力を獲得した学習優位の体質を企業構成員にビルト・イン（埋め込み）する。

RBVによるコア・コンピタンスは競争優位の源泉を事業のポートフォリオでなく、コア資源としての企業内部環境（他社への差別化能力となる社内中核の経営資源）の差異性（コア競争力のポートフォリオ）に求めるもので、競合他社の経験やベストプラクティスの学習のみならず、競争優位に失敗した経験からさえも、変化にダイナミックに適応する自己変革の学習プロセスを適用して、本質理解を促す知恵を導き出す。RBVはどのような経営資源を蓄積するかが経営課題で、競合他社の模倣困難性を高めていくために、タンジブル（目に見える）な内部経営資源だけでなく、組織文化・風土といったインタンジブルなものも含む潜在組織能力（ケイパビリティ）をも重視する。RBVは企業の持続的競争優位を企業内部に蓄積されている⑴価値を生む（the resource must add positive value to the firm）⑵希な（the resource must be unique or rare among current and potential competitors）⑶模倣できない（the resource must be imperfectly inimitable）⑷代替不可能（the resource cannot be substituted with another resource by competing firms）な資源、それを人的資本資源（Human capital resources）に求める〔Barney,Jay, 1991. Wright,Patrick M.,McMahan,Gary C. & McWilliams, Abagail, 1994〕。

　企業の競争優位性は、その企業の創設から現在に至る活動の経緯の全てを内包する人的資源の中に体現されているので、その企業の歴史を全て復元する以外には正確に把握することはできない。

　ソニーのグローバル戦略としての本社統括機能の強化や松下の子会社の本社再統合は、企業価値や人事制度等を共有し、学習組織として自己組織化（有機化・統一化）を目指す、とともに、個人に自由度を可能な範囲で持たせ、異質の情報や知識を組織に取り込むことで、組織変革への"ゆらぎ"をもたらす個人の自律性を加速化させている代表例である。ソニーや松下のRBVの持続的競争優位は競合他社がいくら模倣の努力をしても、同じ競争優位を達成・保持できないということで、ソニーや松下の異質性は長期にわたって継続することになる。Jay Barney〔1991〕は" Strategic resources are heterogeneously distributed across firms and these differences are stable over time."と指摘する。

## Ⅵ　社内教育体系再構築のモデル

　社内教育体系としては、まず、福沢〔2002：pp59〕が指摘するステップを踏んだプログラムのカスタマイズ（構成：基礎研修編⇒応用研修編⇒実践研修編）がポイントである（図表2－52）。ビジネスリーダーの開発といっても、各企業毎に業態が異なり、ビジネスモデルが決定的に違うとすると、育成する人材像も大きく異なってくる。自社の潜在的な経営課題を視野に入れた人材育成ニーズに合った手造りの研修プログラムの第1ステップである基礎研修としては、経営戦略に関する課題を解決するのに必要とされる「個人の能力アップと学習意欲の喚起」が学習内容である。マーケティング、財務会計、人的資源管理、経営戦略、組織行動等のビジネスセオリーの取得、並びに経営問題の状況や本質を分析して構造化し、最善の解決案を策定できる問題設定・解決スキルのコンセプチュアル・スキル、コミュニケーション・リーダーシップ等の能力に係るヒューマン・スキルの学習である。第2ステップは応用研修で、その代表的なものがビジネススクール方式のケーススタディによる応用能力を育成する意思決定の強化である。これはビジネスモデルの戦略仮説検証能力の養成

## 図表2-52 チェンジエージェント育成プログラム（A社事例）

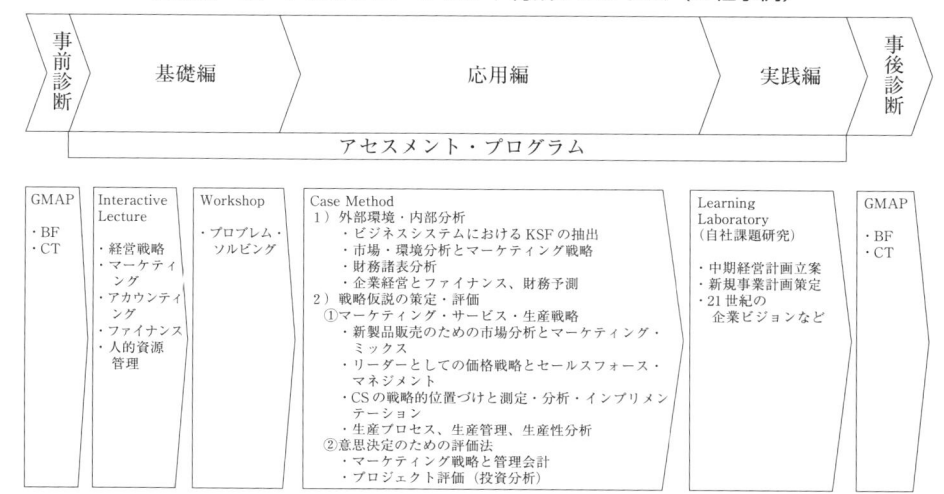

| 事前診断 | 基礎編 | 応用編 | 実践編 | 事後診断 |
|---|---|---|---|---|
| | アセスメント・プログラム | | | |
| GMAP<br>・BF<br>・CT | Interactive Lecture<br>・経営戦略<br>・マーケティング<br>・アカウンティング<br>・ファイナンス<br>・人的資源管理<br><br>Workshop<br>・プロブレム・ソルビング | Case Method<br>1）外部環境・内部分析<br>・ビジネスシステムにおけるKSFの抽出<br>・市場・環境分析とマーケティング戦略<br>・財務諸表分析<br>・企業経営とファイナンス、財務予測<br>2）戦略仮説の策定・評価<br>①マーケティング・サービス・生産戦略<br>・新製品販売のための市場分析とマーケティング・ミックス<br>・リーダーとしての価格戦略とセールスフォース・マネジメント<br>・CSの戦略的位置づけと測定・分析・インプリメンテーション<br>・生産プロセス、生産管理、生産性分析<br>②意思決定のための評価法<br>・マーケティング戦略と管理会計<br>・プロジェクト評価（投資分析） | Learning Laboratory<br>（自社課題研究）<br>・中期経営計画立案<br>・新規事業計画策定<br>・21世紀の企業ビジョンなど | GMAP<br>・BF<br>・CT |

注：GMAP(Globis Management Assessment Program)とは、グロービスの提供するアセスメント・テストのこと。BFは、ビジネス・フレームワーク、CTは、コンセプチュアル・スキルを指す。

出所：福沢、2002：pp57

として不可欠のものである。ここで学習したことを自部署の課題への解決に応用する「伝道活動」が学習内容である。そして、第3ステップとして自社の経営計画に連動した経営課題研究（提言）を個人またはグループとして行う実践研修プログラムを策定し、その成果を企業ビジョン・経営理念・企業ドメインに反映させるとともに人事制度や情報システム、業務システムへ「制度として組み込む」ことが学習内容である。実践課題の解決提案に際して、複数の講師陣が研修生1人ずつ徹底的に議論し、その実践性を検証していく擬似的な修羅場を体験させることがポイントである〔中田、2001〕。しかし、これはあくまでも実務における質の高い経営提言であり、擬似でなく本来の修羅場として現実の経営現場の設定が実践研修段階でなければならない。

　一般に既存の理論や価値観が問い直される環境激変の時代には、歴史的に見ても、"経験と実践"に新たな方向（拠り所）を見出すことになる。その意味でも、経験と実践は現実に深く根づいたものでなければならない。中村〔1997：pp63-70〕は「われわれが何かの出来事に出会って、"能動的に""身体を備えた主体として""他者からの働きかけを受けとめながら"の3つの条件が、経

験がわれわれ1人ひとりの生の全体性と結び付いた真の経験となるための不可欠の要因である。経験とはわれわれひとり1人の具体的な生き方（出来事の内面化）の諸側面あるいは総体のことである。科学の知が主として仮説と演繹的推理と実験の反復から成り立っているのに対して、**臨床の知は直感と経験と類推の積み重ねから成り立っている**ので、そこにおいてはとくに、経験が大きな働きをし、また大きな意味をもっている。人が具体的な問題に直面するとき、考慮に入れるべき要因があまりにも多い上に、本質的にいって、それらの要因が不確かであり、しかもゆっくり考えている暇がない、つまり"待ったのきかない"、言い換えれば、無数の多くの選択肢があるなかで、多かれ少なかれ、その時々に際して決断し、選択しなければならないのが実践である。実践とは各人が身を以てする決断と選択をとおして、隠された現実の諸相を引き出し、そのことによって、理論が現実からの挑戦を受けて鍛えられ、飛躍することである」という。**このような意味での経験と実践の提供の場の設定**はかなり難しく、先達企業でもやっと実施の緒についた段階であると言ってよいであろう。例えば、新規事業立ち上げ・赤字事業の再建・既存事業の撤退や海外現地法人の経営・関係会社出向による経営などが考えられる。

　　臨床の知は、科学の知の構成原理である(1)普遍主義　(2)論理主義　(3)客観主義の、それぞれに対して(1)コスモロジー　(2)シンボリズム　(3)パフォーマンスを構成原理としている。コスモロジーは場所や空間が無性格で均質な拡がりとしてでなく、1つ1つが有機的な秩序をもち、意味をもった領界とみなす立場である。シンボリズムは物事を限定された一義的にでなく多義的に捉え、表現する立場である。パフォーマンスは工学的な意味での性能のことでなく、なによりも行為する当人と、それを見る相手や、そこに立ち会う相手との間に相互作用、インタラクションが成立していなければならないという立場である〔中村、1997：pp133－136〕。

　　関西生産性本部〔1999〕は「ビジネスリーダーの育成にとっては、仕事の経験が最も重要なファクターであり、特に困難を克服する経験、視野を広げる体験が多ければ多いほど、実践的な育成につながる。困難を克服する意味での修羅場体験は、プロビジネスリーダーの育成には必須といっても過言でなく、それは1回だけでなく間隔（節目）をおいて幾度も体験することが望ましい。単に3K（孤立無援・厳しい・きつい）の環境を体験させるという単純なものでなく、それが、潜在能力を顕在化させる絶好の機会であり、また能力水準を高めるきっかけとインキュベーターの役割を果している」と指摘する。

米国におけるフォード・モーターは選抜されたミドル・マネージャーに8週

間にわたって CEO をはじめとするトップおよびシニア・マネジメントのパートナーを務めさせるプログラム（ジョブ・シャドーインク方式）が試みられている〔DIAMOND ハーバード・ビジネス・レビュー編集部、2002：pp60〕。

　社内教育体系の第 2 のポイントは、吉田〔2002：pp10〕、大嶋〔2001：pp24〕が指摘する発掘・選抜の基準の明示（発掘⇒集中研修⇒実務経験⇒選抜）である。リーダー育成は、早期若年層からスタートするのが望ましいとして、次世代のビジネスリーダーとなりうる人材の抽出のための"トーナメント（勝ち抜き方式）育成モデル（図表 2 - 53）"が提示されている。日本企業ではこれほどの厳しい早期選抜はなされてはいないが、早晩このような人材育成が一般化することになろう。第 1 次の選抜の育成時期は30歳前半までで、母集団を広く捉えることが不可欠になるので、個人の意思を尊重する応募形式をとることになる。人事考課よりも、これまでの自己啓発の意欲と内容を重視する。第 2 次の選抜としては、選別・適正チェックの時期で、本人が今後の自らの進む道を考えるうえで、客観的に自分自身を振り返る機会を持てる30歳後半までである。第 3 次は選別・リーダーの意図的登用を狙う40歳前半までで、創造性の源泉である異質性の側面まで評価できる企業風土を考慮した多面評価を取り入れる。最後の第 4 次選抜は実績を出した社員を経営者へと選抜する50歳までであ

**図表 2 - 53　リーダー開発の枠組み**

| 年齢 | 段階 | 発掘 | 集中研修 | 実務経験 | 選抜 |
|---|---|---|---|---|---|
| 40歳後半～50歳 | 選別 | 実績の出した者を経営層へと選抜 | ・企業全体のあり方、最適化などの経営層としての総合的なスキルを習得 | ・企画全体の経営への参画 | ・変化への柔軟な対応を保つことができるかの見極め |
| 40歳前半 | 選別・リーダーの色分け　意図的に登用 | リーダーとして選抜、色分け | ・会社全体のマネジメントや経営管理のあり方などのグローバルな環境での経営マネジメントスキルの習得 | ・事業部や、子会社などの経営を実際にまかせる | ・成果を着実に、繰り返しだしていくことができるかの見極め・数回の選抜 |
| 30歳前半～後半 | 選別・適性チェック | 適性、タイプの見極め | ・経営マネジメントの高度なスキルの習得・「メンタル・サバイバル・ゲーム」への参加 | ・プロジェクトや部門、新規事業でのリーダーシップを発揮させる | ・成果やプロセスを通じて資質の見極め・1回目の選抜 |
| 30歳前半まで | 応募形式 | 意思を尊重 | ・基本的なビジネスマインドや経営の基本スキルの習得（MBAなど）・意識改革に繋がる自己啓発のプログラムへの参加 | ・部門横断のジュニアボードや全社ビジョン構築などへの参加企画を出させ、やらせてみる | ・リーダーとしてのマインドや要件を徹底して叩き込む |

出所：大嶋、2001

## 章4章　企業内大学が主流の時代の到来

ることが望ましい。大嶋〔2001：pp25〕は、このモデルを実現させるためにリーダー開発の5つのルールを挙げている。それは①年功序列の考え方を持ち込まないこと、②困難な仕事を与えること、③敗者復活の考え方を徹底すること、④継続して実践で実績をあげているかどうかを確認すること、⑤経営層のコミットメントがあること、である。

第3のポイントは、MBA的なカリキュラムなどのインプット型教育だけでなく、欧米で実施している<u>サクセッション・マネジメント</u>の「インプット⇒プロセス⇒アウトプット」をセットした育成モデル（図表2-54）である。

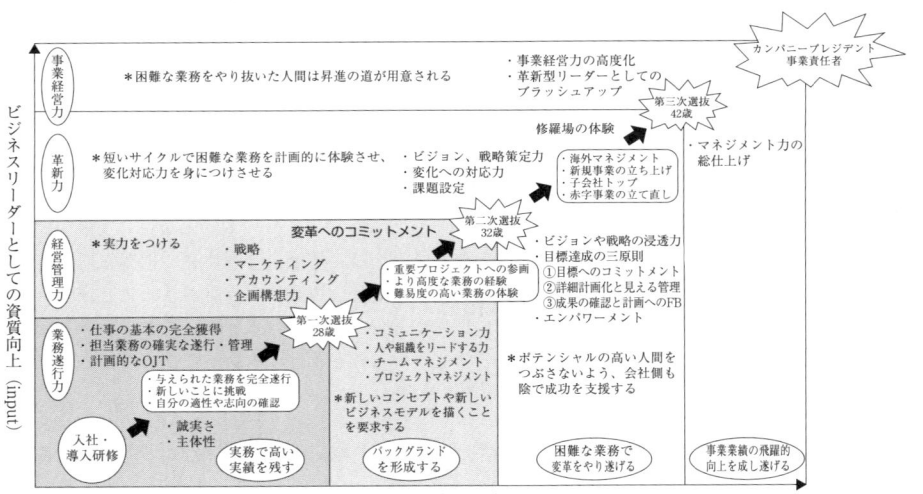

**図表2-54　ビジネスリーダー育成モデル例**

出所：『人材教育』2000年4月号：pp45

　　　　サクセッション・マネジメント（Succession Management）とは、企業が競争上の優位性を獲得し、維持するために高度な能力をもつ優秀な人材を継続的に供給・維持するとともに、重要なポジションの次期後継者を遅滞なく確信を持って育成・選抜することで、ビジネス・ニーズの変化に対応していくことである。

このビジネスリーダー育成モデルは従業員にとって企業とは"キャリアデベロップメントの舞台"であり、"どのキャリアステージで、どのような能力を、どのように獲得していくのか"を体系化していることである。選抜の基準は社員全員平等でなく、機会が平等であり、カンパニープレジデントへ上り詰める

ことへの過程の選抜の峻烈さが、この過程を自らの意思で選択する社員をごく一握りにしてしまうので、"選抜されなかった"という感情的な不満は存在しないといえる。

## Ⅶ 変革へのコミットメント研修

リーダーの資質向上と業績への貢献として、プログラムをカスタマイズ化した「変革へのコミットメント型研修（参画：個人の意識・能力⇒展開：自部署への伝道⇒組み込み：自社の課題への提言内容の制度化）」を目指すことが必要不可欠なこととなる。この模範例がGEである。GEは1981年にジャック・ウェルチがCEOに就任したのをきっかけに、過去の成功体験からの脱却を掲げ、変化をもたらすチャンスに挑戦することの重要性を過去20年間にわたって取り組んでいる。その具体的なものが<u>「ワークアウト」「バウンダリレス」「ストレッチ」</u>と言う用語であるが、GEの人材育成の特徴は年齢や経験に関係しない抜擢人事というものであり、将来の幹部候補生に対する徹底した英才教育である。

> ワークアウトとは意思決定の無駄（無意味な会議や稟議、管理など）を徹底的に排除して、スピーディーで風通しの良い職場を作る社内運動。バウンダリレスとは事業部門や部門の壁を取り払い、全社的に情報や知恵を共有できる体制。ストレッチとは従来の手法では達成不可能といえるような高い目標を掲げ、革新的な達成手法、解決策を生み出す原動力。

GEでは役職はあくまでも自部署課題解決の手段にすぎないのである。筆者が1991年に訪れた「リーダーシップ開発研修所」が米国ニューヨーク州クロントンにあり、GE社員から「クロントンビル」の愛称で呼ばれていた。現在、そこでは20歳代から30歳代前半の管理者候補を対象にした初級プログラムと役員を含む現役マネージャーを対象にした上級プログラムが実施されている。八木〔2000〕の報告によると「ここで行われるのは、GEが現在抱えている問題点を取り上げ、その問題解決を行うというもので、問題の探索・把握から解決までのプロセスを通じて、より高度なマネジメント・スキルを身に付けると同時に、そこでの決定は実際の事業に反映される。受講者は問題解決を行うためにプロジェクトチームの一員として、海外にも足を運び、その分野の担当者に対してリサーチを行ったり、解決策を提示して議論するなど、まるで外部のコ

ンサルティング・ファームと同じように動き回る。その解決策を報告書にまとめ、同社幹部の前でプレゼンテーションを行い、評価を受ける」のである。この研修プロセスは変革型リーダー育成の潜在可能性をもち、組織に影響力の大きい社員が選抜される。彼らがチェンジエージェントとして、第1ステップは、自らの能力・意識の変革に向けて学習するとともに、例えば、GE-Values of Leaders in Work-Out（図表2-55）の伝授を受ける。第2ステップとして、それを各部門の問題解決に役立てる学習サイクルを伝道活動として行っている。その結果が実際の事業に反映されることにより、その組織全体に変革の学習サイクルが人事評価・業務プロセス・情報管理システム・経営意思決定システム等に制度化されて組み込まれるのである。

図表2-55　GE Leaders...Always with Unyielding Integrity

- Have a passion for excellence and hate bureaucracy
- Are open to ideas from anywhere...and committed to Work-Out
- Live quality...and drive cost and speed for competitive advantage
- Have the self－confidence to involve eneryone and behave in a boundaryless fashion
- Create a clear, simple, reality-based vision...and communicate it to all constituents
- Have enormous energy and the ability to energize others
- Stretch...set aggressive goals...reward progress...yet understand accountability and commitment
- See change as opportunity...not threat
- Have global brains...and build diverse and global teams

出所：Ulrich, Dave & Kerr, Steve & Ashken, Ron, 2002


## ◎おわりに―経営実戦経験重視のプロフェッショナル人材育成―

　以上のことは、本来あるべきCUとは単に体系的知識としての問題解決能力や意思決定能力等の鍛錬を受けた個人プレイヤー型プロフェッショナルの養成でなく、ビジネスと人生（キャリアプランとライフプラン）の両面を融合する知性（体系的知識と経営実践経験のシナジー効果の発揮）を発揚する学習企業（自律型変革組織）ということに他ならない。それは、戦略的投資として「経営実戦経験重視のプロフェッショナル人材育成」と総括することができる。それを支えるのが自律支援型人事制度であり、それは「企業・社員相互依存型⇒雇用流動型・セルフマネジメント（形式知である体系的知識と暗黙知である経

営実戦経験の融合）重視型」への方向で確立するものである。

　米国では最近のCUは**ウェブを利用した「学習ハブ」**へと移行し、自社への学習プログラムへのアクセスはもちろん各種のeラーニング・サービスやオンライン・ビジネスと取り組んでいる。

> 　ロイズ大学のイントラネットには実に22,000ページにも及ぶ情報と教材が用意されており、社員の利用回数は月平均65,000回に達している。ロイズオンライン企業内大学では教材の30％以上がウェブ上にある計算となる〔マイスター、2002：pp47〕。米国のオンラインCUは単に従来の教育内容をウェブに移しただけのものでなく、eラーニングとをミックスさせているオンライン化のメリットはクラスルームでの集合研修と時間・距離の制約からの解放である。その効果は、研修関連コストの低下やプログラムや教材の更新の簡易化のみならず、オンラインによる能力評価や個別指導、資料の閲覧、掲示板やチャットによる討論、専門家によるウェブ上の講義、理解度テスト等、学習効果の向上と学習進捗状況の効率的な把握があげられる。

　そして、見知らぬ同僚と接触させる「ピア・ネットワーク」、集合研修とeラーニングを組み合せる「ブレンディッド・ラーニング」の研修方式が取り入れられてきたし、CUのプロフィット・センター化も顕著な動きである。これは日本でも例外でない。例えば、FUJITSU Net Campusが電子掲示板やメーリングリスト、Know-Who DB（特定のスキルを持った社員がどこにいるのかを検索するシステム）といったものを重視し、バーチャル同級生が各地域・部門に存在するネットワーク・コミュニティで相互に教え合い、学び合う学習インフラ整備を目指している〔DIAMONDハーバード・ビジネス・レビュー編集部、2002：pp68－79〕。

　これまでの経営管理とは"PDCA（Plan-Do-Check-Action）"であるということが常識であったが、今日ではインターネットがもたらすサイバー空間（サイバー経済社会）を視野に入れたナレッジワーカーがプロジェクトごとにネットワークを組んで知性を交換する"コラボレーションによる知価創造"が経営管理の主要課題になってきた。そこでの人材育成のポイントは、CUプログラムを戦略的に活用した「ナレッジワーカーとしての正社員（コア人材）像を明らかにする」「コラボレーションを可能にする人材育成制度（仕組み）を構築する」「育成の場（修羅場：実践の産物である経営経験）を提供する」「人材をプール（後継者候補をリストアップ）する」となる。その結果として、研修スタイルは「階層別研修から選択型研修へ」「年次別研修から事業部（ビジネスモ

デル）主体型研修へ」「職能別研修から目的別人材育成研修へ」「組織ニーズ対応型個人主導抜擢研修から個人ニーズ対応型組織主導選抜研修へ」と転換することになる。

## 参考文献

Barney, Jay, 1991, "Firm Resources and Susutained Competitive Advatage ", Journal of Management, Vol.17 No.1

DIAMOND ハーバード・ビジネス・レビュー編集部、2002「企業内大学白書：リーダーシップ・バリューの時代」『DIAMOND ハーバード・ビジネス・レビュー』12月号

Fuji Xerox, 2000「Fuji Xerox 解体新書」『人材教育』2月号

Garten, Jeffrey, 2001, The Mind of the CEO , Penguin books

Taylor,Rosr & Humphrey, John, 2002, EAST TRACK to the Top ,Kogan Page

Ulrich, Dave & Kerr ,Steve & Ashken, Ron, 2002, GE Work-Out,McGraw-Hill Companies

Wright,Patrick M.& McMahan,Gary C. &McWilliams,Abagail, 1994, Human resources and sustained competitive advantage ： a resource-based perspective", International Journal of Human Resource Management, May

安部まさ子、2001「集中講座とビジネスプランニングで"事業リーダー"を養成する大和経営アカデミー」『企業と人材』5月5日号

今井達也、2002「社内流動化を可能にする"DAIKIN e-college"の展開」『第21回能力開発総合大会』2月7日

大嶋祥世、2001「事業の成功に不可欠な"リーダー開発プログラム"」『SRIC Report』Vol. 6No. 4

樋川英治、2000「ソリューションを提供できる総合力づくり」『人材教育』4月号

岡島康雄、2000「日立グループのビジネスリーダー養成期間：日立総合研修所の現状と取り組み」『人材教育』9月号

ガービン、ディビッド A.、2003"学習する組織"の実践プロセス」『DIAMOND ハーバード・ビジネス・レビュー』5月号

関西生産性本部、1999『経営人事コース：研究レポート』4月

企業研究会、1991『21世紀への人材マネジメントと実際』研究叢書 No.75

北井弘、2001「より一層の自立化と事業構造変革とのリンクを目指し"変身大学"をバージョンアップ」『企業と人材』4月20日号

北井弘、2001「意識の切り替えと新しいスキルの獲得を目指す"スキルアップ大学"」『企業と人材』4月20日号

木谷宏、2000「人的資源管理の視点に立った"FFプログラム"を導入し、付加価値を生み出す人材を図る」『企業と人材』5月5日号

佐藤剛・桐井健之、1999「ナレッジ・システム」『DIAMOND ハーバード・ビジネス・

レビュー』8 – 9月号

シャイン、エドガー H.、2003「学習の心理学」『DIAMOND・ハーバード・ビジネス・レビュー』5月号

産能大学総合研究所、1999『経営者・経営幹部育成の実態と方向―経営的人材開発機能の実現に向けて』産能大学

高橋潤一郎、2003「人材開発革命を急げ」『日本経済新聞』2月22日朝刊

高橋誠、2001「幅広い公募制で社内競争原理を働かせ、変革リーダーを育成」『企業と人材』4月20日号

田中誠司、2001「アサヒビールにおける早期選抜CDP研修 "アサヒスーパー塾" について」『Business Research』6月号

中田正則、2001「経営幹部向けの教育プログラム」『企業と人材』5月5日号

中村雄二郎、1997『臨床の知とは何か』岩波新書

西脇鴨子、1998「コミットメント研究の課題と展望」『産業・心理学研究』第11巻第1号

日本経済新聞、2003 ""ユニクロ社内大学" 開講」2月17日朝刊、

仁井浩、2000「"変革リーダー" を育てる経営ユニバーシティを新設」『人材教育』4月号

野中郁次郎・竹内弘高、1996『知識創造企業』東洋経済新報社

花田光世、2000「コーポレート・ユニバーシティとは何か」『人材教育』9月号

日南文夫、2002「コマツに於けるビジネスリーダー選抜育成」『第21回能力開発総合大会』2月7日

深野誠、2000「e時代を担うビジネスリーダーを育てる "ソニー・グローバル・リーダーシップ・セミナー"」『人材教育』4月号

福沢英弘、2002「個を活かし、組織を変える」『Business Research』7月号

ヘイ・コンサルティング・グループ、1998『取締役革命』ダイヤモンド社

マイスター、ジェニー C.、2002「アメリカ企業内大学：その変容と進化」『DIAMOND ハーバード・ビジネス・レビュー』12月号

三木佳光、2003「個人が活きる企業人事の当来」『文教大学国際学部紀要』第14巻第1号

森正男、1999「変革時代をリードする経営幹部を育成する "組織経営者塾"」『人材教育』12月号

八木洋介、2000「経営トップ養成に向けたバウンダリレスの人材活用・育成システム」『人材教育』4月号

吉田寿、2002「経営者教育の時代」『UFJ Institute REPORT』Vol.7No.3

# 第3部

## 革新企業の知識の共有・活用

# 第1章

# 日本企業の知識創造経営

―グローバル資本主義時代の企業経営―

◎**はじめに**

　多元的資本主義におけるグローバリゼーションとグローバル資本主義（知本主義）におけるグローバリゼーションは質的に異なるものである。グローバル資本主義においては、経済形態・経済原理・変革とパワーの源泉・学習・組織構造・社会特性が資本主義と異なった知本主義の特質（図表3-1）を強めるが、その原動力はITを駆使した知識・情報共有化の新しい組織のパラダイムである知識経営（ナレッジ・マネジメント）であり、それへの転換が日本企業グローバル化の課題であることを本稿で強調したい。

## I　多元的資本主義からグローバル資本主義の時代へ

　第2次世界大戦後、世界の大きな枠組みは「資本主義対社会主義」という対立の中にあったが、ベルリンの壁の崩壊（1989・11）により、その後のグローバル経済化が多元的資本主義をめぐる新たな議論を起した。いわゆる「資本主義対資本主義」の相剋である。資本主義は画一的でなく、各国の経済・社会・文化・歴史的背景によって、そのあり方が地域・国ごとに違いがあるというものである（図表3-2）。例えば、日本は生産者資本主義の範疇に入り、アング

---

　本稿は「文教大学国際学部紀要（第11巻第2号：2001年2月）」に掲載したものに一部加筆、補正。

## figure 3-1 グローバル資本(知本)主義

|  | 多元的資本主義 | グローバル資本(知本)主義 |
|---|---|---|
| 経済形態 | 資本集約型経済 | 知識集約型経済 |
| 経済原理 | 効率的生産性<br>(QC的:効率のマネジメント) | 創造的生産性<br>(IT的:知識創造のマネジメント) |
| 変革源泉 | 産業革命 | エレクトロニクス革命 |
| パワーの源泉 | プロセス・イノベーション<br>(リエンジニアリング) | コア・コンピタンス<br>(組織文化の浸透) |
| 学習 | シングル・ループ学習<br>個人学習 | ダブル・ループ学習<br>組織学習 |
| 組織構造 | 階層型組織 | ネットワーク型組織 |
| 社会特性 | コンテクスト社会<br>(コンテンツ情報重視) | コンテンツ社会<br>(コンテクスト情報の氾濫) |

出所:KMS テキスト

## 図表3-2 市場経済の種類

|  | 特色 | 問題点 |
|---|---|---|
| 消費者資本主義<br>米、英、加、オーストラリア | 自由主義、<br>小さな政府利益追求 | 不平等、低い貯蓄率<br>弱い中央政府 |
| 生産者資本主義<br>日、独、仏、メキシコ | 生産第一主義<br>雇用重視 | イノベーションの遅れ<br>消費者の不満増加 |
| 家族型資本主義<br>台、マレーシア、タイ、インドネシア | 家族中心、<br>同族型ビジネス | 経営近代化移行の難しさ |
| 国家資本主義<br>中国、ロシア | 政府支援での市場経済化<br>役人上りの経営者 | 法律未整備<br>経済犯罪多発 |

(出所)ビジネス・ウィーク誌、1994:pp21

ロサクソン(米国)型とは異なっている。後者をあたかも唯一普遍の最高価値あるものとして日本に浸透させたり、世界各国を席巻するのは不合理で横暴であるといった議論である。

「多文化主義を加速する契機となったグローバリズムが排他的ナショナリズムを生み出すというパラドックスをもたらしている。文化本質主義とは"文化は変えようにもその本質は変えられない"と考える考え方であり、伝統的文化の維持こそ民族集団の義務であると考える本質主義的文化観を生み出す(文教

大学国際学部"2001年度一般推薦入試小論文試験問題の主題"から引用）」の指摘と同じように、企業のグローバル経営（多国籍経営）の進展は経営の現地化を加速した。多元的資本主義論は各国経済・経営システムの独自性（特徴や長所）を強調、賞賛する。

　各国あるいは各地域それぞれの歴史的な特異性を重視し、米国には米国の、日本には日本の、アジアにはアジアの、そして欧州には欧州の経済・企業行動システムの意義が各々存在する。米国のその一部を、例えば日本に移転しようとしても、技術移転とは根本的に異なるので、それは不可能なことである。

　とはいうものの、日本型経済・経営システムの独自性の正当性は、現実世界における他の資本主義の繁栄と持続的発展システムとの対比・競合においてのみ獲得できるものである。例えば、米国企業から学ぶというベストプラクティスの意義を認め、単なる模倣でなく、日本企業の独自性と米国企業の長所を揚棄（止揚）した21世紀日本経営システムの構築を目指すことになる。各業界において国境を越えた合従連合の業界再編成が世界的に行われている。自動車メーカー部品部門のスピンオフや伝統的なOEMメーカーのサービス化が進む自動車業界、ファブレス業者・ファンダリー業者等の有機的なネットワークへ進む半導体業界、個別機能に特化しつつある金融業会、新たなビジネスモデルで急躍進する小売業界の事例をみるまでもなく、各国の資本主義を支える企業行動は21世紀への生き残りを賭けた勝者のビジネスモデルが世界標準に収斂していくようにも見えなくもない。現実世界は多元的な資本主義システムが、企業行動のグローバリゼーションによって共通部分を拡大・浸透するグローバル資本主義システムに変容しつつある時代に入ってしまったのが今日であろう。

　グローバルビジネスの領域において、現在、ITを活用するなどで標準化された生産プロセスや経営手法がより精緻に整備されることが可能になって、世界のどこでも同じ品質・価格の商品やサービスを提供することが世界同時多発的に出現している。あらゆる産業の全ての企業に激烈な競争を余儀なくさせ、勝者と敗者の2極化をもたらしている。

## Ⅱ　日米欧型比較では、経営管理面でマーケットに一番遠い日本型資本主義

　グローバル化が進んでいる今日の先進諸国には、概略、米国・欧州・日本の3つの資本主義が相剋している。どの資本主義が世界標準化に最も適している

のであろうか。

　これら3つの資本主義では、まず、米国型資本主義が株主という外部ステークホルダーを通じて、市場に対して外向きに直結し、ローカルからグローバル化へと拡大している市場の機会を最大に享受している。その次のドイツ企業に代表する欧州型資本主義は株主の代りに、銀行・経営者・労働組合の代表から構成される機関によって運用され、市場に対しては半ばインサイダー的、半ばアウトサイダー的なステークホルダーを通じて、外向き・内向き両立場を維持し、市場のグローバリゼーションに際して、その恩恵を得ている第2の地域である。

　日本型資本主義は、経営者・従業員が第1のステークホルダーであるが、日本的経営で特徴とされる労使協調・業界協調・官公庁主導の蛸壺経営で、米欧の資本主義と比べれば市場に対して全く内向きである。日米欧の3者比較において、日本型資本主義はグローバルマーケットに対して最も遊離した位置にあり、マーケットの変化に機敏に反応することが出来ない（**図表3-3**）。環境変化への反応の遅さは、日米欧の意思決定の仕方の違い（**図表3-4**）を吟味すれば、納得・理解できるであろう。

　企業文化を「経営者・従業員集団の態度・行動を誘導し、規制し、支配する価値体系」と定義すると、日米欧型相互比較でそれぞれ様相を異にする。概略、

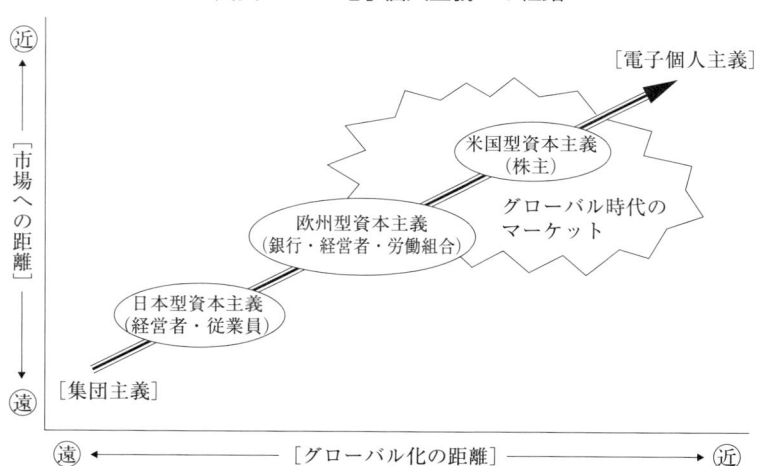

図表3-3　電子個人主義への経路

図表3-4　日米欧の意思決定の仕方の違い

|  | 典型的アメリカ人 | 典型的ヨーロッパ人 | 典型的日本人 |
|---|---|---|---|
| 行動パターン | ・合理的 | ・論理的 | ・集団的 |
| 意思決定者 | ・個人<br>（専門家・技術者） | ・職務担当責任者<br>（権限者） | ・集団 |
| 意思決定の主要因 | ・事実、経験 | ・客観的情報、理論 | ・印象、感情 |
| 情報のまとめ方 | ・判定基準 | ・価値観 | ・伝統、慣例 |
| 情報の利用法 | ・カジュアル<br>・未来志向 | ・フォーマル<br>・現在志向 | ・インフォーマル<br>・伝統志向 |
| 戦略の内容 | ・制約結果の予想 | ・論理的検討概念 | ・模倣、過去の経験 |
| 判断基準 | ・実用性 | ・順応性 | ・模倣性 |
| 意思決定の正当性 | ・実践 | ・与えられた権力 | ・全員一致 |

出所：KMSテキスト

　以上の資本主義のタイプと以下のような日本と米国企業の経営者、従業員のあり方の違いを踏まえたコンサルテーションを実施しているのはアーサーアンダーセンである〔アーサーアンダーセン、2000〕。」

　従業員においては、まず、「リスクテイキング」のありかたでは米国企業は個人中心で、その行動の結果に対しては自分が責任を負う。プロフェッショナルを自負する従業員にとってはハイリスクではあるが、成果はほぼ全額本人に帰属するといってもよいので、ハイリターンで、リスクマネジメントが個人の必須の要件となる。これに対して日本企業は集団中心で、その行動の結果は共同で責任を持つので、個人にとってローリスクである。また集団の他のメンバーに対してもローリスクであるように個人は行動するので、ローリターンになり、目の前の微細なリスクに対してもそれを回避しようとする。

　「問題解決」においては、リスクテイキングのスタイルを反映して、米国企業はハイリスク・ハイリターンの結果、未来・前向き・創造志向となり、常に過去は「ご破算」にしてゼロ・ベースで解決策を編み出そうとする。それに対して日本企業はローリスク・ローリターンを追うあまり、常に経験を積み重ねて、安全に将来を構築しようとする前例主義・経験志向で、後ろ向きである。たとえ、資本主義の型がビッグバンなどを推進することで米国型に変わっていくように見えても、資本主義の基底を成す企業文化を変えるのは容易ではな

い。

　さらに、「モチベーション」についても、米国企業ではプロフェッショナルとしての成長を目指しており、そのために同僚との差別化の専門性を身に備える外向きの努力が必要である。それに対して、日本企業では集団のなかの身分の保全と地位の昇進が最重要であり、それにキャリアの全てを捧げる終身雇用の企業内向きのものに努力する。

　経営者においては、まず、米国企業では株主の代表として、市場から委ねられた権限を行使（市場価値志向）するのに対して、日本企業は従業員の代表として企業の内部から委ねられた権限（社内集団価値志向）を行使する。「変革への考え方」では、米国企業の経営者は変革を新しい機会の到来とか、新しい成果を創造できる機会と見るのであって、もし、障害が立ちはだかってどうしても前進できなければ、過去の成果に執着することなく放棄して、別の事業領域で再起（敗者復活）を狙う。その姿勢は肯定的・楽観的・積極的・拙速的である。日本の経営者は変革を現秩序の撹乱と捉えて遠ざけ、回避し、先延ばしするなど、懐疑的・警戒的・根回し的・後追い的な姿勢を取りがちである。

　「ビジネスと交渉」では米国企業はケース・バイ・ケースという形態で、交渉の双方の当事者が自分の意見を主張し、その上で、相互に譲歩して、歩み寄り、妥協点に達する。その過程は、異質の者同士の競争で始まり、前向きの利害のバランスの確保への努力である。日本企業は、集団主義の性向として、現在の関係の長期継続への強い衝動があり、集団内では現在の関係（和）を保つための協調が重視される。反面、異なる集団に対しては、自集団の利益を守るために非常に競争的になる。そして、双方が上位とみなす行政機関などの第三者の介入がない限り、「過当競争」という名の「ゼロ・サム・ゲーム」の極限の競合関係に持ち込む性向が強い。日本で、規制緩和が進まないのは、この文化性向があるからともいえる。

## Ⅲ　グローバル化の発展段階と現地経営の視点

　米国企業と日本企業との間に前節で述べたような相違があるように、東アジアにおけるアセアン諸国やニーズ諸国（シンガポール、韓国、台湾）の現地企業と日本企業とに本質的な相違があることを指摘することで、海外展開する日本企業の現地経営の重要性を説く研究も多い。

第3部　革新企業の知識の共有・活用

　2000年9月4日から13日にかけて日系製薬台湾企業の6社（武田・エーザイ・山之内・藤沢・大正・佐藤）のヒヤリング調査（平成12年度文教大学学長調整金による調査：齊藤功高文教大学国際学部教授との共同研究）を行った。日本の製薬企業の多くが1960年代に台湾に一斉に進出した。日本薬品を輸入して販売する支店形態や販売主体の現地資本との共同出資の合弁事業であった。当初は外資規制で資本金は現地資本61％との規制があったが、その後順次、製薬技術移転のために緩和されるに従い現地資本株を買い求め、日系製薬台湾企業が親企業の薬品を生産して台湾の顧客に販売するための工場建設が行われた。現在では、日本親企業との戦略提携をより強め、日本親企業がほぼ100％の株式所有（1社のみ80％）している。各社とも日本国籍社員は総経理（社長）1人か、工場長を含めて2〜3人である。

　現在ほぼ100％の社員が現地人であることから、日本国籍の社員である総経理は、文化の相違をまたいで現地人を動かし、ビジネスとしてまとめていくことへの挑戦が始まったことに気付いている。日本親企業における、従来の「異文化トレーニングプログラム」は、今日のグローバル・ビジネスの前線で活躍する人々のニーズには合わなくなってきているが、日本親企業中心意識への回帰を払拭できず、その意味で日本親企業との関係における日系製薬台湾企業のグローバル化への道は限りなく険しい。ヒヤリング企業の赴任者研修として、当然のことながら、台湾では"情、理、法""誠実"といったことが現地のビジネスの常識である。また、福利厚生費としての"尾牙"などの開催、あるいは"タブーやべからず集"といった類のエントリーレベルの知識を教育するなどが極めて重要であるが、現在、日系製薬台湾企業各社が行っている現地人管理者の日本親企業への派遣研修が日本親企業の経営理念や日本企業文化との融合を図るクロスカルチャラル・トレーニングとしてその重要性を増している。

　　台湾の"情、理、法"についてであるが、台湾では何事をするにも先ず感情の交流に努め、問題が生じれば合理的か否か判断（合理的な解決に努力）し、裁判、仲裁（法による解決）で決着するのを最後の手段とする。勿論、感情の交流に努めるのは世界どこでも同じである。しかし、ここで誤解が生じやすいのは、台湾では契約はいい加減なのかと言う事であるが、それは全く反対である。台湾では契約は合理的な判断の根拠であるとして、契約条文の細部まで顧客との詰めをしっかりと行う。台湾で営業するためには、情、理、法で物事を考える習慣を身に付けなければならないということであり、法を無視することではない。

台湾は特に儒教の倫理が強く、誠実でなければ台湾の人々から相手にされない。この誠実と言う事は大変難しい事である。日々の仕事で小さな事でも約束を守り、顧客の利便を常に考えると言う事である。

　台湾では毎月旧暦の2日と16日には線香を立て、お供え物をして祖先を供養する。商売人は店先に祭壇を設ける。1年の最後の締めくくりとして12月16日に店の経営者が従業員にご馳走する習慣があった。これを"尾牙"といっていた。これが最近では忘年会となっており、会社が全額費用負担で毎年行う。台湾では費用は会社全額負担の社内旅行が福利の一環とされている。ある日系企業は社員旅行を毎年行っている。社員数も少なく、家族もイトコ、ハトコまでOK、友人も参加OKと非常に開放的であったが、社員数が増えたので、配偶者、一親等までとしている。

　従って、現地赴任者の共通意見としては、現在、求められている"プログラム"は、例えば文化をまたいで現地社員といかにビジネスミーティングをうまく進めるかといったような、具体的なビジネスの現場で応用しうるものでなければならない、というものであった。日系製薬台湾企業としてはビジネス意識を現在の自国（台湾一国）中心主義をより進めることになるが、さらに進んで地域中心主義へ、単一文化から多文化へ、そして最終的にはトランスカルチャーへと21世紀において変えていかなければならないことはいうまでもない。

　日本ではゼネラリスト養成の配置転換が管理職育成には効果的であり、これが日本的人材育成といわれている。台湾ではこれは効果的でない。台湾は日本と違って実力主義で流動性が高く専門性が重視される社会であるので、ゼネラリスト養成の配置転換では専門性が身につかず転職が困難になるということで一般従業員の企業への帰属意識が低く、日系企業の転職率が極めて高いといわれている。例えば、"安価な労働力を求めて輸出加工区に進出した日系企業の中には、年離職率は30～40％と高く労働者の確保が最大の問題になっているものもあり、特に能力のある従業員ほど辞める傾向が強く、雇用安定を実施しても見返りが期待できない"という指摘を聞かされた。

　ところが、ヒヤリングした日系製薬台湾企業各社とも年転職者は2～3人であり、定着率は極めて高い。この理由としては"採用のあり方が従業員の紹介者を優先する、会社都合の解雇がない、給与が毎年確実に上がる、能力のある従業員には昇進の機会があるといった日本的経営の良さを強調している"との回答であった。各社とも生活給でなく職務給中心の賃金体系を主体とするものであるが、日本的経営の年功賃金・年功昇進の要素のかなり強い人事制度であ

第3部　革新企業の知識の共有・活用

る。日本的経営のよさを懇切丁寧に説明し、日本的人事制度の中に個人主義が強く労働意欲も高い一般従業員へのインセンティブ（QCサークルによる提案であっても個人を対象に報奨金等）を明示していることが効果をあげている。

　グローバル・カンパニーの定義や解釈をめぐっては、船川淳志の構想する4つのステージ（図表3-5）に集約できる〔船川、1997〕。これは小林規威が1980年に刊行した著書で提示しているモデル（図表3-6）と発展のステージを同じくするものである。船川の論旨ではグローバル化の発展段階は、その企業の組織風土、組織文化が重要な目安になるというものである。

図表3-5　グローバル化の段階

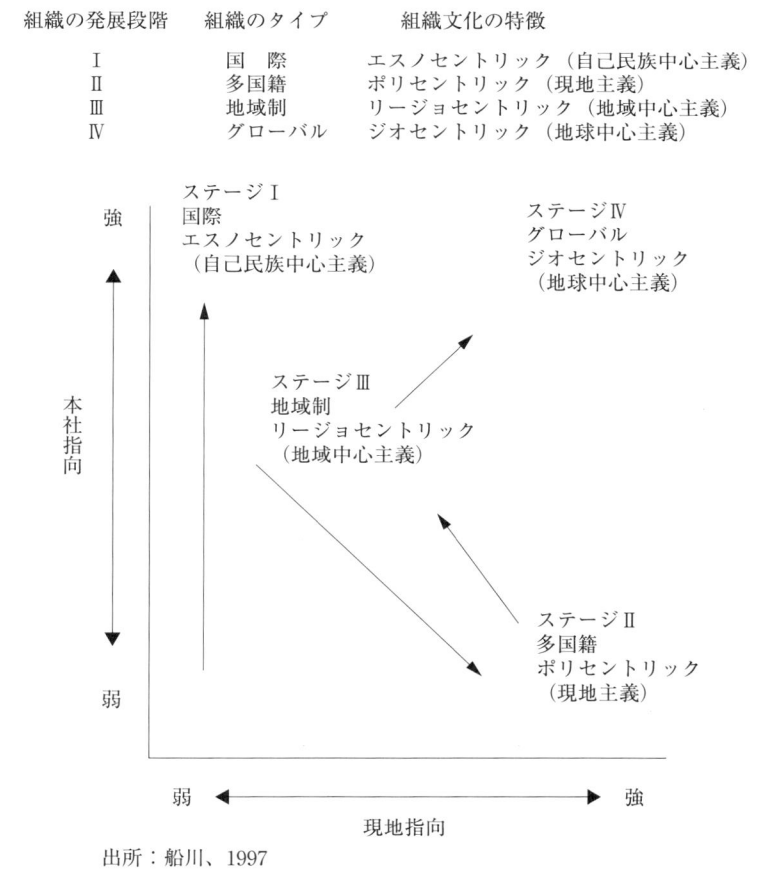

| 組織の発展段階 | 組織のタイプ | 組織文化の特徴 |
| --- | --- | --- |
| Ⅰ | 国　際 | エスノセントリック（自己民族中心主義） |
| Ⅱ | 多国籍 | ポリセントリック（現地主義） |
| Ⅲ | 地域制 | リージョセントリック（地域中心主義） |
| Ⅳ | グローバル | ジオセントリック（地球中心主義） |

出所：船川、1997

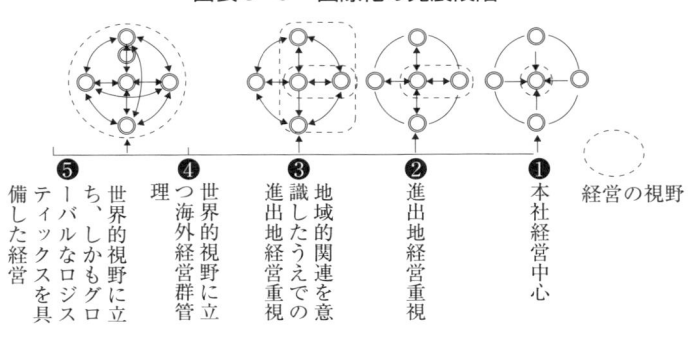

図表3-6　国際化の発展段階

❶ 本社経営中心
❷ 進出地経営重視
❸ 地域的関連を意識したうえでの進出地経営重視
❹ 世界的視野に立つ海外経営群管理
❺ 世界的視野に立ち、しかもグローバルなロジスティックスを具備した経営

経営の視野

出所：小林、1980

　グローバル化の発展段階の最初のステージは、エスノセントリック（自己民族中心主義）な国際企業の状態である。このステージにある親企業の現地法人は非常に本国指向が強い。主要なマネジメントのポジションは本国の社員に大きく占められる。つまり、親企業の社員だけが国際要員として現地に派遣される。海外赴任者はどちらかというと先生というスタンスで現地に赴く。親企業との間で支配従属関係にある。日系製薬台湾企業はこのステージを卒業している。

　第2のステージは、ポリセントリック（現地主義）企業である。日系製薬台湾企業は現在この段階で、最初の自己民族中心主義の段階におけるいろいろな試行錯誤の経験を踏まえて、この方向を極端に志向している状況にある。台湾は独自の規制や取引慣行あるいは**新GMP（Current Good Manufacturing Practice：医薬品の製造管理及び品質管理規定）**に適合した製薬工場の建設の義務づけ等、製薬産業インフラの整備を目指している。これに対応した日系製薬台湾企業は素晴らしい成果を納めつつあるし、この成果は現地の販売チャネルの構築、新GMP適合製薬プロセスの構築、現地労働者の雇用と活用という多大な投資とグローカリゼーション（globalizationとlocalizationの融合）といわれる現地化への普段の努力によって達成されたものである。

　　　Promoting the current Good Manufacturing Practice (cGMP). After the promotion of validation practice for sterile products, an overall validation practice for drugs will be promoted to upgrade the standards of GMP.〔Republic of China, 2000〕

第3部　革新企業の知識の共有・活用

　医薬品の生産は、従来は化学工業として価格競争に主眼がおかれていたが、米国から最終製品段階での品質確保のみならず、購入原材料や生産各工程にわたるトータル管理の概念が導入され、非価格競争のうちの品質に関する新たな視点が加わった。それが GMP である。台湾における製薬行政の姿勢は、製薬工場の品質責任が、法律があるから達成されるのでなく、日々の持続的な製薬イノベーションが天然物抽出法から科学的合成法あるいは遺伝子利用になってきているので、最新・最適の GMP 情報を米国・日本・欧州諸国・PIC/S（Pharmaceutical Inspection Convention and Cooperation Scheme）から得て、昨日の GMP の内容を国際標準に合うように、今日、明日と変え、日々新たに法的に対応して、製造工程の変更、品質企画の変更への十分な担保を確保していく、というものである。これが新 GMP の「新」の意味するところである。新 GMP に適する工場の建設・整備を法的に義務づけることで、21世紀において台湾製薬産業が国際標準に合致した国際競争力を持ったものになることを狙いとしている。

　新 GMP 基準のもとでの事業展開を余儀なくされている日系製薬台湾企業の赴任者（総経理）の役割は、管理を最小限にとどめ、どちらかというと本社へのリポートに限られていた。現地市場の開拓は約2,000万人という小さい市場を奪い合うことになり、日系製薬台湾企業間競争の激化で、各社とも拡大成長というよりも縮小均衡の状態の経営計画であった。ヒヤリングした日系製薬台湾企業6社のうち1社が台湾から撤退と噂されていたが、撤退するどころか、採算の合わない製薬品目、数量の少ない製薬品目、人件費の急増の製薬品目については日本親企業からの輸入品を将来増加させて台湾での製造を減らすことに当該企業の総経理の経営戦略があっただけである。既に2品目については昨年から今年にかけて委託製薬（1品目はコストの安い現地メーカー、1品目は設備を新規にした受託製薬に生き残り戦略をおく欧米外資メーカー）していた。このような経営方針に基づき、正規雇用の従業員のうち余剰となる製薬従事者や単純なルーチン業務担当者、さらには清掃担当者等34名の業務を新規20名の派遣社員に引き継ぎ、期間1カ月で代替して、人件費の抑制と経営の効率化を図った。その結果135名体制が現在87名になり、将来66名を目指すという経営姿勢が撤退の経営とみられたにすぎず、日系製薬台湾企業6社とも台湾市場の堅持の経営であり、撤退はありえないとの回答である。

第3のステージは、地域中心主義（リージョセントリック）の地域制をとる企業であるが、ヒヤリングした日系製薬台湾企業はこの段階での役割を日本親企業から課せられてなく、また、近隣アジア地域の中核企業になろうとの意識も現在持っていない。ただし、地域中心主義に徹しようと努力しているかにみえたのは、ヒヤリングした企業の中では1社のみであった。それは日本国籍の総経理が、自らは東アジア数カ国の赴任経験を基に、"地域内の数カ国の赴任経験者がその地域の近隣諸国については一番よく知っている"という自負心を持っていたためである。他のヒヤリング企業の総経理も、こうした近隣諸国経験の重要性を認識しているがゆえに、自らが台湾1カ国のみの赴任経験しかないことから台湾国内のみの経営に徹せざるをえないのであろう。従って、安価な労働力利用を基本とした輸出基地としての東アジア地域との分業体制などは構想していなかった。

　親企業からの赴任者が、同じ地域にまたがる複数の国をカバーしなければならないという状況は、赴任者がそれぞれ個々の文化とビジネスに習熟していない限りかなり難しいので、ヒヤリング6社のうち1社のみが東アジアの他国を赴任した経験者を総経理に任命していたのは親企業の第3ステージへの展開の布石であるともいえる。

　企業のグローバル化の最終段階が第4ステージとしてのジオセントリック（地球中心主義）企業である。この企業は世界共通な基準を模索しながら、なおかつ各地域固有の状況に対処し、重要な意思決定を行うために現地子会社と親企業が緊密に協調することが求められる。

　現在、先進欧米企業も日本企業も第3、第4ステージに向けて歩みだしているが、日系製薬台湾企業6社の現況をみても、被進出諸国の経済社会の諸制度、環境が整備されない限り、その段階は限りなく遠く、そして過酷なものである。しかしながら、台湾が産業規制を緩和し、さらに資本自由化も進み、新GMPが製薬技術標準として定着し、それらが国際的に許容される時代になるには長い年数はかからないであろう。それまでに台湾国内で競争する日系製薬台湾企業のなかで新GMP適合の製薬工場と知識経営を行った企業が第3、第4ステージで活躍することになる。

　これは日本国内の社会経済諸制度についても同様であり、現在、グローバル・ジオセントリックの経済社会環境整備への要請として、企業ビッグバンを推し

進め、それに対応する日本企業の経営変革が喫緊の課題となっている。2000年3月期から連結決算主義になったとともに、国際会計基準でも基本財務諸表の1つとして位置づけられているキャッシュフロー計算書が有価証券報告書などの開示書類において財務諸表に含めて公表されたのに加えて、2001年3月期には金融商品の時価評価が始まる。持ち合い株式の時価評価によって、これまで許されてきた含み益経営が大幅に制約されるといった、国際会計基準・金融制度のグローバル化（世界標準化）の流れに日本企業は無縁ではいられなくなった。

## Ⅳ　創造化時代（21世紀）のエクセレント・カンパニー

　1989年、日本・欧州と比較して米国産業の問題点を分析したマサチューセッツ工科大学の調査委員会は"米国産業の弱点は規格品の大量生産システムの成功と国内市場のみ睨んだ視野の狭さにある。これに対し、日本の産業は柔軟に効率的に対応できる生産システムを造り上げた"と結論づけた。工業化レースの世界の勝者となった1985年の日本は"世界の工場"として他国の追随を許さぬ成功の地位を保持していた。日本はトヨタ生産システムに代表する在庫ゼロを目指した生産システムや設計段階から部品メーカーを参加させることによって開発期間を大幅に短縮した生産システムを造り上げ、米国企業の教科書となっていた。

　1990年代の米国企業の復活は、日本的経営の特徴や長所を1980年代末から1990年代初頭に米国企業が学び、それらを米国型にアウフヘーベンしたことにある。日本は欧米に範をとり、この100年間で「近代化」を成し遂げ、1980年代に存分にその経済的果実を享受した。しかし今、いつまでも脱出できない不況の苦境の真只中にいる。

　米国復活を担った超一流企業（エクセレント・カンパニー）といわれた超優良企業やベンチャー企業は、1990年代に入ると成功への評価基準を、「市場原理の組織や経営資源の束の組織（コア・コンピタンス）」に重点を移していったのである。

　1990年代は創造化の時代（**図表3-7**）が始動し、テイクオフの時期にあって、米国経済はこの潮流に乗って繁栄の時代を謳歌して世界を大きくリードしている。それは情報化時代の次の時代を単に知識が重要になる時代として位置

章1章　日本企業の知識創造経営

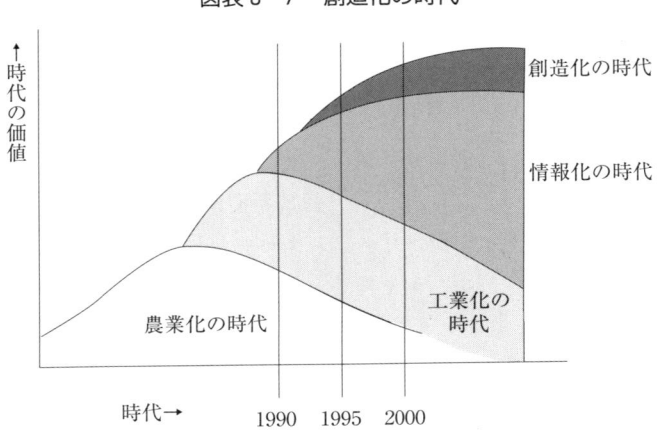

図表3-7　創造化の時代

づけているのでなく、他に類例の見ない**創知型産業**の"知識の創出と新たなビジネスモデル"が経済を牽引していくドライビング・フォースとなっていたからである。一方、日本経済はこの期間低迷し、1980年代に築き上げた自信は吹き飛んでしまった。様相を変えた決定的な要因は、ここ数年米国を中心に一気に進んだ情報技術（IT）革新である。

　　創知型産業には、サイエンス・ドリブンとデジタル情報ドリブンという2つのタイプの、いずれも知識を核とする新産業の創出へのアプローチが重要である。サイエンス・ドリブンとは文字通り、活発な研究開発によって生み出される科学的な知識を事業の源泉とするものである。デジタル情報ドリブンはあらゆる情報がデジタル化され、データベース化される環境の中で、1990年代になって急速に普及し始めたネットワークをベースとするITの活用により、新たなビジネスモデルという知識を創造することによって推進する産業化のことである〔野村総合研究所、1999b〕。

その内容はニューエコノミー経営で、顧客と商品・サービスの管理に必要な情報の全てがリアルタイムに社内で飛び交う情報インフラ整備である。従業員の知識と経験が共有できるKM（Knowledge Management）の徹底である。ワークスペースはモバイルでどこでも仕事ができるという環境で、Eメールで代表される情報（コミュニケーション）ネットワークの利用である。IT技術は米国企業の経営管理のあり方を革命的に変えてきた。企業と顧客の間に成立していた"付加価値をつける関係"が、顧客の生活課題解決といった"ソリューションバリューの提供"に移行していたのである。さらに、戦略的アウトソーシ

211

ングが企業間の境界の揺らぎをもたらし、産業融合の動きとバーチャル企業化への転身を促していたのである。

　この期間に、日本経済はバブルの後始末に追われ、ITを導入・活用するのに決定的な遅れをとった「失われた1990年代」としてしまった。インターネットの普及率をみても、1999年9月現在、米国は39.4％、欧州でも急速に高めているのに、日本は21.4％にすぎない〔朝日新聞朝刊、2000・6・21〕。経済企画庁は、シンガポール、香港よりもインターネット普及率では日本は劣り、ITインフラ整備ではシンガポールや香港等と同程度にとどまり、米国に遅れをとっていると試算した〔『アジア経済白書』〕。このことは今後の経済成長の起爆剤として期待されるIT分野では、日本の優位は依然として確立されていないことを示す。**固定電話と携帯電話を合計した人口普及率は2001年に日米大逆転**すると予想する研究所もあるが、現実にはこれは全くの予想外れであった。勿論のこと、電子行政（政府）の実現への基盤整備でも欧米に比して大幅に遅れをとっている。

　　　情報通信総合研究所はJupier Communications社の米国固定・携帯電話人口普及率資料を基に、2001年に日米大逆転するという資料を作成した。それによると、1996年日本6.2％・米国13.9％、同1997年9.2％・22.4％、1998年13.4％・30.9％、1999年24.7％・36.9％、2000年40.4％・43.1％、2001年56.9％・48.9％、2002年72.2％・54.4％、2003年86.9％・59.9％で、世界が見習う日本型ITの可能性として5つを指摘している。それは、1）ネット接続携帯電話による世界一普及するインターネット（携帯で何でも決済、携帯とホームページの連動型サービスが普通に）、2）コンビニはATM、料金収納代行、情報端末が街のIT拠点（チケット販売、ダウンロード・ソフト等）、3）宅配便は物流と代引きで、通販・EC決済のサービスインフラ、4）少子高齢化（2015年には4人に1人が65歳以上）に対応した、情報機器およびサービスの進化（世界の国々にも参考になるIT）、5）日本ならではのキメ細かさ、丁寧さ、モノ作りへの熱意が生み出すカスタマイズ商品・サービス（日本型経営モデルの復権）、である。

　ITはこれまで業務の効率を進めるためのツールであったが、今日のIT革命は調達・生産・流通・販売等、あらゆる企業活動の基盤となり、これまでの企業活動における物理的な制約が次々と取り除かれ、複数企業間で情報を共有し、企業活動の無駄を徹底的に排除できるようになった。IT革命は企業経営のパラダイムシフトとして、世界経済社会を抜本的に大きく変えつつ、超一流企業の経営管理として「経営理念への熱い信奉による求心力を発揮する情報・

知識共有の経営（KM）」を台頭させている。米国ではIT経営に必要な基本的インフラ整備を整え、企業間電子商取引（B to B）が本格的に動きだしているが、日本ではIT技術がもたらす<u>「電子個人主義の時代」</u>への適応が遅れているといえる。日本企業は終身雇用慣行を制度化した日本的集団主義経営による成功が品質と生産性の向上の面で画期的な成果をあげたことに酔いしいれていたのである。

> 20世紀の終りに来て、電子通信革命は人類社会を大きく変えている。電子個人主義とも呼べるものが誕生している。日本社会は集団主義による成功が素晴しかった分だけ、逆に電子通信革命がもたらす個人主義の時代への適応が少し遅れ気味だ。電子個人主義とは個人単位で（家族でも職場でも国家でもない）行動がとられ、敏速な判断と活発な相互作用を特徴（ネットワーク社会の誕生）とし、社会全体がグローバルスタンダード（多数の合意を取り付けた者がスタンダード設定者になる）を採用し密接な連関を保たなければならない。言い換えるとコンピュータを道具とし、業界の区別を気にしない社会が人類社会に誕生しつつある。〔猪口、2000〕

米国では1990年代後半に超一流企業のコア人材の役割が"仕事自体の変化、インターネット・イントラネット・Eメールの進展、経営管理スタイルの変化"によって、1）職場や企業の単位でなく、個人個人が機敏な行動を伴う活発な知識・情報を発信し、情報ネットワークを活用した「グローバルスタンダードへの対応」、2）業界の区別・制約を乗り越えた「知識企業経営」に変わってきたといわざるを得ない。21世紀におけるエクセレント・カンパニーの評価基準が「知識創造組織（ナレッジ・カンパニー）」に重点がおかれるようになったのである。

IT革命はグローバル化の第4段階であるジオセントリックなビジネスモデルを求めてこれから急速に普及・発展するが、それを支える知的インフラストラクチャーが知識・情報の共有化の仕組み（KM）であることに、日本のリーダーは認識を新たにすることが日本企業経営グローバル化の喫緊の課題である。

## V コラボレーション（協働）による革新性

日本ナレッジマネジメント協会は12人の学者の<u>"ナレッジ・マネジメント（KM）の定義"</u>をホーム・ページ（2000年8月）で紹介している。

> それらの中で知識創造企業の本質を記述しているのは野中郁次郎である。それは「わ

れわれが"知識創造企業"というとき、それは知識担当役員を設置し、先端的情報技術を用いて知識ベースを構築すべきだ、ということを意味しているのではない。それらの要素は必要条件の一部と言えなくはないが、少なくとも十分条件ではない。企業モデルとしての知識創造企業は、量産システム時代の企業のように、製品開発などの限定された局面でコンセプトを効果的に創造する企業ではない。むしろ、イノベーションから、より日常的な顧客問題の解決、顧客とのコラボレーション、あるいは複雑な環境における自由で機動的な組織的行動に至るまで、多くの局面で知識創造する企業である。つまりそのモデルには、価値の源泉となる知識が常に創造的に進化していくための"生きたモデル"であることが望まれる」というものである。

10年ほど前に、IT革命と称したMIS等が導入されたが、これらは上述の定義における"価値の源泉となる知識"が常に創造的に進化したビジネスモデルとして有効に機能しなかった。データベースによってデータが整備され、各種の報告書等が文章化(ナレッジ化)されても、それは経営の効率化のみで、知識創造企業としての経営の高付加価値化戦略の判断にまで効果がおよばなかったからである。KMは業務遂行の過程で獲得・蓄積してきた知識やノウハウ等の知的資産をITによって社内で共有化し、企業の総合力を高めることが狙いである。

ダベンポート(T.H.Dabenport)は"Process Innovation"(1992)を著し、ハマー(M.Hammer)とチャピー(J.Champy)とともにリエンジニアリング(Reengineering)を提唱したが、このブームは"人を忘れた騒ぎ(The fad that forgot people)"にすぎなかった。その後、米国ではコンピュータの驚異的なハード・ソフトの発展による今日的IT革命と経営のデジタル化に適応し、1990年代にはニュー・エコノミーを中核にして115カ月にも及ぶ経済の繁栄を続けることになる。米国の先達企業では、イントラネットを構築して、米国内は勿論のこと世界各国の各部門、関連会社に散在する知識・情報・ノウハウをビジネスチャンスに活かすように、それらを集め、**コラボレーション**によって世界各地域で働く社員1人ひとりの能力では産み出せない組織的課題解決力を獲得している。このコラボレーションの仕組みは知識・情報・ノウハウの共有空間を生み出し、リアルタイムに動作するもので、高度な対話性を持ち、世界各地域の異なるスケジュールで活動している人々でも、空間と時間を超えたグローバル・ジオセントリックなコラボレーションを可能にしている。

Collaboration is the process of shared creation : two or more individuals with complementary skills interacting to create a shared understanding that none had previously possessed or could have come to their own. Collaboration creates a shared meaning about a process, a product, or an event. In this sense, there is nothing routine about it. Something is there that wasn't before. 〔Michael Schrage, 1990〕

　コラボレーションとは専門の経験の異なる人たちが協働して新しい知識やノウハウを創造するプロセスを共有する活動である。この活動を実践していくためにはメンバーの１人ひとりの専門性や性格・思考特性を十分に活かしたメンバー相互間の有機的なコーディネートが必要である。新しいものはゼロから生まれるものではなく、これまで積み重ねてきた知識や経験の上に新たな視点が加わることにより創造される。複雑化し、専門化した現実に直面して、様々な専門性を持つ人々がコラボレーションを重ねる努力によって革新的な問題処理方法や製品等が創造されていく。

　コラボレーションは相互に補完しあう能力のある人々が共通の問題意識の基で創造活動を行うチームの学習行動である。メンバーの構成を限定せず、必要に応じて世界各地に散らばる最適の専門家に参画してもらうとか、メンバー間の上下意識を排除した対等（イコールパートナー）の構図がコラボレーションの基本である。金太郎飴的な思考と行動を要求しがちなチームワークとの本質的な差異に注目しなければならない。米国では、例えば、**General Electric 社の"GE Information Network"、Arthur Andersen 社の"Knowledge Exchange"** 等が代表例として挙げられている。組織における情報・知識の共有・活用の面から見てみると、チームワークの段階からイントラネットを整備して、コラボレーションシステムを確立することでエレクトリックコマース（例えば、電子コミュニティの形成、バーチャルカンパニーの形成、全社的な知識資産の活用等）の段階に進んでいるといえよう。

　　General Electric 社では"GE Information Network"と呼ぶイントラネットで、従業員がデスクトップから有益な情報が得られるようにしている。最終的には世界中に散らばる従業員22万人を結ぶ計画である。〔Steve Guengerich（長原宏治監訳）、1997〕

　　Arthur Andersen 社はグループウェアをプラットホームに全世界約５万人のコンサルタントが互いに情報やノウハウを共有し、短期間で高品質の情報提供やコンサルティングを可能にするのが「ナレッジエクスチェンジ（KX）」である。KX には約150のコミュニティ・オブ・プラクティス（COP）が結成され、世界中のコンサルタントの

持つ様々な情報や事例をテーマごとに分類・整理して、その情報に付加価値をつけたり、そこから普遍的なルールを導き出すことで「知識」へと昇華させ、様々な課題解決に役立てている。〔日本経済新聞、1999〕

　日本でも、多くの企業において、組織のスリム化として、人員削減を積極的に進めるとともにコンピュータ1人1台を前提にして、企業内LANやインターネット、Eメールの普及に努めた。例えばNTTは階層型組織の中にネットワーク型の仮想組織に類似した"VYC（Virtual Young Company）という電子通信ネットワークを設けて推進、1995年には鹿島とか日立がイントラネットを導入、富士ゼロックス社は1990年代初頭より「知・知識」の重要性を考え、ナレッジ・イニシアチブ（図表3-8）を提唱して、この分野での先達企業になっている。富士ゼロックス社は、共感の場と信頼に基づくコラボレーションの情報システムとして"Z-EIS"を実践している。富士通の"Solution NET""SARFINの中の「事例BANK」"やリクルート社の"ナレッジ・パラダイス"も成果をあげている。さらにそれらは柔構造で適応力があり、機能的で機動力

図表3-8　ナレッジ・イニシアチブ

・全社的規模の取り組み
・企業ビジョンと連携した自律的活動を促進するしくみ

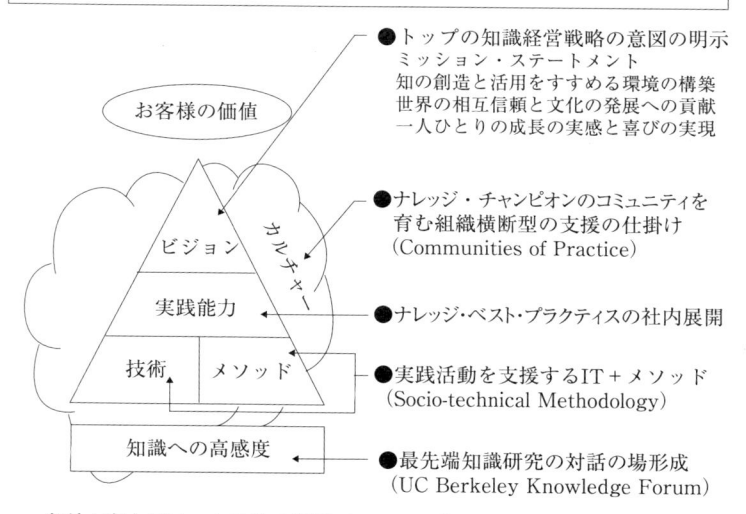

●トップの知識経営戦略の意図の明示
　ミッション・ステートメント
　知の創造と活用をすすめる環境の構築
　世界の相互信頼と文化の発展への貢献
　一人ひとりの成長の実感と喜びの実現

●ナレッジ・チャンピオンのコミュニティを育む組織横断型の支援の仕掛け
　(Communities of Practice)

●ナレッジ・ベスト・プラクティスの社内展開

●実践活動を支援するIT＋メソッド
　(Socio-technical Methodology)

●最先端知識研究の対話の場形成
　(UC Berkeley Knowledge Forum)

（ピラミッド図：お客様の価値／ビジョン／実践能力／技術・メソッド／知識への高感度、カルチャー）

出所：富士ゼロックス社の広報パンフレット

を有し、フラットで起業家精神をもった組織体系、すなわち有機的に結びついたネットワーク型組織づくりに成功している企業である。

　NTT は"VYC"として、入社10年未満の若手社員の中から、地域・部署・職種不問で公募した100人にパソコンを与えてネットワーク仮想企業を1994年秋に計画、1995年春に発足、1996年秋にはメンバー1500人・月間10万件を超える電子メールによる、興味と意欲を同じくするメンバーが絶えず集まり、また組み替って常時約80ものプロジェクト活動がネットワーク上で進行している〔高木・長戸、1997：pp18‐21〕

　鹿島は1995年4月にイントラネットを導入、主に技術系社員8,000人が使っている。

　日立は1995年秋からインターネットを構築し始め、SE を中心に約7,700人、最終的には全社員（約5万人）が使える体制を目指している。〔日経ビジネス・日経コミュニケーション、1996〕

　富士ゼロックス社の海老名事業所では、設計の初期段階から全員が参加し、過去の経験と知識をベースに問題点や改善案を出しあうことにより、開発期間の短縮を目指す「全員設計構想」の実践が行われている。—（略）—　最初から全員で設計しようというアイディアを実現するために生まれたシステムが、"Z-EIS（Zen'in-sekkei Engineering Information System）"である。—（略）—　Z-EIS はイントラネット上で実現された製品情報・業界動向・設計ノウハウ等のポータルサイトであり、さらに技術者と営業担当者の間での製品設計に関する議論の場となっている。設計者以外のアクセスも活発で、一カ月に200,000件以上のアクセスがある。—（略）—　この実践事例の成功要因は、もともと設計者の間にあったノウハウ共有の文化、そして下流部門の現場のナレッジをタイムリーに活用したいという設計者の切実な要求があり、その構図を崩さずにシステム化したところにある。全員設計のコンセプトが共有されたことにより、それまで設計作業の合間に行われていた設計ノウハウの登録作業が、設計者にとっての本質的活動として認識されたことも重要なポイントである。〔アーサーアンダーセンビジネスコンサルティング、1999〕

　富士ゼロックスの"Z-EIS"は、過去のトラブル事例から学んだ設計ノウハウをはじめ、設計仕様書、図面データなど、設計者が製品開発で必要とする情報やノウハウを必要なときに簡単に引き出せるイントラネットの仕組みである。個人の経験知として蓄積された設計ノウハウを組織知として共有することにより、経験の浅い設計者でも一定レベル以上の製品を設計できる。〔浅久野映子、2000〕

　富士通の"Solution NET"のシステムは、プロジェクト毎に Web を立ち上げ、そこへ現場で発生した業務の知識を蓄積、活用するために、日報、議事録、設計書、提案書、メール等をフォーマットを統一しないで入れておき、全社的にそれらを活用する企業文化が醸成されている。〔記録管理学会 a、2000〕

第 3 部　革新企業の知識の共有・活用

　　　イントラネット SARFIN のなかの"事例 BANK"は営業マンが自らの成功事例や失敗事例を赤裸々に綴ったケーススタディが掲載されている。例えば、他社に出し抜かれてしまったケースなどで、約5,500件が登録されている。〔日経ビジネス・日経コミュニケーション、1996〕

　　　リクルート社の"ナレッジ・パラダイス"は1999年10月にイントラネット上にオープンしたマーケティング・システム商品部門の営業ポータルサイトで、営業マンの知識ベース、コミュニケーション・ベース、インスピレーション・ベースとしてつくられたものである。その第一段階の目標として、これまで部門内で行われてきた様々なタイプの情報交換の場を活性化させ、そうした場にあがってきた情報を、より活用しやすい環境を作り上げている。〔水野、2000〕

　21世紀を迎えるあらゆるビジネスモデルが、IT の目覚しい発展によって大きく塗り替えられつつあるのが現状である。そして、ドキュメント・マネジメント、レコード・マネジメント、ナレッジ・マネジメントといった言葉で企業の経営資源である知識・情報・ノウハウの総合的な活用や全社共有化のための組織学習のあり方が研究され、実践事例がいろいろ紹介されているのがこのごろである。

　KM は 4 つのモードの知識サイクルモデルで説明されている。野中郁次郎・紺野登は知識創造に焦点を当て、"その理論的枠組みは存在論的次元と認識論的次元が含まれる。存在論的次元は知識創造活動が個人から、集団、組織へと拡大されていく次元であり、認識論的次元は暗黙知と形式知の間の知識変換に関する次元である"〔権、2000〕として、Socialization（共同化）・Externalization（表出化）・Combination（連結化）・Internalization（内面化）のサイクルを提唱する。

　組織の中の知識の創造・共有・活用に焦点を当てたものとしては、ロータス社と IBM 社の Sense（感知）・Organize（体系化）・Socialize（共同化）・Internalize（内面化）のサイクル、米国ゼロックス社の Create（創造）・Capture（取り込み）・Consolidate（分類）・Communicate（伝達）のサイクル、ベンポートとプルーサックの Creation（創造）・Codification（形式化）・Distribution（流通）・Use（活用）のサイクルのモデルがある。さらに、デトロイトトーマツコンサルティングは Codify（蓄積・分類・再整理）・Distribute（伝達・配布）・Apply（適用・評価）・Create（創造・獲得）のサイクル、野村総合研究所は表出化・

章1章　日本企業の知識創造経営

ナレッジ共有の拡大・内面化・濃い共同化の4つのモードを提示する。アンダーセンコンサルティングは"収集する情報の幅"と"知の活用の深さ"の2軸で、ナレッジ・システムの発展形態を5つに分類している。これらは知の創造と活用のサイクル上に複数企業のビジネスをプロットし、巨大な知のバリュー・ネットワークを形成することを提唱するものである〔佐藤・桐井、1999〕。

新谷文夫は企業経営の基本は8つの機能（企画、管理、研究、開発、調達、生産、販売、広報）であると考え、それぞれに<u>20のIT手法（CRM,NC,VCL,ASP,ERP,EAI,CSC,VC,MRO,KM,PS,IM,SFA,ECR,MP,SCM,EMS,MRP,CAE,PSD）</u>を対応させ、グループウェアやイントラネット等を活用した情報・知識の共有化がそれら手法のベースにあることから、IT経営のホームポジションの中核はKM（Knowledge Management：図表3-9）であると位置づけた〔新谷、2000〕。

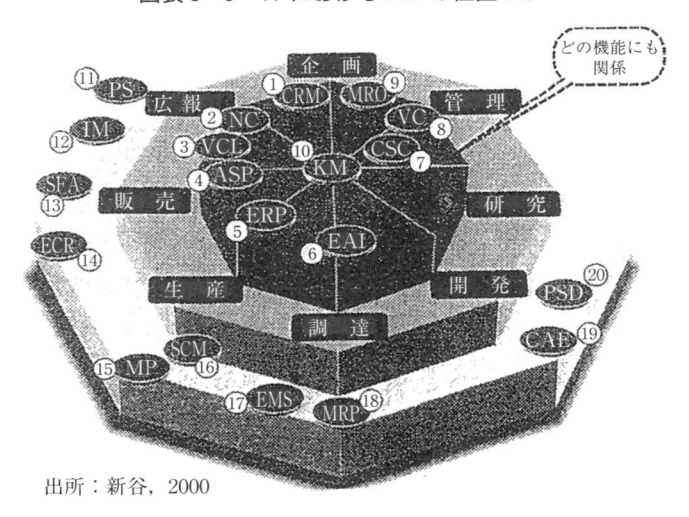

図表3-9　ITにおけるKMの位置づけ

出所：新谷，2000

　　CRM：カスタマー・リレーションシップ・マネジメント、NC：ネットワーク・コミュニティ、VCL：バーチカル・コラボレーション、ASP：アプリケーション・サービス・プロバイダー、ERP：エンタープライズ・リソース・プランニング、EAI：エンタープライズ・アプリケーション・インテグレーション、CSC：サイバースペース・コーポレーション、VC：バーチャル・コーポレーション、MRO：メンテナンス・

第3部　革新企業の知識の共有・活用

　　　リペア・アンド・オペレーションズ、KM：ナレッジ・マネジメント、PS：ポータル・サイト、IM：インフォミディアリ、SFA：セールス・フォース・オートメーション、ECR：エフィシエント・カスタマー・レスポンス、MP：マーケットプレイス、SCM：サプライチェーン・マネジメント、EMS：エレクトロニクス・マニュファクチャリング・サービス、MRP：マテリアル・リソース・プランニング、CAE：コンピュータ・エイデッド・エンジニアリング、PSD：プロシューマ型開発

　アーサーアンダーセン社は1950年代初期からKMに取り組み、"Knowledge Space"を1996年に登場させた。これは、1950年代から定期的に共有すべきナレッジを紙ベースの共通ファイル（Subject Files、Circulating Files）で配布・閲覧していたものを1990年代初めには世界標準のデータベース（あるべき業務プロセスの事例集）に集約、さらにCD-ROMの製作・配布、やロータスノーツの利用等、多くのナレッジ活用ルールの開発・発展・進化したものである。

　　　Knowledge Spaceはコミュニティをベースに構築されている。個々のコミュニティのページは、活動やサービスの特性に応じて、機能やデザインに使いやすくする工夫がこらされている。ただ、アーサーアンダーセンのすべてのWebサイトには同じデザインポリシーが踏襲されており、リソースを活用しやすいようにする配慮もある。トップマネジメントは、常に自らのメッセージをKnowledge Spaceを通じて直接話しかけ、フィードバックも簡単にできるように工夫されている。利用は原則としてアーサーアンダーセンのメンバーであれば何も制限されることはない。各国の最高責任者でも、経験のない新人であっても、等しく同じ権限である。〔陳井、2000〕

　このように、文書管理は過去の記録とその管理が主目的であるのに対し、KMは未来志向的であり、活用することが主目的である。バックオフィス（経理・財務・総務等）部門も本来的には与えられたミッションを達成するナレッジワーカーの集団として生れ変る〔アーサーアンダーセンビジネスコンサルティング、1999〕。グループウェアやイントラネット／エクストラネット／インターネット、データウエハウスやデータマイニング等、IT技術のめざましい進歩により、ドキュメント化された知識・情報の共有化と活用の面で過去の知識・データ管理が大きく未来志向的なものに前進しているのが現在であるといわざるを得ない。

## Ⅵ　知識・情報の共有化仕組みの構築

　情報化時代・創造化時代においては、管理部門での**機能中心型組織（Functional Organization）**や日本的な勘と経験、慣例主義、前例に頼る方法では市

場環境の多様化やその変化のスピード等の社会価値観に対応できないという問題を抱えているのが実態である。ワークフローの中で仕事がうまくいくように発生する諸問題を解決し、業務の改善・改革をしていくためには、情報の収集と分析・活用がベースであり、問題解決に役立つ情報をいかに正確かつタイムリーに集められるかが要であるので、組織をネットワーク型にすることが必要になる。重要情報を判断・活用することで新しい知識・知恵を発見する並びにそれらの共有による付加価値創造を図ることが必要で、そのための知識・情報共有化ネットワークの構築が必要不可欠となる。

> 機能中心型組織は技術プロセスの改善や向上が容易であるという長所があるものの、プロジェクトマネージャーが有能でなく、大きな権限を持っていない場合には、部門長が自部門に関連するプロジェクトに対して全ての決定権を自分に集中し、自部門の損得をプロジェクトよりも優先してしまいがちである。

**イントラネット技術とプロトコル**を採用する情報ネットワークを構築することにより、たえまない環境（市場）変化の動きに対して、社員だれもがその役割に応じた即応性の高い付加価値創造を可能にすることが大切である。インターネットの普及は目を見張るものがあるが、ネットワーク情報資源の時代においてはコンピュータリテラシーや情報リテラシーを含むネットワークリテラシーが重要になり、その中核に現実ニーズの問題解決能力が位置してなければならないのはいうまでもない。この知識・情報共有化ネットワーク型組織は「電子メール（個人対個人、個人対グループ）」「メーリングリスト（共同研究者の参加やアイディアの展開、異分野で同じ関心を持つ人々の学際・業際的な意見や批判の交絡：複数の意見や批判を峻別せずに列挙）」「ファイルの共用（知識・情報・アイディアの共有）」「ディレクトリ（情報やアクセス権）の管理」「検索（必要情報の入手）」「ネットワーク管理」の主要機能を有し、ユーザーが異なる空間、異なる時間帯にいようといまいと関係なく企業内での共同作業を可能にするものである。

> 従来型の LAN 及び WAN は情報技術管理者及びユーザーの両者に対して制約を抱えている。管理者にとっての最大の困難は、異なるコンピュータ及び異なるオペレーティングシステム同士を対話させることである。―（略）―従来型ネットワークはユーザーに対してそれぞれ異なるシステム毎のソフトウェアの知識を要求する。一方、ワーク管理者は、複数の独立したディレクトリシステムを管理しなければならない。―（略）―そこに現れた解決策がイントラネットである。オープンで標準的なインタ

ーネット技術を土台にして構築されるイントラネットは、HTML形式での情報の共有（人事異動の発表からホワイトボード的な使い方まで）、HTMLドキュメント処理のために設計されたプロトコルの採用によってLAN及びWANのクライアント／サーバーストラクチャの真の力を解放した。〔Tyson Greer（阿部写真印刷株式会社訳）、1998〕

　この仕組みは一気に構築することができないもので、ステップを踏むことが要求される。その第1段階は、知識・情報の共有化の意義と将来構想を経営ビジョンとして掲げ、全社員に周知・徹底させる。トップマネジメントがあらゆる機会を捉え、この仕組みが企業、個々のコミュニティ、従業員1人ひとりのミッション、ビジョンの実現になくてはならない最良のツールであることを伝え続けることが必要である。米国企業におけるナレッジ担当役員（CKO）設置はこの段階を重視したものである。

　第2段階は、個人・グループの知識・ノウハウを高める方策として、個人やグループの業務情報をターミナルで一元管理することで、業務情報を誰でも必要に応じて入手・活用できるようにする学習機能を整備する。自社にはどのような知識・情報・ノウハウがあるのかを把握できる場、言い換えれば、あまり堅苦しく考えないで情報・知識を吐き出させ、それをドキュメント化（成功・失敗事例、業務・技術のノウハウ等としてターミナルに蓄積）する場の整備である。具体的には、全社員にパソコン1人1台を配備してイントラネット／エクストラネットのターミナル並びにインターネットにアクセスさせるようにする。

　第3段階は、外部情報を収集・整理・分析し、関連部署が必要情報として検索・活用できるようにする。この段階の課題はドキュメントワークフローとの関連性をもたせながら、社内情報・知識と社外情報をどのように組み合せて創造性へのシナジー効果を出させるかである。

　第4段階は、この新しい知識・情報共有化ネットワーク、すなわちこの"仕組み"の活用を全社行動規範にする。このためには、人事考課の見直しも必要となる。従来、優秀な専門性を持つ人材ほど、自分の保有の情報を評価されることを嫌い、"出すと損"との意識が強く、これを"出さなきゃ損"との風土に改革しなければならない。

　ビジネスにいかにつなげるかのアイディアなり情報を出せば、その個人が起業家精神を発揮した"発信者によるプロジェクト能力"として的確に、スピー

ディーに評価されることが大切なこととなる。要するに、発信者の情報をいかに活用したかを発信者に返し、または掲示することにより、"情報が活用され

図表3-10　新旧のパラダイム

| 〈旧〉 | | 〈新〉 |
|---|---|---|
| 単　純 | ←→ | 複　雑 |
| 収穫逓減 | ←→ | 収穫逓増 |
| 静態的均衡 | ←→ | 動態的均衡 |
| 安　定 | ←→ | パターン |
| 決　定 | ←→ | 自己組織化 |
| 決定論的ダイナミックス | ←→ | 生命サイクル（生態サイクル） |
| 人は同一 | ←→ | 人は異質 |
| 人は集合 | ←→ | 人は拡散 |
| 要素はフローとストック | ←→ | 要素はパターンと（潜在）可能性 |
| 物理学的な経済学 | ←→ | 高度に複雑な経済学 |
| 科学主義的合理思考 | ←→ | 融和創造的非合理思考 |
| ダーウィン進化論 | ←→ | 遺伝子進化論 |
| 大量生産 | ←→ | 多品種少量生産 |
| 大量消費 | ←→ | 嗜好品限定消費 |
| 大量廃棄 | ←→ | 完全リサイクル |
| 教　育 | ←→ | 自学自習 |
| 機械化 | ←→ | 手作業ロボット |
| ピラミッド構造 | ←→ | ネットワーク構造 |
| クローズドシステム | ←→ | オープンシステム |
| 秘　密 | ←→ | 開　示 |
| 上司・部下 | ←→ | コーディネーター・自律人間 |
| 統制・管理 | ←→ | 自律協働・自律完結 |
| マニュアル化 | ←→ | 流儀・自分流 |
| 知　識 | ←→ | 創造・知恵 |
| 階　層 | ←→ | ホロン（holon） |
| 集　中 | ←→ | 分　散 |
| 大規模 | ←→ | 小規模 |
| 排　他 | ←→ | 統　合 |
| 競　争 | ←→ | 共　生 |
| 可　視 | ←→ | 見えないもの |
| 正常・非正常 | ←→ | 何でもあり |
| 強　固 | ←→ | ゆるやか |

たことへの満足感"、さらに技術開発や商品企画等に関し、いかに活用されているかをクレジットする"技術・ノウハウ向上への貢献度"を評価することが重要なこととなる。この場合、1次評価者は自部署ではなく、他部署となるため、総合的に評価体系を見直されなければならない。また、人材ネットワークの構築にはパーソナルスキルの発信と登録を自薦、他薦で行わせる。例えば35歳以上は個人スキル・ノウハウ・業務経歴を登録、2年ごとにそれを更新する。そしてパーソナルスキルの登録を個人評価の対象にする等、諸方策が必要となろう。

### ◎おわりに―組織のパラダイム転換―

　バーナードの組織理論では、すべての組織には「共通の目的（a common purpose）」「協働の意欲（willingness to cooperate）」「コミュニケーション（communication）」の3要素が必要であるとされているが、情報・知識共有化ネットワーク組織を具現化するには新たな第4の要素を加えることになる。それは、人的資源はグローバル・ジオセントリックに向けてコア・コンピタンス（競合他社との差別化の中核となる競争力の源泉）を強化することのみに貢献・活用し、それ以外の企業活動はすべて外部経営資源に徹底依存し、経営の効率性・有効性を図るKMによる経営管理である。企業のIT投資の生産性のパラドックス（IT投資をいくら投下してもそれに見合った生産性が得られない）をKMを導入することで避けることができる。KMが企業内部の諸機能の再編成を進める新しい複雑系の組織パラダイム（図表3-10）を要請する。それは組織のパラダイムが従来のものと複雑系のものとが対峙しつつ、従来のものをも内包しながら逐次図表3-10の右側の新しいパラダイムへとウェイトを移していくことにほかならない。このことは、組織変革の流れが内部情報蓄積型から外部情報発見・獲得型へ転換（図表2-28）することを意味する〔三木、1998〕。メンバー構成において"同質性よりも異質性"、メンバーの参加理由において"個別利益優先よりも役割貢献"、組織化の目的において"活動の分担よりも活動の共有"、組織構造において"機械的よりもホロニック"、動機付けにおいて"参画動機よりも目的意識"、アウトプットにおいて"合意形成よりも成果重視"、コミュニケーションにおいて"問題解決会議よりもチャット的会議"へ移行することを意味する〔原田・山崎、1999〕。

# 章 1 章　日本企業の知識創造経営

**（参考文献）**

I.Nonaka & H.Takeuch, 1995, The Knowlege-Creating Company, Oxford University

Michael Schrage, 1990, No More Teams! Mastering the Dynamics of Creative Collaboration, Currency Doubleday

Republic of China, 2000, Public Health Annual Report 2000, Department of Health

The Economist, 1996,"Fire and forget?" The Economist April 20 th-26 th

Thomas H. Davenport, Laurence Prusak, 1998, Working Knowledge, Harvard Business School Press

Tyson Greer, 1998, Understanding Intranets, Microsoft Press（阿部写真印刷株式会社訳、1998『3日で理解するイントラネット導入（マイクロネット公式解説書）』日経BSソフトプレス）

Steve Guengerich, Douglas Graham,Mitra Miller,Skipper Mcdpmald, 1997, Building the Corporate　Internet,JohanWilley&Sons,Inc（長原宏治監訳、1997『イントラネット構築マニュアル』インプレス）

新谷文夫、2000『IT経営』東洋経済新報社

浅久野映子、2000「"開発の源流に衆知を集める"ためのナレッジシャリングの実践」『人材教育』6月号

アーサーアンダーセン、2000『人材革新マネジメント』生産性出版

アーサーアンダーセンビジネスコンサルティング、1999『ナレッジマネジメント：実践のためのベストプラクティス』東洋経済新報社

猪口孝、2000「経済教室：電子個人主義の時代に」日本経済新聞朝刊　1月4日

今井賢一・金子郁容、1998『ネットワーク組織論』岩波書店

奥山哲哉・青木弘一・田中信、1995『コラボレーション入門』日本能率協会マネジメントセンター

記録管理学会、1999『学会誌』SEP

記録管理学会、2000a『RMSJ News Letter』No.9

記録管理学会、2000b『第76回例会　松本優"講義資料"』3月14日

小林規威、1980『日本の多国籍企業』中央経済社

権奇哲、2000「組織的知識創造を実践するナレッジマネジメント」『人材教育』6月号

高木晴夫・長戸哲也、1997「NTTバーチャル企業化プロジェクト」『DIAMONDハーバード・ビジネス・レビュー』1月号

高木晴夫、1995『ネットワークリーダーシップ』日科技連出版社

陳井淳哲、2000「メンバーすべての価値創造を支援するナレッジデータベースと人・組織」『人材教育』6月号

デトロイトトーマツコンサルティング監修、小林秀雄・森島秀明、2000『ナレッジマネジメント』日刊工業新聞社

第 3 部　革新企業の知識の共有・活用

中里剛・程近智、1997「NTT イントラネット活用による行動改革」『DIAMOND ハーバード・ビジネス・レビュー』1 月号
日経ビジネス・日経コミュニケーション、1996『決定版：イントラネット入門』日経BP
日本経済新聞朝刊、第 2 部　1999年 5 月26日
ビジネスウィーク誌、1994年12月12日号
野中郁次郎・紺野登、1995『知力経営』日本経済新聞社
野中郁次郎・紺野登、1999『知識経営のすすめ─ナレッジマネジメントとその時代─』筑摩書房
野村総合研究所、1999a『経営を可視化するナレッジマネジメント』野村総合研究所
野村総合研究所、1999b『産業創発』野村総合研究所
船川淳志、1997『Transcultural Management』John Wiley & Sons Inc.
三木佳光、1998『変革型リーダーのパラダイム』あしざき書房・総合労働研究所
水野克裕、2000「情報・ノウハウの社内交流活性化のために、リアルの場と営業ポータルサイトを活用」『人材教育』 6 月号
原田保・山崎康夫、1999『実践コラボレーション経営』日科技連出版社

# 第2章

# ネットワーク型組織の試み

―プロジェクト・メイキングを目指した総合力の発揮と付加価値
　創造のための仕組み―

◎**はじめに―プロジェクト対応の管理部門組織の必要性―**

　プロジェクト・マネジメントはプロジェクトの企画から完了までの連続したアクションが問題なく遂行できる手法であるが、現状の多くの総合建設会社のプロジェクト組織活動を評価すると、ビジネスチャンスを活かす機能が弱いものと判断される。特に社内外の人材、情報やノウハウ等の総合的な活用や全社共有の組織学習がなされていないことが浮きぼりにされた。それは、複数のプロジェクトを同時進行している状況で、企業の限られた経営資源を共有して活用している場合に、単一プロジェクトの活動が他のプロジェクトに影響を与えることになるので、その調整の意思決定が円滑になされないということである。例えば、Aプロジェクトの工期を厳守するために、なんの問題もなかったBプロジェクトの工期が守れない事態の生起をなくすための経営資源の無理な投入といった、全社レベルの全てのプロジェクトを調整するプロジェクト・マネジメント・プロセスが整備されていない、ということである。情報化時代・

---

　本稿は、筆者が指導した「K社マネジメントセミナー」における課題研究討議内容（1997年）を基調にして纏め、「文教大学国際学部紀要（第11巻第1号：2000年7月）」に掲載したものに一部加筆・補正した。山本康雄、金戸義昭、児玉久男、中川賢吉、飛田研一郎のグループ、並びに大熊敏正、小関喜久夫、近藤寿治、中澤喜久夫、中村昭宣、真嶋光夫、増永修平のグループに謝辞を述べたい。

創造化時代においては、管理部門での機能中心型組織（Functional Organization）（p.220～221参照）では既存のボトムアップ型の改善・改革がまったく新しい方法を産み出せなかった。そこで大飛躍を実現するための情報技術の創造的活用をはかる<u>BPR（Business Process Reengineering）</u>を新しいプロジェクト・マネジメントのコンセプトとする新しい展開が米国産業界でみられた。

> 1980年代の米国でM&Aを積極的に活用した事業手法の展開がリストラクチャリングであったが、個々の事業経営自体については不十分の展開であった。さらに、日本企業を手本にしたバリューやクオリティーといった考え方が高品質を保証する現場における改善への取り組みを重視することになったが、事業経営には高い成果をもたらしていなかった。米国企業は1990年代になって、事業単位でなく事業運営自体のビジネス・プロセスを抜本的に変革し、ビジネス基盤の強化を図る経営手法をBPRと呼称した。

BPRに代表されるリエンジニアリング・ブームは単なるブームにすぎなかった（p.214参照）。情報技術が有用なのは、人間がより優れた状態で働くことを支援するときだけであるのに、リエンジニアリングによる人員削減は、仕事を熟知しているベテランをも失うことになった。人に体化された形で組織に蓄積されていた知識までも失い、企業健忘症（corporate amnesia）、いわゆる企業痴呆症（corporate Alzheimer）を招き、組織に本来備わっていたはずの知識を産み出す能力を低減させてしまった。〔The Economist、1996：pp57－58〕

総合建設会社の中には、組織のスリム化として、人員削減を積極的に進めるとともに、コンピュータ1人1台を前提にして、企業内LANやインターネット、Eメールの普及に努めた。NTTが階層型組織の中に"VYC（Virtual Young Company）"（p.217参照）というネットワーク型の仮想組織に類似した電子通信ネットワークを設けていたが、これらを発展させ、グループウェアを利用した、管理部門における<u>プロジェクト中心型組織（Project based Organization）</u>への対応の仕組みづくりが課題であった。

> プロジェクト中心型組織は機能中心型組織と対極の関係にあるもので、プロジェクトメンバーの任命はプロジェクトマネージャーの要請により行われ、プロジェクトマネージャーに経営資源の選択権、拒否権が集中する。

しかし、プロジェクト対応業務の生産性が向上しない「生産性のパラドックス」が生じていたのである。富士通の"Solution NET"（p.217参照）、アーサーアンダーセン社の"KX"（p.215参照）のような企業文化が醸成されてなか

ったのである。それは柔構造で適応力があり、機能的で機動力を有し、フラットで起業家精神をもった組織体系、すなわち有機的に結びついたネットワーク型組織づくりへの努力の欠如であった。

プロジェクト・マネジメントは情報の収集と分析・活用がベースであり、問題解決に役立つ情報をいかに正確かつタイムリーに集められるかが要であるので、このネットワーク型組織体系には、情報を判断し、重要情報の活用により知識・知恵の発見並びにそれらの共有による、付加価値創造のための情報ネットワークの構築が必要不可欠となる。その情報ネットワークとそのネットワークを駆使した戦略的かつ創造的なプロジェクト・メイキングの仕組み、それが本稿で提案する「VSOP（Virtual Strategical Organization for Project-Making）システム」である。

## I 限界に来た建設業のローカル・スタンダード

**1997年は日本の建設業界にとって歴史的な大転換の年であった。**

> 社会的な影響の大きさから、倒産することはあり得ないと信じられていた株式市場一部上場の中堅建設業者（ゼネコン）3社が、1997年に相次いで会社更生法を申請し、そのほかにも大手を含むゼネコン数社が実質的な銀行の管理下にあったり、投資家・取引先の倒産に対する不安感を払拭するため、生き残り経営再建計画を多くの建設会社が策定を余儀なくされた。

建設業界はこれまで景気後退の波に対する遅効性及び景気対策としての公共投資の先行実施により、他産業にくらべ景気の波を受けにくい構造ができあがっていた。バブル崩壊後も日本経済が全体的に停滞する中で、内需拡大、景気浮揚策として続けられてきた公共投資が、建設業界を下支えした。他の産業がリストラなどで必死に経営を変えようとしていた時にも、むしろ建設産業の就業人口は10％あまりも増加し、他産業から生じた失業者に対する**バッファーの役割**を果してきた。この間、大手ゼネコンは曲がりなりにも、バブル期に発生した不良債権を含む有利子負債の一部を償却してきたが、そのほかの大部分の中小ゼネコンは、建設業界でも顕著になった不況に伴う価格破壊のため、本業の利益で有利子負債の償却を進めることができなかった。このような状況下でも、**ゼネコンの経営破綻がこれまで表面化しなかった。**

> 1985年以降、官公庁需要総予算額の40％を中小企業（資本金1億円未満）向け契約

目標額とすることで、その達成に各官庁が努力することも大きく寄与して、建設業許可業者数は毎年増加していた。

経営破綻しなかった主な理由は　①景気浮揚と国際収支の黒字減らしのため内需拡大を目的とする公共投資の増大、②銀行が不良債権を表面化させずに利子補給などの姑息な手段で破綻を先延ばししてきたこと、である。かろうじてゼネコンは、内実はともかく表面的には経営破綻を免れている。

しかし、頼みとする公共投資も国家及び地方の赤字財政が危機的な状態に陥ったために、財政改革の中心的な実施項目として、戦後初めて大幅な削減を迫られることになった。一方、銀行などの金融機関も一部の都市銀行や地方銀行は、自らの経営状態の悪化から合併や極端な場合は破綻する状況にあり、ゼネコンに対する経営支援が出来なくなってきた。その結果、大手と地場の建設業者のサンドイッチになった中堅のゼネコンを中心に倒産したり、銀行の管理下で再建を目指すケースが激増してきている。なぜこのような壊滅的な破局状態に建設業界が陥ってきたかを考えると、右肩上がりの成長経済の中で過去は過去でそれなりに状況に応じて適切な対応をして成功してきた体験が、現在の激変に対して通用せず、むしろ逆に足枷となっている点と、**日本の建設業に特有な体質（建設産業全体がローカル・スタンダード）**でこれまで動いてきたためと思われる。

建設業界の体質とは、具体的には、①土地本位神話を盲信した造注目的の土地への投資、②公共投資を巡る政官財の癒着構造、③官の規制・保護による競争の排除、④公正な競争を妨げる建設業の談合体質、⑤不透明な価格形成により、国際水準から30％以上高いといわれる価格、⑥元請けから下請けに至る重層下請けのピラミッド構造、⑦発注者と請負者、元請けと下請けとの片務的な有形・無形の契約内容、⑧係争を嫌い物事を明確にしない島国共同体の体質、⑨組織率が低く、社会的地位の低い建設労働者、⑩58万社といわれ、大部分（90％以上）が小規模な（資本金1,000万円以下）建設業者、⑪会社の経営チェック機構の不備（多い同族会社や取締役会の形骸化）、⑫経営内容の非公開や粉飾決算の日常的、制度的な横行、⑬発注者からの過度なサービス要求により肥大化した研究・開発部門や本社管理部門、⑭景気の動向や仕事の量に比例しない硬直的な人員・組織、⑮中小企業や地場産業の保護に名を借りた経済的に不合理な発注形態、⑯産業廃棄物処理、紛争処理に基づく闇の社会との繋がり、等である。これらはこれまでの日本経済の発展過程で形成されたものや、旧来から慣習的に行われてきたものであり、右肩上がりの戦後の成長経済を支えてきた仕組みでもあるが、世界のボーダーレス化や経済の低成長・成熟化で、近い将来建設投資が半減するような状況下では、もはや維持できない旧態依然の硬直した建設産業の構造的な

問題といえる。

　日本経済のグローバル化は製造業の海外進出、金融のボーダーレス化が端緒であるが、建設産業は戦後賠償やODAによる建設工事に始まり、海外へ進出する日本企業への建設サービスという、ある意味で消極的なグローバル化が中心となっていた。しかし、現在では、日本国内への海外企業の進出や国際金融市場からの直接資金調達、海外資材の調達などにより、企業活動そのものが本質的なグローバル化を迫られている。その結果として、建設各社がいかに**グローバル・スタンダード**に基づいた経営をしているかを、顧客が評価することに合理性を見出すことができるようになってきている。

　　　ここで言う、建設業のグローバル・スタンダードは、①出来るだけ自由な市場により競争原理が働く仕組み、②公共工事に対する納税者や地域住民の監視、③契約による当事者の対等な関係の形成、④株主や従業員、発注者などのステークホルダーを重視した経営、⑤経営内容の公開や国際会計基準の採用による投資家の保護、⑥価格形成の透明性の確保あるいは競争の保証、⑦発注者のニーズに応じたBOT、PM/CMなどの多様なサービス、⑧環境問題への対応、⑨社会奉仕など地域社会への貢献、⑩リスクマネジメントによる企業活動の健全化、等、世界市場における共通の約束事やルールであり、これまで建設業の国際化で言われている海外工事の比率を増加させることとは根本的に異なる。

　建設業の特質としては、建設物は工業製品のように自由に動かすことのできない土着の一品生産であり、その国に特有の風土・文化の影響を強く受ける。一方で、ゼネコン大手企業の経営基盤となる国内市場の顧客は、大多数が日本におけるそれぞれの産業のリーディング・カンパニーといえる一流企業であり、グローバルな市場における厳しい競争の中で、これら顧客の意識は日本に特有のものから、急速にグローバル・スタンダード化した経営に変わりつつある。このような傾向は、単に私企業に留まらず、建設各社の顧客である官公庁や電力などの公益企業にも急速に広がりを見せはじめている。こうした顧客のニーズに応え、信頼を得ていくためにも、ゼネコン大手企業自身がグローバル・スタンダードに基づいた経営と併せ、土着一品生産の性格を重視した各国の実情を踏まえたローカル・オペレーションを目指していかなくてはならない。さらに将来（5年後）を考えれば、海外企業との競争や顧客ニーズを通じて、真の意味で名実ともにグローバル・スタンダード化を進めた段階で、市場そのものをボーダーレス化でき、海外の比率を飛躍的に拡大していくことが現実的に

第3部　革新企業の知識の共有・活用

なっていくと思われる。

## Ⅱ　エンタープライズ・プロジェクト・マネジメントの時代

　建設産業のグローバル・スタンダードは欧米においてもまだ確立されておらず、海外の既成のやり方をそのまま取り入れることはできないが、建設業は、プロジェクトベースで構築物を建設する業界であるところに、新しい経営概念の理解の根拠を置くことができる。これまで以上にプロジェクトの視点を強く認識することで、これまでと違った企業競争力の創出を実現することが可能になるといいたい。グローバル・スタンダードとして、プロジェクト・マネジメントを実行していくことは世界各国の顧客を営業対象とするため、常にグローバルな顧客を意識した行動が要求される。プロジェクト・マネジメントを企業レベルで実践することは、企業のグローバル化を向上させ、企業の国際競争力強化に繋がる活動であるといえる。

　品質の側面からプロジェクト・マネジメントのあり方を定義づけた国際標準：<u>ISO10006「プロジェクト管理における品質の指針」（Quality Management -Guidelines to quality in Project Management）</u>が1997年12月に発行された。この国際標準の出現によって、欧米において、<u>"すべての企業活動のベースはプロジェクトである"</u>という新しい企業のマネジメントのありかたが追求されることになった。

　　　ISO10006の位置づけは、あくまでもISO9000の品質マネジメントプロセスの補完で、"品質マネジメント"と"プロジェクト・マネジメント"を同等に扱っている。また、プロジェクト・マネジメントに関する手法や方法論でなく、企業における次の10のプロジェクト・マネジメント・プロセスを適用するためのガイドラインとして記述されている。①戦略プロセス（Strategic Process）　②相互依存性のプロセス（Interdependencies Management Process）　③スコープ関連プロセス（Scope-related Process）　④タイム関連プロセス（Time-related Process）　⑤コスト関連プロセス（Cost-related Process）　⑥経営資源関連プロセス（Resource-related Process）　⑦要員関連プロセス（Personnel-related Process）　⑧コミュニケーション関連プロセス（Communication-related Process）　⑨リスク関連プロセス（Risk-related Process）　⑩購買関連プロセス（Purchasing-related Process）

　　　コダック、モトローラ、ゼネラルエレクトリック、ロッキード、マクドナルド、IBM、ジョンソン＆ジョンソン、IT&T、ABBなどの先達企業は、企業レベルでプロジェク

トをとらえ、企業全体最適のもとに企業戦略を達成するためのプロジェクト・マネジメントを実践して成功を収め、企業競争力を向上させている。デトロイトトーマツではエンタープライズ・プロジェクト・マネジメント（EPM：Enterprise Project Management）の実施により1年間に44％（1995‐1996）もの増収を実現したと報告されている。」〔芝尾、1999：pp13〕

現在の世界的なプロジェクト・マネジメント標準体系であるPMBOK（Project Management Institute は、1996年3月に A Guide to the Project Management Body of Knowledge を改訂）は、「プロジェクトとは、**独自の成果物**またはサービスを創出するための**有期的活動**である」と定義している。

> 独自性とは、プロジェクトが創出する成果物やサービスが、ある部分で他と類似性はあっても基本的な点で唯一無二である。有期性とは全てのプロジェクトには明確な開始点と終了点がある。〔エンジニアリング振興協会、1997：pp 2〕

芝尾〔1999：pp 3〕は「プロジェクトとは目的達成に向けての問題解決の活動である」とプロジェクト活動の原点を捉えた定義を与え、「プロジェクトは問題解決のプロセスそのものであり、プロジェクトが開始した時点では"プロジェクト＝問題の山"とみることができる。プロジェクトではそれらの問題を1つひとつ解決して、最終的な目的にたどり着かなければならないが、通常その解決手順は無数に存在している。また、その活動にはいくつかの制限が設けられており、その制限下で最適な答えを導き出さなければならない」と述べている。

## Ⅲ　総合力発揮と付加価値創造のための仕組み

### 1　VSOPの仕組みの狙いと概要

ゼネコン大手企業においては、社業の多角化ではなく、拡建設、建設深耕を当面の業務分野とし、個別のニーズ、課題、プロジェクト及び発信テーマ（R&D、商品企画、広報等）に関し、社内外の人材、ノウハウの総合的活用と生きた情報の活用等、企業内における**"情報のコラボレーション"**を醸成して真のマーケティング活動を展開させ、「即応性の高い柔軟な付加価値創造による造注（ビジネス創造をターゲット）」「顧客ニーズに合った質の高いサービスをジャストインタイムでの提供」「情報を得たプロジェクトについては差別化をはかり確実に受注」することが目標である。

> コラボレーションとは専門の経験の異なる人たち、企業が新しいモノを創造するた

めのプロセスを共有し、新しい発見をし、創造的成果を生み出す活動と定義され、この活動を実践していくためには適切なマネジメントが必要になってくる。マネジメントの基本はメンバー個々の力量、キャラクターを十分に把握し、メンバーを有機的にコーディネートすることである。新しいものはゼロから生まれるものではなく、これまで積み重ねてきた知識や経験の上に新たな視点が加わることにより創造される。従って、そのためには第１〜第３のヒト・カネ・モノに加えて第４の経常資源である情報を積極的にオープンにして、誰でもが利用できるようにしていくことが欠かせない。〔原田・山崎、1999：pp159〕

　情報ネットワークを構築することにより、絶え間ない環境（市場）変化の動きに対して、社員だれもがその役割に応じた即応性の高い付加価値創造（プロジェクト・メイキング）を可能とするのが、VSOPの"仕組み"である。

　これまでに整備・利用してきた社内のローカルエリアネットワーク（LAN）またワイドエリアネットワーク（WAN）の既存のネットワークコンピューティングの設備をそのまま流用することが得策で、イントラネット技術とプロトコルを採用するプライベート（特定企業）なネットワークがVSOPの仕組みで、外部からのアクセスは当該企業が許可したもののみが可能となる。イントラネットはLANまたは他のネットワーク上でも動作する。これは、異なる種類のネットワークが同時に存在し得るという意味である。もちろん、専用の回線によるダイレクト接続またはインターネットを介し、信頼できる外部パートナーや顧客にまでアクセスを拡大すれば、いわゆるエクストラネットを構築することも可能である。

　VSOPの情報ネットワークは「人脈ネットワーク」と「通信ネットワーク」からなり、多主体の"ポリエージェントシステム（複雑多主体システム）"〔高木、1995〕である。ネットワークは社内外の多くの人との知識の連鎖・異業種交流を通じて新しいプロジェクトに向けた「知」を増殖するための"全社的情報のジャンクション"ともいうべきターミナルを中核として形成される。

　ターミナルは既存の各種のネットワークやデータベースとも接続されている。ターミナルにアクセスすることにより必要な事項の依頼、必要な人材、情報、ノウハウの検索が即時に可能となり、社員からの新たな情報を掲示、ストックすることも可能である。ターミナル（**図表３-11**）は情報、人材、知識、ノウハウ等のダイナミックな一大市場である。必要な時、必要に応じ最適の要素を創造的に組み合せ、顧客への提供を可能とする。ネットワークで仮想のプ

## 章 2 章　ネットワーク型組織の試み

図表 3 −11　VSOP ターミナル

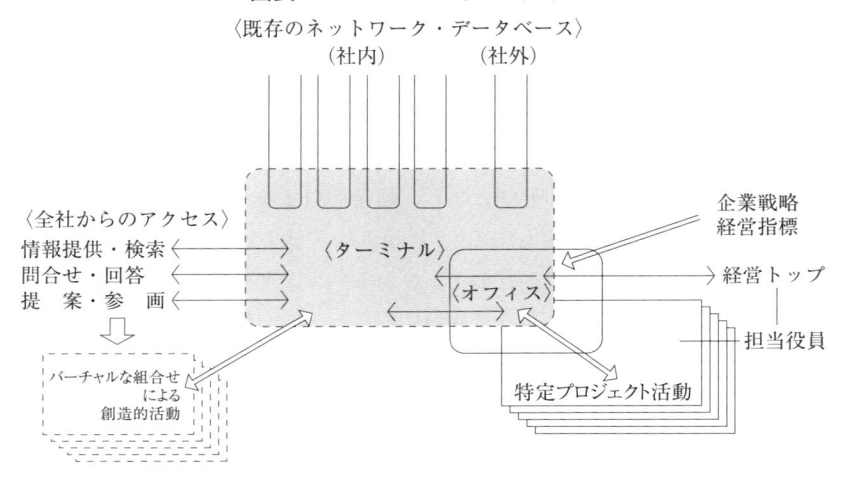

〈既存のネットワーク・データベース〉
（社内）　　　（社外）

〈全社からのアクセス〉
情報提供・検索 ←→ 〈ターミナル〉
問合せ・回答 ←→
提　案・参　画 ←→

〈オフィス〉　← 企業戦略　経営指標
→ 経営トップ
担当役員
特定プロジェクト活動

バーチャルな組合せによる創造的活動

←― 問合せ ――― 個別プロジェクト ――― 戦略プロジェクト ――― 営業・R/D・広報等戦略 ―→

ロジェクトチームを創りあげることができる。一方、業務活動の反省結果を含む組織学習と、真のマーケティング活動の展開も支援する。

　ターミナルにおける情報及び情報の流れを見ることにより、新たな市場環境の把握や早急にプロジェクト化すべきテーマの発見も容易となる。戦略的又は特定のプロジェクトについてはターミナルを利用してプロジェクトの評価から戦略策定、推進方法に至るまで、組織学習の成果をふまえた客観的情報によって、それらを構築することが可能となる。この"仕組み"の中核をなすターミナルの運営には専門のオフィスが必要となり、ネットワークの構築と啓蒙、維持・管理・更新の役割りの他、経営トップの戦略策定支援機能もあわせ持つ。営業、コンペ、R&D、広報活動等の方針案の策定支援、そして戦略プロジェクトを抽出・評価し、プロジェクト活動の支援とともにその効果をも測定しなければならない。これによってより効果的な資源の投入の組織学習が可能となる。

## 2　VSOP 仕組み活用のフィールド

　"VSOP の仕組み"の概要は以上述べたとおりであるが、各種ニーズへの対

第3部　革新企業の知識の共有・活用

応や戦略テーマの策定において、この"仕組み"がいかに総合的に活用されるかのフィールドを描いてみたい。

　従来、ともすれば特定・重要プロジェクトについてのみ、全社横断的に取り組まれてきたが、この"仕組み"は、日常の市場からの問合せから通常プロジェクト、さらには重要戦略プロジェクトまでをカバーすることができる。また、真のマーケティング活動の展開により、技術開発戦略や広報戦略策定においてもその支援機能を十分に果し得る。"仕組み"が効果的に機能を発揮していくための条件の第1は、組織経営のトップあるいは、部署幹部からの具体的指示待ちや、組織上層部の評価のみが満足価値としていた風潮の打破である。

　第2に、技術分野に多く見受けられる自身へのこだわり等、組織の有機的共有価値をともすれば見忘れがちだった社員気質の打破である。組織横断的に社員がお互い助け合うことがこのフラットなネットワーク型組織では必要かつ重要な条件であり、組織活動における互助を助長し支援する装置として、この"仕組み"が機能する。

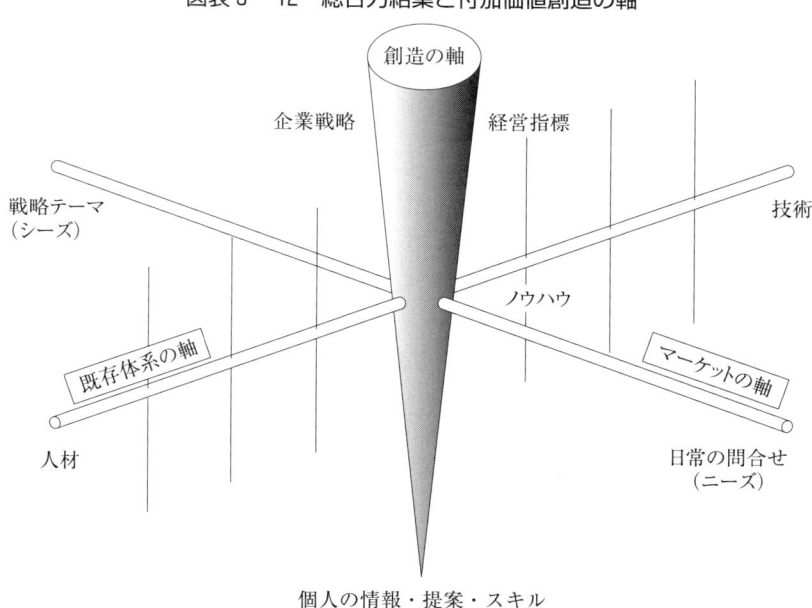

図表3－12　総合力結集と付加価値創造の軸

章2章　ネットワーク型組織の試み

　情報やノウハウは"仕組み"の中から発見されるが、その源泉は個人（属人）であり、これを加工・組み立てるのも属人であり、最終的な顧客対応も属人の能力に負うことが極めて大である。この意味で"仕組み"は個人の感性と創造力を支援し、また喚起するものである（図表3-12）。無論これらの個人（属人）においてもマーケティング意識の高揚とスキルの向上を図ることが必要であるのはいうまでもない。

● システムの活用（ケース1）
　　——日常的な問合せに対する付加価値即応サービス
　（図表3-13の数字と以下の説明項目の数字は対応）
① 顧客または市場からの問合せの確認
　　事例：施主より現場所長に防災に関する新たな機能付加の可否について問合せ
② "仕組み"を利用してターミナルにアクセス
③ 既存のデータベースとネットワークの存在が検索でき、直接協力依頼するし、一方、問合せ掲示を見た個人もまた、自身の経験に基づいたアドバイスや事例の紹介。
　　事例：固有技術やパッケージ商品化の可能性を紹介
④ 上記③による情報と協力を得て、問合せに関する付加価値を創造
　　事例：ハード・ソフトを含めた比較評価つきメニューの作成
⑤ ジャストインタイムに顧客に最適な返答またはプロポーザルを行い、ビジネスの創造

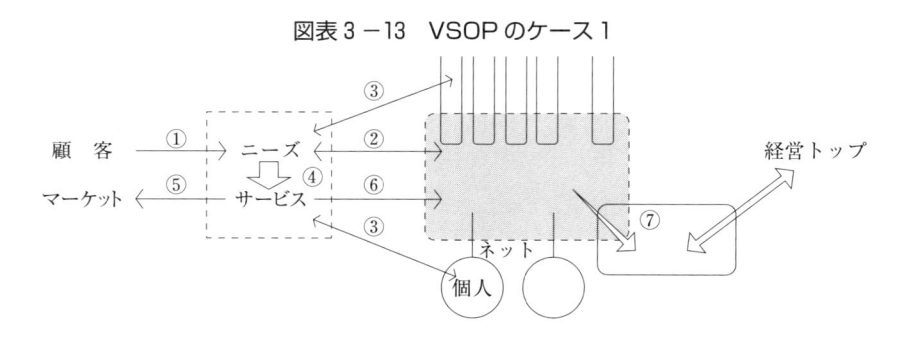

図表3-13　VSOPのケース1

第3部　革新企業の知識の共有・活用

⑥　上記⑤の成果並びに教訓をターミナルに報告するとともに、協力した部署、個人名も掲載
⑦　オフィスでは情報の流れをたえずウォッチングし、ニーズの傾向と活動の状況を把握、機を見て重点テーマ（営業、R&D、広報等）を提案し、プロジェクト化（関係既存部署での対応も同様）

　　事例：類似ニーズの増大を発見
　　　　・レパートリー別、性能評価つき防災メニューの提案ツールづくり
　　　　・総合防災システム技術のソフトパッケージ化等のテーマ提案と推進

●システムの活用（ケース2）
　　──個別プロジェクトニーズに対する付加価値創造サービス
　（図表3-14の数字と以下の説明項目の数字は対応）
①　顧客又は市場からのプロジェクトニーズの確認
　　事例：提案競技・コンペ等
②　従来の専門部署への報告・相談に加え、"仕組み"を利用してターミナルにアクセス
③　既存のネットワークやデータベース、さらに重要な情報をもつ個人や貴重な経験・ノウハウをもつ人材からのアドバイス（必要に応じオフィスのプロジェクト・プランニング支援）
　　事例：審査側の真のニーズの抽出と有効な対策
④　上記③による情報と協力を得て、プロジェクトを評価、戦略案を策定部

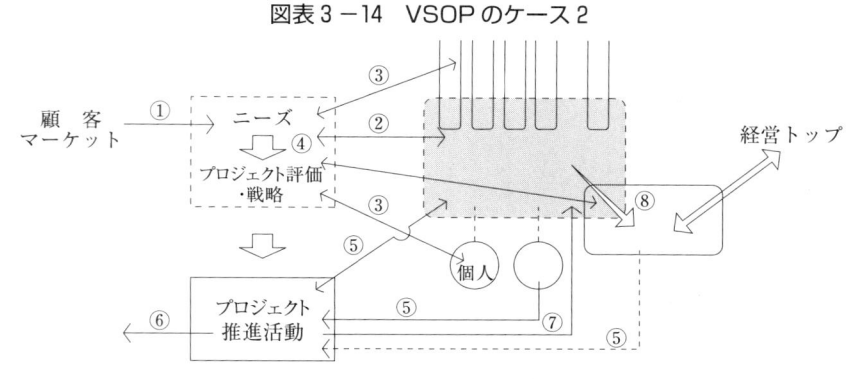

図表3-14　VSOPのケース2

署長の承認を得てプロジェクト推進活動
⑤　プロジェクト推進活動は、既存専門部署との共働は無論のこと、たえずターミナルにアクセスして最新の情報や留意点のアドバイスを得、必要に応じ、人材ネットワークで得た個人をプロジェクトチームに追加（この段階でも必要に応じ、オフィスの支援）
⑥　このようにして創造的に活動した成果を顧客又は市場に提供
⑦　提供の結果とプロジェクト活動で得た教訓をターミナルに報告
⑧　オフィスでは、プロジェクト情報とその傾向を把握するとともに、プロジェクト推進状況に応じ、経営トップ方針を確認
　　事例：早期における経営判断の失敗等の教訓の客観的フィードバック

## ●システムの活用（ケース３）：新たな造注への戦略的対応

　　——これは、大規模・重要プロジェクトや戦略的営業・R&D・広報等のテーマ展開に対応するものである——
（図表３−15の数字と以下の説明項目の数字は対応）
①　ターミナルに蓄積された情報や提案の分析結果から、主にオフィスが中心となり、新規テーマやプロジェクト化案を策定
　　事例：上流からのプロジェクトの成立条件に関し、支店と一体となり活動
②　プロジェクトの評価を行い、基本的な戦略を策定、この段階から既存専門部署の協力はもとより、人材ネットワークを活用して最適な人材に協力を依頼（社外機関・社外企業との提携）。
　　事例：新規社内横断的 P/R 等のテーマの策定
　　事例：提携先によって勝負が決まる案件への取り組み
③　経営トップによる判断を得、併せて担当重役の指名
④　プロジェクト推進体制はプロジェクトチームを原則とし、プロジェクトマネージャーも、人材ネットワークによって選定。ターミナルを活用して活動するとともに、既存ネットワーク及びデータベースの改訂も提案。必要に応じプロジェクト概要の掲示
　　事例：プロジェクトマネージャーの実力により効果が左右される案件への取り組み

第3部　革新企業の知識の共有・活用

図表3－15　VSOPのケース3

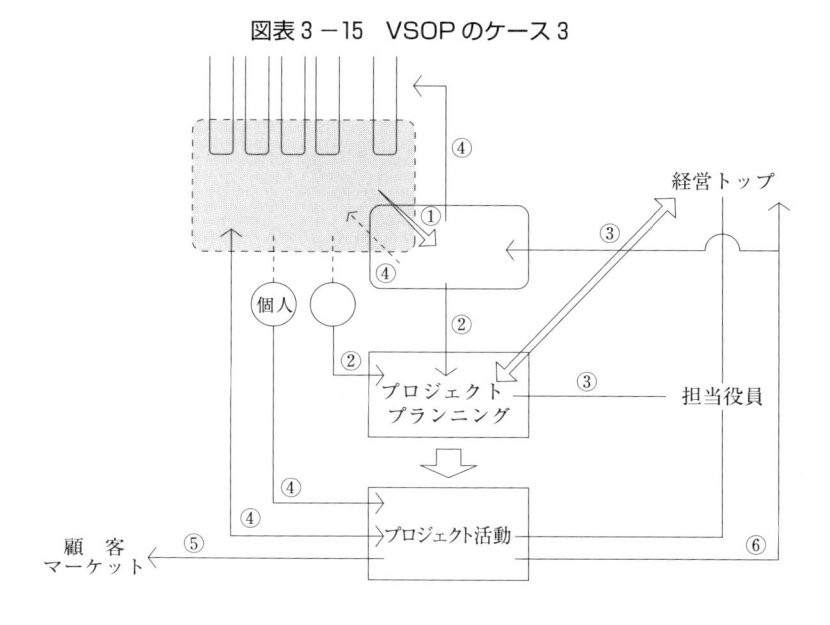

⑤　プロジェクト活動の成果をマーケット又は顧客に提示
⑥　その成果と教訓を経営トップ以下にフィードバック
　　事例：新たな組織学習の素材

　以上3つのシステム活用の事例は、知識資産の共有から出発するもので、基本的には個人レベルの知識を組織的に結集し、その単純合計以上のシナジー効果（組織学習）としての創造的な付加価値を発揮させるものである。これは、「成功事例・過去事例の水平展開ネットワーク」「専門家ネットワーク」「顧客・企業間ネットワーク」に対応（**図表3－16**）するものである。
　成功事例（過去事例）の水平展開ネットワークは、ケース1に対応するものである。企業内の日常業務の組織学習を通じた企業内情報・知識の共有・移転が狙いで、**情報・知識の水平展開すること**で、当仕組みのオフィスでの過去事例のドキュメント化とその再活用が図れる。

　　　水平展開とは、"A現場で、今日、こうした工法上の工夫をしたらうまくいったことを、B現場に移転する" ことである。

　専門家ネットワークは、ケース2に対応するもので、企業内の専門家を主体

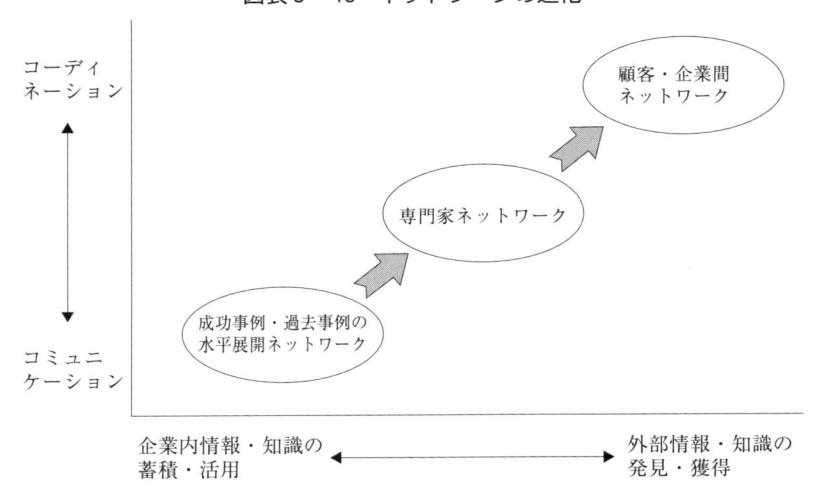

第2章　ネットワーク型組織の試み

図表3-16　ネットワークの進化

縦軸：コーディネーション ↕ コミュニケーション
横軸：企業内情報・知識の蓄積・活用 ↔ 外部情報・知識の発見・獲得

- 成功事例・過去事例の水平展開ネットワーク
- 専門家ネットワーク
- 顧客・企業間ネットワーク

とし、一部外部の専門家も対象に専門的知識や意思決定できる人々をネットワークで結び、特定の課題解決を行う。知識は属人的で、分散しているのを必要なときに、リアルタイムにそれらを集め、個人相互間の集合以上のシナジー効果としての総合力と付加価値創造を図る。

顧客・企業間ネットワークは、ケース3に対応するもので、「既存顧客あるいは新規に獲得した顧客との知識共有は顧客との強い結びつきを生み出す。例えば、重要顧客であれば提供する知識が顧客の業務プロセスに不可欠のものとなり、顧客の維持、事業の安定につながる〔野中・紺野、1999：pp71〕。」　社内だけでなく、建設プロジェクトの顧客ならびにプロジェクトに関連する企業（協力業者等）との知識の共有を図るものである。

## 3　ターミナルとオフィスの役割

ターミナルとオフィスの関係を**図表3-17**に示した。プロジェクトオフィスの機能は、第1に、プロジェクトマネージャーに対してプロジェクトの円滑な遂行を助けるための様々なコンサルタント的支援機能、第2に、全てのプロジェクトに対してモニタリング活動を展開し、プロジェクト遂行上で問題事項があれば警告して改善活動に入る機能が主なものである。これが有効に機能する

ためには、プロジェクトから必要な情報がタイムリーに客観的に収集・分析できる仕組みが整備されているかどうかが前提条件で、プロジェクトをどの程度まで可視化できるかどうかの如何にかかっている。

この仕組みの中枢ともいうべきターミナルは、あらゆる情報が行き交い、また掲示され、社員だれもがアクセスすることにより情報の提供と共有化が可能になる。オフィスはこの仕組みを運営・管理するとともに、情報及びその流れを分析することにより、次々と必要なテーマ提案やプロジェクトを企画することができる。当然のことながら、経営トップ以下役員・幹部もまた常にターミナルの情報をウォッチしながら適宜、適切な判断を下すことができる。

○ターミナルの役割：創造に必要な素材の一大市場

ターミナルには固有技術とその活用事例、プロジェクトとその活用、問合せ・依頼情報、営業情報、人材情報、市場情報、政策・制度情報、企業情報等が時系列的、目的別に分類・ストックされている。必要なとき、必要に応じ最適なこれらの事例と情報を組み立て、個人または協力者の応援を得て、その能力と感性により直面する課題解決への付加価値創造を可能とする。この意味でターミナルは創造に必要な素材の一大市場ということができる。

○オフィスの役割

オフィスは情報ターミナルと仕組み全体の運営・管理と、マーケティング支援及びプロジェクト・プランニング支援の3つの役割を持つ。"運営・管理"については、仕組みとしてのシステムづくりと維持管理、さらにはデータの更新・変換を含む利用上のサービス向上が重要となる。具体的にはITを駆使してターミナルにアクセスするメンバーの知識・情報の共有化を運営・管理する

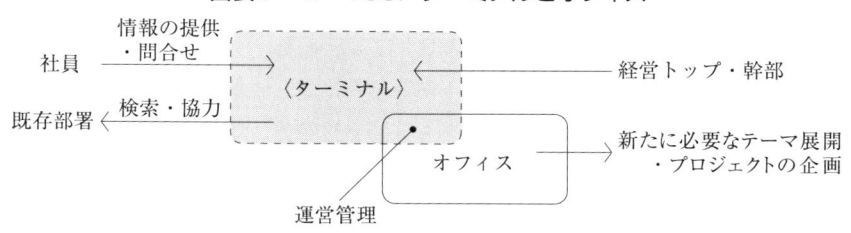

図表3-17　VSOPターミナルとオフィス

IT専門家がオフィスのスタッフとして常駐する。"マーケティング支援"は、ターミナルを活用し、市場の現況及び将来のニーズに対して、営業、技術開発、広報等の諸活動を適応させる戦略と仕組み案の策定である。"プロジェクト・プランニング支援"は、ターミナルによって発見された課題やテーマを展開することと、起案された各プロジェクトに対して、その評価を行い、戦略案を策定することである。これはプロジェクト・マーケティングとも言われる。オフィスは異質の専門能力と知識・情報を持つ社内外の人材や知識・情報の相乗組合せ効果（コラボレーション）で新たなプロジェクトの創出を促す新しいタイプのプロジェクトマネージャーの活躍の場である。オフィスの組織は経営トップ直轄とすることが望ましい。また、この仕組みの構築は管理部内人員削減に多大に貢献するものであり、組織の肥大化を阻止し、組織を軽量化する。

## 4　プロジェクト・プランニングとプロジェクトマネージャー

　新しいタイプのプロジェクトマネージャーは新たな発見を導きだす**コラボレーションの役割**を担う。プロジェクト情報を認織または確認した時点でプロジェクト評価の要否を判断し、必要とされたプロジェクトに対して、各機能面からの機能別評価をターミナルを活用して実施する。

　　　日本能率協会所属のあるコンサルタントグループは自らをコラボレーターとみなし、以下の6つの役割の発揮に努めている。1）新たな発見を必要とする場面で最適な専門家を選定し、参画をアレンジする　2）異質な専門家の間の溝を埋めるための支援をする　3）議論の場をコーディネーションする　4）メンバーの頭にある経験則・固定観念を打破するよう刺激する　5））必要な調査活動を取りまとめる　6）メンバーの平等、対等な関係を保つよう支援する。〔奥山・青木・田中、1995：pp26-27〕

　各機能ごとの評価を基に当該プロジェクトの総合的な評価を行い、概略の推進試案を作成する。絡営幹部の判断に基づき、当該プロジェクトの最終評価、戦略策定、体制づくり等を確定する。後工程への引き継ぎと必要に応じ後工程への支援を行う。"プロジェクト・プランニング"は機能別評価、方針作成・決定、戦略策定・決定、体制整備、レビュー等である。これらのうち、"機能別評価"は立地（市場性）評価、市場評価、技術評価、事業性評価、社会性評価等である。また、"戦略策定"はコンセプト、ターゲット、事業シナリオ等の基本戦略、プロジェクト品質と技術、価格（コストとプライス）、プロモー

ションとプレゼンテーション等である。

　このように整理すると、日常的な顧客からの問合せから、重要戦略プロジェクトに至るまで、その対応については多少の差異はあろうとも上記プロセスをたどらなければならないことが明らかである。この行為の当事者・主人公をプロジェクトマネージャーと呼ぶならば、ニーズを受けて収集・分析してテーマを決め、それに対応するまでの全ての行為をプロジェクト・プランニングと定義することができる。すなわち、現場の所長から営業マン、役員に至るまでがその時点のプロジェクト・プランニングを担当するプロジェクトマネージャーである。それは全社の"プロジェクト"であり、全社を代表する"顔"である。この"顔"となったプロジェクトマネージャーに対して全社的に判断して最適な解を提供できるための責任と権限が委譲されなければならない。勿論のこと、このプロジェクトマネージャーは付加価値創造の感性を常に持ち合せなければならないことはいうまでもない。

## 5　既存の仕組みとの違い

　総合建設会社は各部署において、テーマ及びプロジェクト会議が数多くもたれ、それなりの効果をあげているのは事実である。また、各部署において必要なネットワークの構築やデータベースの整備も着実に行われている。しかし、縦割り組織の弊害が徐々に弱まりつつあるといえども、他部署からのアクセスや双方向による問題解決ならびに創造活動が適時行われているとはいえないのが実情でもある。その打開のため昨今複数の部署にまたがったテーマ会議が必要に応じて活発に行われつつあるが、このプロジェクト会議においても属人的能力による判断もしくは参加部署の情報や価値観においてのみ判断されており、仮に、第3の部署または外部人材に協力をあおいでも、それは一方通行の問題意識・課題意識に基づくものであり、全社の総合的知恵の交換による付加価値創造とは必ずしもなっていない。

　本稿で提案する"VSOPの仕組み"は既存のこれら特化された専門課題の解決のあり方を否定するものではなく、むしろこれらの既存のやりかたを横断的に活用し、適時双方向でコミュニケーションができ、その相乗効果による付加価値の向上を図ろうとするものである。この新しく導入されるVSOPの仕組みの運営により、既存の仕組みがより効果的に進化し、または深化することを

待するものである（図表3-18）。

図表3-18　既存仕組みの進化・深化

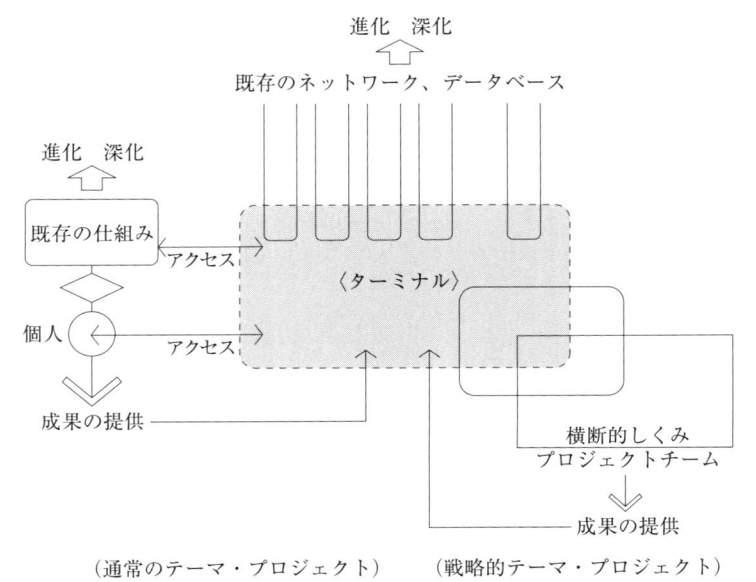

（通常のテーマ・プロジェクト）　　（戦略的テーマ・プロジェクト）

## 6　運用と評価

　VSOPの仕組みは既存各部署の協力のもと、既存のネットワークやデータベースとの互換性を考慮に入れ、社内（場合によっては社外）のあらゆる地点からのアクセスが可能なものに構築しなければならない。しかしながら、ソフト・ハードを問わず、最近、頻繁に生起し、ニュースにも報じられているハッカー（クラッカー）によるコンピュータデータ改竄・盗聴・迷惑電子メールに代表されるサイバースペースの特徴（直接外部からのアクセス可能性・匿名性・時間と距離のない5次元世界・既存との区別のつかない曖昧さ等）を十分に配慮したメンテナンスに至るシステム設計から入らなければならず、それが今後の大きな課題として残る。さらに、専用衛星回線を含む社内ネットやインターネットの普及、ゼネコン屈指のスーパーコンピュータの保有等ハード基盤には恵まれているとはいうももの、ソフトの基盤として重要な全社あげての情報ネットの活用については、若年層を除きいまだ浸透していないのも課題である。本

第3部　革新企業の知識の共有・活用

稿提案の"仕組み"の目的のほか、次項で述べる波及効果を期待するならば、これら課題を克服して、互助の精神と起業家精神にもとづくこの新しいネットワーク、すなわち"VSOPの仕組み"の活用をプロジェクト・メイキングの全社システムにしなければならない。

## 7　仕組み導入による波及効果

即応性の高い付加価値創造によるビジネスチャンスへの対応と、真のマーケティングによる戦略プロジェクト化等、社内（時には社外も含む）総合力発揮を目的とした「VSOPシステム」の導入によって、以下の波及効果が十分に期待できる。

### 1）グローバル情報ネットワークの整備による知識企業への転進

「VSOPシステム」は、コンピュータ1人1台の情報環境は言うまでもなく、経営者・管理部門から現場に至るまでの全社大容量情報ネットワークを整備し、マルチメディア情報などを必要に応じて自由に交換できるようにして、業務の効率化と経営判断の迅速化を図るためのものである。情報共有化を進めていけば「何を知っているか」ではなく、社外に対してもインターネットを始めとする国際的なネットワークを活用して「何を発信できるか」が1人ひとりの社員に求められることになる。情報を発信し続けるオープンで、グローバルな企業としてのイメージが定着する。ここでは、パソコンなどの日常化によりエンドユーザーコンピューティングが定着し、各社員が情報及び情報機器をいかに使いこなし、新たな改善や情報発信をしていけるかが企業の競争力の鍵となる。「知」の世界的研究が野中郁次郎によってなされており、プロジェクトは組織の革新として"現場の生きた情報の発生の場"であり、"暗黙知の生産の場"であることが判明した〔I.Nonaka & H.Takeuch、1995〕。ゼロックス社の「ユーレカ」と「ドキュ・シェア」と同様な効果がナレッジ・マネジメントとしての「VSOPシステム」において享受できる。

　　ユーレカは、フランスのゼロックス社でスタートした複写機の保守サービス・ノウハウの共有システムである。保守サービスに必要なノウハウは多種多様であり、サービス技術者は各自でマニュアルに載っていない現場のナレッジ（Tips：ちょっとしたコツ）のメモを持ち歩いていた。またサービス技術者にとって重要な現場のナレッジ

## 章2章　ネットワーク型組織の試み

交換の場は、仕事から戻った後のコーヒーコーナーなどでの手柄話の交換であった。それを観察した PARC（Xerox Palo Alto Research Center）の研究者が、ローカルな現場のナレッジを登録してグローバルに共有し、活用するために作ったシステムが Eureka である。1人1台のノート PC をもつサービスの技術者は、新たに登録された現場のナレッジを登録システムからダウンロードして現場に向かう。これにより、保守サービスの現場での検索が行われた。新たな現場のナレッジの登録は仕事が終わってから自宅で行うことも可能になった。登録された現場のナレッジは、プロダクトリーダーたちによって評価される。そして、その問題に対してこれまでの"最良の方法"と判断された現場のナレッジだけがシステムに登録され、世界中からアクセル可能になる。さらに、現場のナレッジを実際に利用した情報受益者は"良かった""悪かった"という簡単な評価を加えて登録者にフィードバックする。この実践は、まず、ミニテル（電話回線を利用した情報提供サービス）の普及していたフランスにおいて・技術者約1,500名で開始された。〔アーサーアンダーセンビジネスコンサルティング、1999：pp138 - 140〕

ドキュ・シェアはイントラネットベースで知識共有を図りたいと思う機械工学、化学、物理学の研究者が自由にサイバー空間上にコミュニティを創り、そこで研究業務に必要なコンテンツを共有できるようにした仕組みである。〔野中・紺野、1999：pp 94 - 95〕

## 2）ISO リスクマネジメントへの対応

日本政府からも原案が提示されているように、ISO（International Organization for Standardization）でもリスクマネジメントが、国際的な標準として採り上げられている。会社の業務すべてにおけるリスク（例えば、公正取引の阻害、産業廃棄物の廃棄、総会屋への便宜供与等からセクシャルハラスメントに至る違法行為や震災などの自然災害）が会社の経営や存続に深刻な影響を与えているのが今日である。リスクマネジメントの概念は、従来、財務分野において、リスクヘッジとして行われていたが、投資家を始めとするステークホルダーは、このようなリスクをあらかじめ防止できるようなシステム、つまり、恒常的なリスクマネジメントとして、リスクの事前警報情報の収集・分析システムの整備を要求するようになってきた。多方面から社内外の関係者がいろいろな業務について、当該業務に関係するかしないかは関係なく、絶えずリスク関連情報をターミナルに伝達・警報できるリスク・コミュニケーション・システムならびにリスク・アセスメント・システムとして「VSOP システム」が威力を発揮する。

## 3）国際会計基準による経営情報の公開への対応

　従来は、有価証券取引報告書などにより、投資家へ経営情報が公開されているが、国際会計基準に準拠した不良債権や資産などの実態を必ずしも示していない。「VSOPシステム」によって、すべてのプロジェクトに関する経営実態が鮮明になり、資産の時価評価などにより経営の実態を必要に応じてプロジェクトベースで公開できるようになる。

## 4）企画提案型営業の展開

　社内外の人脈を活用した初期情報入手のための人的ネットワークシステムによる"時代のニーズに合った企画提案型営業"を常に実施することが可能となる。徹底したデータマイニング（顧客・社会データ分析）を行い、**受注レパートリー制**のニーズ分析結果を「VSOPシステム」によって社内ネットワークへ伝達する。これは得意先情報のデータベースを共有し、施工済みの営業資産の組織的な活用である。建設物の設計・施工・運用に係るライフサイクルの技術情報・管理情報を文字・図面・画像・動画などのマルチメディア情報として記録・保管し、顧客のニーズを先取りした迅速で的確な情報提供と、それによる顧客との一体化・囲い込みを図る。また、新規顧客の開拓のためのマルチメディアプレゼンテーションなどに活用できる。

> 　各種の建物を、用途別に分けて取り扱うやり方が"レパートリー制"である。これは産業系分野別や三井系、住友系などのくくり方と異なり、建物のレパートリー、すなわち"事務所ビル""工場等生産施設""ホテル"といった商品そのもので営業活動を行うものである。できる限りの商品知識を備えて営業活動にあたることが、受注に至る近道の1つである。〔三木、1999：pp370〕

## 5）高度な専門知識を有する分野・工程ごとのスーパータレントの活用

　総合建設各社の競争優位とは、言うまでもなく、これまでに蓄積・伝承されてきた「総合力」である。総合力の中で技術研究開発部門が果すべき重要な役割は、各技術分野・工程ごとに深い専門知識と場数を踏んだ経験を有するスーパータレントを提供することにあるが、個々に分断されていた専門領域を「VSOPシステム」が学際的・業際的に結びつけることによって、彼らの未活

用領域が乗数的に活用可能となる。スーパータレントとは、一言で言えば、国内外から一目置かれる存在で、自企業はもとより競合他社をもリードする技術者のことである。スーパータレントは、必然的に、学界との強いネットワークを有し、産学連携分野の学会活動等においてもリーダーシップを発揮する存在となる。

6）スピーディーな重要技術研究開発戦略の展開

　「VSOPシステム」によって、自部署や専門分野の評価・満足度以外にプロジェクト単位又は市場ニーズによる横断的な評価が加わり、顧客ニーズ又はそれを先取りした各部署・各分野のより効果的なスキルの向上が果せる。「VSOPシステム」のなかに多様なキャリア・パスが制度化され、技術研究開発部門を背負う社員のキャリアの適性を30歳代前半までに見極めることができる。40歳代後半以降では、スペシャリストとプロジェクトマネージャーの棲み分けを行う。技術研究開発において競争を勝ち抜く鍵は、競合相手に先んじてデファクト・スタンダード的な新技術を確立することであり、スピードが勝負である。「VSOPシステム」によって、すべてを自社開発するのではなく、外部から専門要素技術を調達して取り込む戦略の展開が可能となる。

7）全社的情報ネットワークによる情報化施工の推進

　建設業の協力会社（いわゆる下請）による施工は"アウトソーシング"そのものであるといえるが、「VSOPシステム」の活用は、国内外を問わず、最も効率のよい設計活動を行う設計の国際分業体制の確立をも意味するし、施工レパートリー制による全社的なスペシャリストが競合他社との差別化のために活用でき、各現場で必要な人的・技術的情報が直ちに入手できることでもある。調達業務においても従来の取引関係に拘らずオープンな調達により、コスト低減が可能になる。

8）顧客優先のフラットな管理組織で変化にフレキシブルに対応

　現状の総合建設会社の組織はいわば作る側の論理により、営業・設計・見積・施工・サービスというように縦割り組織を形成し、効率中心の業務の進め方になっている。そのため、プロジェクトのごく初期の段階では顧客の期待が

どこにあるのかは見え難く、顧客がなにを欲しているのかさえ明確でないのが通例である。悪いことには顧客の気まぐれな意向に振り回され、その度に無駄な業務や時間・コストをかけ、顧客からそれらは要求している成果物でないという手直し・手戻りが頻繁に生じている。そこで、組織の硬直性を打破した、顧客に対して一元的に責任を負う「VSOPシステム」が構築物のライフサイクル全般にわたり顧客満足度を最も高められる組織となりうる。パソコン・サーバー環境の整備により容易に関係者間のネットワーク環境を構築できるし、VSOPシステムのグループウェアソフトの開発で、あらゆる場所からデータベースの共有化が容易に出来るようになる。データの共有化により中間管理職の役割が見直され、組織はフラット化される。その結果として、権限と責任がより明確となり、業務はシンプルになり、スピードアップされる。「VSOPシステム」によるプロジェクトマネージャーは設計、施工の知識はもちろん営業的なセンスを兼ね備えた、いわばスーパータレントとなる。

### 9）コア・コンピタンスの外部追求

「VSOPシステム」の運用過程で社外との共働やネットワークを整備することにより、あらゆることを社内で解決する風潮を打破でき、世間相場を理解し、インハウスで蓄積又は向上すべき事項と社外に依存すべき事項を明確化（コア・アウトソーシング化）することになる。一般的には、アウトソーシングは事務管理的な仕事や工事管理的な仕事のうち、コア・コンピタンスに直接寄与しない部分の効率を高める、とともに業務量の変動にフレキシブルに対応できるようになるための経営手法と理解されているが、ネットワークによるコア・アウトソーシングが固定的な組織間関係でない流動的な関係（図表3－19）を追求する<u>コア・コンピタンスの**外部追求**</u>（社内にあらゆる専門家を抱えることなく、社外の経営資源、例えばコンサルタントや研究機関の活用）を可能とする。

> 自社のコアのみならず、多くの外部企業の持つ資源を、あたかも自社のコア資源のように位置づけ、ネットワークを活用したビジネス展開を行うことが期待されている。この際の外部企業との関係がまさにコラボレーションであり、ここにおいては、アウトソースする企業もまたアウトソーサーもともにコラボレーターという性格を持ちはじめている。そして、このことこそが、まさにアウトソーシングからコーディネーションへのコラボレーションの進化である。ここでは、コア・ネットワークのバー

チャル・コーポレーションが誕生しており、ネットワーク自体が競争主体として存在するようにもなって、そのためには、このネットワークをマネジメントする方法の確立がおおいに期待されてくる。そうなると、組織と組織、あるいは個人と個人を結ぶことで、いわゆる付加価値を創出するようなプロデュース力が不可欠になってくる。また、今後の競争力の維持に向けては、ネットワークを編集する能力が必要になって、このような機能を担うべきコラボレーターこそが組織間関係を重視する経営にとっては前提条件になってくる。このような考え方こそが、資源の内部化を実現して、そして非所有によって所有ができるという、まさにデジタル・エコノミーにふさわしい戦略対応の特徴なのである。こうして、コア・コンピタンスのゴーイング・コンサーンに向けた経営環境の整備が行われていく。このような考え方が、コア・コンピタンスの外部追求とこれによるコア・ネットワークの実現という、いわば持たざる経営を積極的に展開するための前提条件なのである。〔原田・山崎、1999：pp14－15〕

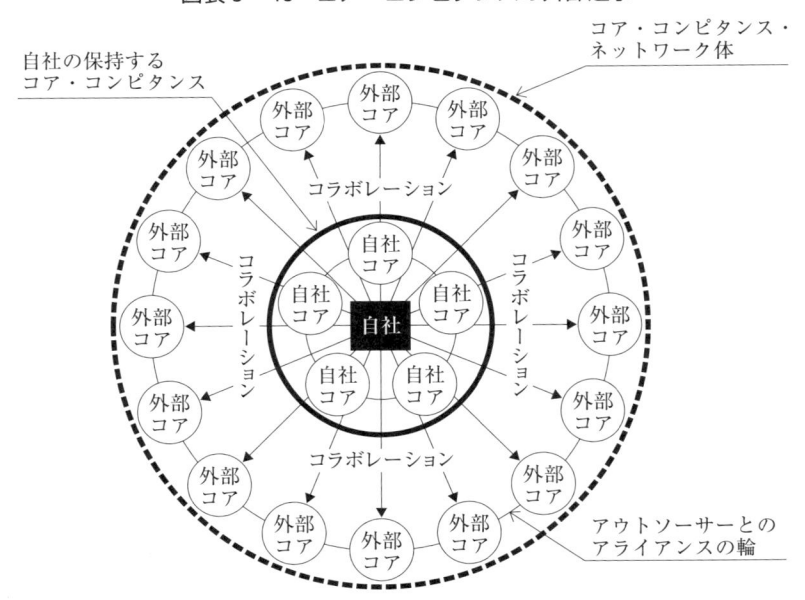

図表3－19　コア・コンピタンスの外部追求

出所：原田・山崎、1999

---

**(参考文献)**

I.Nonaka & H.Takeuch, 1995, The Knowlege-Creating Company, Oxford University
The Economist, 1996, "Fire and forget?", Economist April 20th-26th

第 3 部　革新企業の知識の共有・活用

アーサーアンダーセンビジネスコンサルティング、1999『ナレッジマネジメント：実践のためのベストプラクティス』東洋経済新報社
今井賢一・金子郁容、1988『ネットワーク組織論』岩波書店
エンジニアリング振興協会、1983『プロジェクトマネジメントの手引き』日刊工業新聞社
エンジニアリング振興協会、1996『PMI PMBOK 改訂版』
エンジニアリング振興協会、1997『プロジェクトマネジメントの基礎知識体系（Pmbok guide：和訳版）』
奥山哲哉・青木弘一・田中信、1995『コラボレーション入門』日本能率協会マネジメントセンター
記録管理学会、2000『RMSJ News Letter』No. 9
芝尾芳昭、1999『プロジェクトマネジメント革新』生産性出版
高木晴夫、1995『ネットワークリーダーシップ』日科技連出版社
高木晴夫・長戸哲也、1997「NTT バーチャル企業化プロジェクト」『DIAMOND ハーバード・ビジネス・レビュー』1 月号．
中里剛・程近智、1997「NTT イントラネット活用による行動改革」『DIAMOND ハーバード・ビジネス・レビュー』1 月号
野中郁次郎・紺野登、1999『知識経営のすすめ―ナレッジマネジメントとその時代―』筑摩書房
原田保・山崎康夫、1999『実践コラボレーション経営』日科技連出版社
三木佳光、1999『建設営業変革のマネジメント』清文社

[著者略歴]

三木　佳光（みき　よしみつ）

　現在：文教大学国際学部教授
　　　　日本経営協会参与、人材育成学会常任理事
　前　：鹿島建設株式会社人事部・部長
　　　　クリエイティブライフ株式会社取締役
　略歴：慶應義塾大学卒業後、鹿島建設（株）に入社
　　　　経済同友会に調査役として出向
　　　　鹿島建設（株）に復職後、本社原子力室・土木企画部・TQC推進室・営業本部企画部・
　　　　人事部などを歴任
　　　　Research Professor of University of Science at Berkeley, State of California
　　　　Member of San Francisco State University Presidents Gold Circle , Ph.d.
　著書：『建設営業の企画と推進』清文社　1994・5
　　　　『プロ・ビジネスマンの仕事術』あしざき書房・総合労働研究所　1997・4
　　　　『変革型リーダーのパラダイム』あしざき書房・総合労働研究所　1998・10
　　　　『建設営業変革のマネジメント』清文社　1999・5
　　　　『業務管理の基本と改善のマネジメント』清文社　2001・7
　　　　『新時代の建設業管理者』（共著）日本経営協会　2002・10
　　　　その他、学会誌、雑誌への掲載論文多数

---

## 学習する企業の経営実践──ネットワーク時代の知的経営

2004年4月1日　印刷
2004年4月15日　発行

　　著　者　　三木　佳光Ⓒ

　　発行者　　成松　丞一

　　発行所　　株式会社　清　文　社
　　　　　　　　　東京都千代田区神田司町2－8－4（吹田屋ビル）
　　　　　　　　　〒101-0048　電話03（5289）9931　FAX 03（5289）9917
　　　　　　　　　大阪市北区天神橋2丁目北2－6（大和南森町ビル）
　　　　　　　　　〒530-0041　電話06（6135）4050　FAX 06（6135）4059
　　　　　　　　　広島市中区銀山町2－4（高東ビル）
　　　　　　　　　〒730-0022　電話082（243）5233　FAX 082（243）5293

　　URL：http://www.skattsei.co.jp/

　　　　　　　　　　　　　　　　　　　　　　　　　　　　　　　　亜細亜印刷㈱

■本書の内容に関する御質問はファクシミリ（03-5289-9887）でお願いします。
■著者権法により無断複写複製は禁止されています。落丁本・乱丁本はお取り替えいたします。

ISBN 4-433-27963-3 C2034〈T〉